Gesang auf Händen tragen

Mein Leben als Liedbegleiter

Helmut Deutsch

Gesang auf Händen tragen

Mein Leben als Liedbegleiter

Henschel Verlag

Für ***

INHALT

GELEITWORT

Es gibt Pianisten, die möchten, wenn sie spielen, von anderen nicht gestört werden. Sie genügen sich selbst. Und es gibt andere, die gerne kooperieren, ja für die das Ensemblespiel maßgebend und musterhaft ist. Unter diesen gehören die Liedbegleiter zu den Spezialisten. Sie lieben, wie man annehmen darf, den Gesang und die Sprache, die Musik und die Lyrik, und sie haben Interesse und manchmal sogar Freude daran, mit der Gesangsperson auch menschlich umzugehen und zurechtzukommen. Zum psychologischen Geschick gesellt sich ein pädagogisches, behutsam verpackt. In unseren Tagen möchte der Pianist ja mit Recht ein musikalischer Partner sein und nicht mehr das Anhängsel von einst. (Die Funktion des Blitzableiters dürfte auch weiterhin erwünscht sein.)

Von Helmut Deutsch erfährt man sehr viel über das Zwischenmenschliche, aber nicht weniger über den musikalischen Anspruch. In der großartigen Vielfalt der Lieder, die durch Schubert zu einer musikalischen Welt geworden sind, ist der Klavierpart weit mehr als »Begleitung«, nämlich Bassfundament, poetische Suggestion und harmonische Verankerung. Er stellt dem Pianisten wunderbare Aufgaben.

Wir danken es Helmut Deutsch, dass nun nach Gerald Moore ein anderer Meister des Fachs das Wort ergriffen hat. In Deutsch fallen alle notwendigen Kompetenzen zusammen: die des erfahrenen, verfeinerten Pianisten, des verantwortungsvollen Musikers, des verehrten Lehrers, Studienleiters und Mentors, des rücksichtsvollen, aber auch durchaus zupackenden Partners und des freundlichen Menschen, vor dem ich, der ehemals im Liedgehege wildernde Solist, den Hut ziehe.

Alfred Brendel

PROLOG

Beeindruckende hundert Meter Breite misst die Bühne des Großen Festspielhauses in Salzburg; es ist also ein ungewöhnlich weiter Weg bis zur Mitte. Aber der stürmische Begrüßungsapplaus nimmt nicht ab, bis wir dort angelangt sind, und er steigert sich noch, während wir uns verbeugen. Es sind ja auch zwei der berühmtesten Sänger der Welt, Diana Damrau und Jonas Kaufmann, mit denen ich hier zu einem Liederabend auftrete. Man schreibt den 3. August 2018, und auf dem Programm steht das *Italienische Liederbuch* von Hugo Wolf, Miniaturen von größter Delikatesse, ein Programm, mit dem auch viel kleinere Säle mitunter nicht leicht zu füllen sind. Aber die beiden großen Namen machen es möglich, dass das riesige Haus bis auf den letzten Platz besetzt ist und sogar noch die Seitenbühnen bestuhlt wurden. Man kann lange darüber diskutieren, wie sinnvoll es ist, diese kleinen Preziosen in einem derart gewaltigen Rahmen aufzuführen. Und natürlich ist ein gewisser Teil der Zuhörer gekommen, weil sie diese beiden Stars hören wollen, mit welchem Programm auch immer. Aber nun sind sie eben da und hören einen Abend lang Lieder, diese feinste und intimste Form der Musik, die »Königsklasse des Singens«, wie Jonas Kaufmann sie einmal genannt hat. Und wir werden alles tun, um sie zu überzeugen, zu verzaubern und zu begeistern. »Ohne Musik wäre das Leben ein Irrtum«, schrieb Friedrich Nietzsche. Für mich wäre ein Leben ohne Lieder kaum vorstellbar, und ich bin glücklich, mit den beiden wunderbaren Sängern hier auf der Bühne zu sein und diese meine Welt mit den vielen Menschen im Saal zu teilen.

Es dauert recht lange, bis der Saal so ruhig geworden ist, dass ich mit den überaus zarten Tönen des ersten Liedes beginnen kann. Der Flügel, wunderbar vorbereitet von einem Klaviertechniker, den ich seit Jahrzehnten kenne, klingt im voll besetzten Saal etwas anders als bei der Probe. Darauf muss ich mich einstellen, so schnell es mir nur möglich ist, aber das geschieht beinahe unbewusst. Nach den etwas verträumten ersten Takten bemühe ich mich, in den letzten Staccatotönen vor dem Gesangseinsatz das Tempo ganz genau zu treffen, und Diana beginnt zu singen: »Auch kleine Dinge können uns entzücken ...« Hugo Wolf hat dieses Lied bewusst und gleichsam als Motto an den Beginn des Liederreigens gestellt. Und »kleine Dinge« sind es ja wirklich, denn die Gesamtdauer der 46 Lieder beträgt kaum 80 Minuten. Die volkstümlichen Texte aus Umbrien und der Toskana wurden von Paul Heyse auf Deutsch nachgedichtet und beschreiben Liebesszenen in allen nur denkbaren Formen und Schattierungen: Da wird geworben und erhört, geschmachtet und verspottet, es wird gestritten und versöhnt, inbrünstigen Liebeserklärungen stehen süffisante, zynische Reaktionen gegenüber. Den beiden Sängern werden zwar kaum effektvolle hohe Töne abverlangt, aber das Ausfüllen dieser reichen Palette an Stimmungen in oft typisch südländisch gesteigertem Pathos erfordert sehr viel mehr als ein paar Spitzentöne. Und die beiden machen das großartig! Für den Mann am Klavier bedeuten die vielen Wechsel ein blitzschnelles Umschalten zwischen den kleinen Stücken, um Tempo und Atmosphäre des nächsten Liedes so genau wie nur möglich zu treffen; es gibt keine Zeit für »Einschwingphasen«. Im Prinzip eine Herausforderung, die man bei jedem Liederabend mit dem Sänger teilt. Hier aber sind es zwei Sänger, die einander abwechseln und oft recht temperamentvoll und stürmisch aufeinander reagieren. Für den Pianisten bedeutet das 45 Verwandlungen, nicht wenige davon im Minutentakt; ein hohes Maß an Einsatz und Energie ist gefragt. Mit den beiden Sängern des Abends aber, die ich seit langem kenne, macht das richtig Spaß. Ihre Körpersprache und ihre Gestik sind mir ebenso vertraut wie ihre Stimmen, und die vielen winzig kleinen Abweichungen vom Geprobten sind zwar ganz normal, aber auch ein ständiger Appell an meine Konzentration und Wachsamkeit. Das ist vielleicht der Grund dafür, dass ich öfter als sonst zu meinem schwarzen Tuch greifen muss, um mir die Stirn abzutrocknen; dass die Klimaanlage im Festspielhaus der extremen Temperatur an diesem heißen Sommertag nicht ganz Herr wird, dürfte wohl auch mitspielen. Wir sind in guter Stimmung, voller Spannung, aber nicht nervös, und geben alle drei unser Bestes an diesem Abend. Nach und nach spüren wir mit Zufriedenheit, dass das Publikum mitgeht, dass wir es in den Griff bekommen. Die Konzertbesucher hören aufmerksam zu und reagieren vernehmbar auf heitere Episoden in den Texten. Wir haben sie mit Liedern, noch dazu mit den nicht gerade besonders populären Liedern von Hugo Wolf, begeistern können! Und als mir dann noch das berüchtigt schwierige, virtuose Nachspiel des letzten Liedes recht gut gelingt, bin ich erleichtert, glücklich und mit der Welt zufrieden; es war ein gelungener Abend. Nachdem die Beifallsstürme verklungen sind, gehe ich in meine Garderobe, um mich umzuziehen. Und dort, noch in der Hochstimmung des eben Erlebten, denke ich zurück an den ziemlich fernen Tag, an dem ich zum ersten Mal etwas Vergleichbares erlebt habe.

HERMANN PREY. DAS ERSTE KONZERT

Sejong Center, Seoul, Südkorea, 27. Oktober 1980. Liederabend mit Hermann Prey. Auf dem Programm: die *Kerner-Lieder* und *Dichterliebe* von Robert Schumann. Das Sejong Center: ein imposantes Gebäude, ein riesiger Saal mit über dreitausend Plätzen, 1978 eröffnet. Der Großteil des Publikums sind Jugendliche, ein ganz erstaunlicher Gegensatz zum gewohnten Anblick in anderen Ländern. Obwohl mir die Wichtigkeit dieses allerersten Konzerts mit Prey sehr bewusst ist, bin ich zwar unter Hochspannung, aber nicht sonderlich nervös. Ich bin gut vorbereitet, und die einzige Probe, die es davor in Tokyo gab, war problemlos verlaufen. »Probe« ist allerdings nicht ganz der richtige Ausdruck für dieses Treffen, das für mich von Herzklopfen verursachender Bedeutung war; Prey hingegen gab sich geradezu demonstrativ lässig. Ein deutscher Journalist, der an einem Artikel über ihn arbeitete, war dabei, und Prey saß dicht an meiner rechten Seite, brummte oder summte seinen Part, ohne wirklich zu singen; meistens aber klimperte er bloß ein paar Oktaven höher auf dem Klavier die Gesangsstimme mit. Im Nu war die »Probe« vorbei. Außer ein paar Wiederholungen wegen kleiner Tempokorrekturen war es nichts weiter als ein bloßes Durchspielen des Programms.

Weit mehr gefordert war ich danach: Prey musste sich ein Re-Entry-Visum für Japan besorgen, und ich sollte ihm dabei helfen. Als wir in dem großen Gebäudekomplex endlich den richtigen Schalter gefunden hatten und es – auf eine mir selbst ganz rätselhafte Weise – gelungen war, dieses Visum zu organisieren, äußerte Prey den dringenden Wunsch nach Würsteln und Bier. Durch puren Zufall fand ich im Handumdrehen ein deutsches Lokal in der Nähe und hatte das bestimmte Gefühl, damit auf Prey viel mehr Eindruck gemacht zu haben als mit meinem ganzen Klavierspiel.

Ich habe keine konkreten Erinnerungen mehr an das Konzert, aber ich weiß noch, dass ich wie betäubt war von dem ungeheuren

Applaus am Ende; etwas Derartiges hatte ich noch nie erlebt. Koreaner werden manchmal die »Sizilianer Asiens« genannt. Das Publikum an diesem Abend machte jedenfalls diesen Vergleich sehr nachvollziehbar. Es sollten viele Jahre vergehen, bis ich ähnliche Publikumsreaktionen wieder erlebte. Nach einigen Schumann-Zugaben sang Prey ein kurzes koreanisches Lied, das er für diesen Abend gelernt hatte; danach tobte der Saal, die Menschen waren völlig aus dem Häuschen und begannen, rhythmisch etwas Zweisilbiges zu rufen; erst nach einer Weile konnten wir es verstehen: »Schu-bert, Schu-bert, Schu-bert!«, riefen sie. Prey wies mit hochgezogenen Schultern bedauernd auf meine Noten – wir hatten ja nur Lieder von Schumann dabei. Die Geste wurde sofort verstanden, und mehrere Bände mit Schubert-Liedern flogen in weiten Bögen auf das Podium. Nach kurzer Beratung begann ich mit dem Vorspiel zum *Lindenbaum* aus der *Winterreise*, wurde aber schon nach wenigen Sekunden von einem Applaus-Orkan unterbrochen. Das gab Prey die Gelegenheit, mir zuzuflüstern: »Viel zu schnell!« Und ich begann also von neuem, natürlich langsamer. Es folgte dann noch *Die Forelle*, bei deren Vorspiel sich das Applaus-Spektakel wiederholte; diesmal aber gab es keine Kritik am Tempo. Das Konzert war zu Ende. Für mich war es ein ganz unglaublicher, ein grandioser Einstand gewesen. Und als Prey mir ein paar kleine Kritikpunkte zum Konzert sagte und sich beeilte zu betonen, dass in Zukunft nicht alle Säle so groß sein würden, war klar, dass ich diesen »Test« bestanden hatte. Schließlich sollten zwölf gemeinsame Jahre mit mehr als 200 Liederabenden darauf folgen.

An diesem Abend kam ich in meinem Hotelzimmer lange nicht zur Ruhe und verschlief am nächsten Morgen. Ein Anruf der Rezeption – »das Taxi wartet« – weckte mich, und ich beeilte mich, so gut ich nur konnte. Prey stand vor dem Wagen, sah mich nicht sonderlich freundlich an und sagte trocken: »Na, das fängt ja gut an!«

Dieses Konzert mit Hermann Prey in Seoul bedeutet für mich im Rückblick die wohl entscheidende Wende in meinem beruflichen Leben. Es war der vorläufige Endpunkt einer Reihe von Zufällen, die mit einer ganz wichtigen Begegnung begonnen hatte: das Zusammentreffen mit dem amerikanischen Pianisten Leonard Hokanson im Frühjahr 1972. Die Gesellschaft der Musikfreunde in Wien veranstaltete einen Gesangs- und Violinwettbewerb, und man brauchte dafür einige Pianisten für die Kandidaten, die ohne eigenen Partner angereist waren. Ich war dafür engagiert worden, und auch Hokanson war einer dieser »offiziellen« Begleiter. Ich kannte und schätzte ihn als Klavierpartner einiger Sänger, vor allem von Hermann Prey, mit dem er seit vielen Jahren regelmäßig auftrat. Und ich wusste, dass er auch solistisch tätig und der Pianist des Klaviertrios *Odeon* war. Ein wenig verwundert war ich schon, dass ein so überragend guter und erfolgreicher Pianist sich für diese doch etwas untergeordnete Tätigkeit zur Verfügung gestellt hatte. Aber damals hatte ich noch keine Ahnung von dem ständigen Auf und Ab im Kalender eines freischaffenden Musikers. Hokanson hatte eben gerade in dem Zeitraum nichts anderes zu tun, er war gerne in Wien und hatte Freude am Spielen.

In dieser Zeit durfte man in den Treppenhäusern des Musikvereins noch rauchen, und in den häufigen Pausen, während andere Pianisten spielten, standen wir beiden Raucher viele Male zusammen auf dem Gang neben dem Brahms-Saal, in dem der Wettbewerb stattfand. Und begannen ganz selbstverständlich mit der Zeit, öfter miteinander zu plaudern. Hokanson war überaus freundlich und wissbegierig, und ich erzählte ihm nach und nach von meiner beruflichen Lage. Wie schnell und problemlos mein Studium verlaufen war, wie ich zu meiner Anstellung an der Hochschule und zu ersten Konzerten gekommen war, wie etliche hoffnungsvolle Begegnungen wieder abrupt geendet hatten und dass ich mich jetzt wie in einer Sackgasse fühlte, was mich mehr und mehr entmutigte. Erik Werba war immer noch der dominierende Liedbegleiter in Wien, der nicht nur mit etlichen berühmten Sängern auftrat, sondern auch viele junge anzog, die mit seinem großen Namen die Hoffnung verbanden, durch ihn zu Liederabenden zu kommen. Werba war ein sehr geschickter Organisator von Konzerten, gründete Liedreihen an ungewöhnlichen Spielstätten in der Umgebung von Wien und auch im Ausland, war ein regelmäßiger Gast bei vielen Festivals, Juror bei Wettbewerben, Autor vieler Bücher, Liedprofessor an der Hochschule in Wien – es konnte für junge Sänger sehr hilfreich sein, wenn Werba sich für sie interessierte und unter seine Fittiche nahm. Für Pianisten interessierte er sich deutlich weniger. Aber er hatte von einem anderen Professor an der Musikhochschule von meiner Unzufriedenheit gehört und empfahl mich einigen Sängern für die Vorbereitung zu Liederabenden, die er dann selbst spielte. In manchen dieser Konzerte saß ich mit äußerst gemischten Gefühlen. Für die Korrepetition dieser Programme hatte ich mich immer sehr gewissenhaft vorbereitet und war dann beim Zuhören oft der Überzeugung, dass ich das alles genauso gut, ja vielleicht sogar besser spielen könnte. Es war ziemlich frustrierend. Obwohl Werba und ich zwölf Jahre in derselben Institution arbeiteten, kam es nie zu persönlichen Gesprächen, und eine gewisse vorsichtige Distanziertheit von seiner Seite vermeinte ich immer zu spüren. Die paar Liederabende, die Irmgard Seefried – eine seiner prominentesten Gesangspartnerinnen – mit mir gemacht hatte, hat er mir vermutlich übel genommen; und das konnte ich irgendwie verstehen. Ein gewisses Konkurrenzdenken ist ja in diesem Beruf vielleicht nicht ganz zu vermeiden, so unsinnig es auch sein mag.

In diesen Jahren begann der steile Aufstieg eines jungen Amerikaners, der es in kürzester Zeit zu einem der gefragtesten Liedbegleiter in Europa brachte. Irwin Gage bekam im Wiener Konzerthaus sogar einen eigenen Liedzyklus, in dem er zum Teil mit noch recht unbekannten Sängern, die er durch Wettbewerbe kennengelernt hatte, auftrat. Eine dieser Unbekannten war zum Beispiel Jessye Norman. Die Kritikerin Andrea Seebohm bezeichnete Irwin Gage einmal als »König der Liedbegleiter«. Ich kann mir gut vorstellen, dass Erik Werba dieser Titel nicht sehr gefiel, und auch ich hatte irgendwie daran zu schlucken. Zwar war Irwin Gage sechs Jahre älter als ich, und selbstverständlich gab es Platz für mehr als zwei Pianisten auf dem Liedsektor, aber gerade in meiner Heimatstadt schienen meine Aussichten wirklich nicht die allerbesten zu sein.

Leonard Hokanson hörte mir geduldig zu und kam letztlich zu dem Schluss, dass ich meine Anstellung an der Musikhochschule kündigen sollte. Er meinte, ich vergeude damit meine Zeit. Ich sollte mich mehr um mein Klavierspiel kümmern, statt in der Schule Gesangsstudenten zu korrepetieren. Ich sei begabt genug, nur ein wenig verschlampt, und er werde sich bemühen, mich mit guten Sängern zusammenzubringen, allen voran natürlich mit Hermann Prey, der immer wieder auf der Suche nach einem jungen zweiten Klavierbegleiter sei. Hokanson war nur etwa zwei Jahre jünger als Prey.

Mir erschien dieser Vorschlag völlig unrealistisch. Ich hatte doch viel zu wenig Konzerte, um davon leben zu können. Auf der Basis so vager Hoffnungen konnte ich meine Staatsanstellung, mein gesichertes Einkommen unmöglich aufgeben. Ich schüttelte den Kopf über diese verrückte Idee. Aber Hokanson blieb dabei, und bei jeder Begegnung fing er wieder damit an. Und tatsächlich hatte er immer neue Vorschläge von namhaften und auch weniger bekannten Sängern, mit denen er mich zusammenbringen wollte. Einige davon traf ich dann auch zu Gesprächen, aber es ergab sich nichts daraus. Und dann kam eines Tages die aufregende Mitteilung, dass Prey gewillt sei, mich anzuhören. Er hatte eine Probe mit Hokanson, und im Anschluss daran wollte er ein paar Lieder mit mir durchgehen. Prey begrüßte mich recht freundlich, nahm neben mir Platz und legte einen Band Eichendorff-Vertonungen von Hugo Wolf aufs Notenpult. Ich war ein wenig schockiert: Kein einziges dieser Lieder hatte ich je gesehen oder gehört, geschweige denn gespielt. Und es waren nicht gerade die leichtesten. Ich konzentrierte mich, so gut ich nur konnte, und versuchte, mein vor Nervosität zitterndes rechtes Bein zu ignorieren, auch wenn mir dadurch das Pedalisieren nicht eben leichtfiel. Nach ein paar Liedern, die ich meinem Gefühl nach recht ordentlich vom Blatt gespielt hatte, war es vorbei. Prey sagte ein paar nette, aber ziemlich nichtssagende Worte, und ich war entlassen. Es folgten viele Tage bangen Wartens, und endlich hatte Hokanson mit Prey über mich gesprochen: Der war der Meinung, dass ich diese Lieder recht gut, doch ganz sicher nicht vom Blatt gespielt hätte – dazu wäre alles viel zu glatt gegangen –, aber dass es mir an Persönlichkeit fehle; er war nicht weiter interessiert. Natürlich war ich sehr enttäuscht, ich ärgerte mich auch über mich selbst: Warum nur hatte ich den Ehrgeiz, möglichst fehlerfrei zu spielen anstatt einfach Musik zu machen, so gut ich es eben konnte? Und warum mussten es ausgerechnet diese Eichendorff-Lieder sein? Ich war davon überzeugt, dass ich eine ganz wichtige Chance in meinem Berufsleben nicht hatte nutzen können.

Aber Hermann Prey hatte mich nicht vergessen. Eines Tages kam ein Anruf seines Sekretärs Christian Lange, der mir mitteilte, dass Prey gerne etwas mit mir einstudieren wolle; ich sollte ihn also korrepetieren. Ich hätte dieses Angebot ganz sicher angenommen. Aber zufällig war die große Sängerin Sena Jurinac, mit der ich gut befreundet war, an diesem Abend bei mir zu Gast, und sie riet mir ganz energisch davon ab: »Du bist nicht der Korrepetitor vom Prey! Der soll dich für Liederabende fragen, nicht für so etwas!« Und ich folgte ihrem Rat. Sagte unter irgendwelchen Vorwänden ab und fragte mich gleichzeitig, ob ich damit nicht einen schweren Fehler beging.

Aber tatsächlich kam nach einiger Zeit eine neuerliche Anfrage von Christian Lange: Ob ich für einen Liederabend in Seoul frei wäre?

Die Wiener Staatsoper gab im Herbst 1980 ein mehrwöchiges Gastspiel in Japan, bei dem Prey mit von der Partie war, und man hatte ihm in dieser Periode einen Liederabend in Südkorea angeboten. Nun konnte man schwerlich einen Pianisten bitten, für ein einzelnes Konzert von Europa nach Asien zu fliegen. Aber möglicherweise hatte Preys Sekretär irgendwie mitbekommen, dass ich seit einigen Jahren regelmäßig nach Japan fuhr. Auch in diesem Herbst hatte ich Konzerte in Japan, war aber für diesen Termin in Südkorea frei und sagte begeistert zu.

»... UND TRÄUMEN SELIGEN TRAUM.«
JAPAN

Gemessen an dem hohen Stellenwert, den Japan in meinem Leben einmal haben sollte, waren die ersten Schritte äußerst bescheiden. 1974 war ich zum ersten Mal für zehn Tage in Tokyo, begleitete zwei ältere Damen bei ihren künstlerisch recht fragwürdigen Liederabenden und gab eine große Anzahl an Privatstunden. Von der riesigen Stadt sah ich nicht viel mehr als die nähere Umgebung meines kleinen Hotels, ein Privathaus, einen Konzertsaal und ein paar Stationen einer U-Bahn-Linie. Ich staunte über die krassen Gegensätze zwischen doppelgeschossigen Stadtautobahnen und dem Lichtermeer inmitten von Hochhäusern auf der einen und den schlichten Holzbuden auf der anderen Seite. Buden, in denen man alles Erdenkliche kaufen konnte: Lebensmittel, Bücher, Schuhe, Kosmetik, Uhren und natürlich viele elektronische Geräte. Nur wenige Jahre später wurde genau dort der erste klassische Konzertsaal Tokyos, die Suntory Hall, gebaut, flankiert von einem Großhotel und etlichen anderen Gebäuden. Ohne dass es mir damals bewusst war, hatte ich noch allerletzte Spuren des alten Tokyo mitbekommen.

Der Vorschlag zu dieser Reise war von einer Japanerin gekommen, die nach ihrem viele Jahre zurückliegenden Gesangsstudium in Wien und ein paar kleinen Engagements an Provinztheatern beschlossen hatte, in Europa zu bleiben und nicht nach Japan heimzukehren. Ihren Lebensunterhalt bestritt sie unter anderem mit der Organisation von Sommerkursen für Japaner in Wien, und ich war eingeladen worden, für die Liedklasse von Anton Dermota zu spielen. Gegen Ende des Kurses fragte sie mich, ob ich mit ihr für zwei Liederabende nach Japan kommen würde, eine Bekannte von ihr wäre die zweite Sängerin, ich würde sie erst in Tokyo kennenlernen. Weil die Flüge und das Hotel und ihre ganze aufwendige Organisation so viel Geld verschlängen, bekäme ich zwar für die beiden Konzerte kein Honorar, würde dann aber in ein paar angehängten Tagen viele Privatstunden geben können, die eine andere Bekannte von ihr organisiere, so dass ich dann doch mit ein wenig Geld heimfliegen würde. Rückblickend ist mir nicht so recht klar, warum ich mich auf diesen Handel eingelassen habe. Wobei der finanzielle Aspekt noch recht bedeutungslos war im Vergleich zu der Tatsache, dass ich zwei Sängerinnen als Konzertpartner akzeptierte, die ich noch nie gehört hatte. Aber ich war 28 Jahre jung, neugierig und nicht gerade überbeschäftigt, und wahrscheinlich hielt ich naiverweise auch ein gewisses Niveau für selbstverständlich, wenn man einen eigenen Abend in Tokyo geben möchte. Das jedoch war ein großer Irrtum. Die stimmlichen Möglichkeiten meiner Japanerin in Wien waren äußerst begrenzt, wie ich gleich bei der ersten Probe feststellen musste, und sie konnte diese betrübliche Tatsache auch nicht mit außergewöhnlichen Ausdrucksmitteln wettmachen. Ihre Bekannte in Tokyo war um keinen Deut besser, aber beide Damen machten bloß etwas, was in Japan zu der Zeit ebenso normal erschien, wie es in Europa völlig undenkbar gewesen wäre: Einige Sänger, deren beste Tage und sogar die weniger guten schon lange zurücklagen, gaben unverdrossen weiterhin ihre Konzerte; ebenso wollten aber auch Schullehrer, Chorleiter oder ganz normale Hausfrauen ihren Schülern und dem Bekanntenkreis ihre hart erarbeiteten Liedinterpretationen vorführen. Nun gab es zwar unter diesen Gesangs-Amateuren manchmal auch erstaunliche Begabungen, aber die meisten dieser Konzerte hatten nur wenig mit dem zu tun, was man in Europa darunter verstand. Es war eine mehr gesellschaftliche Angelegenheit, und die Musik dabei war nicht ganz so wichtig; man begriff den sängerischen Auftritt weniger als Kunst, sondern als die Einladung eines Gastgebers – eine Einladung zu einem Konzert statt in ein Restaurant, was so manchem der Konsumenten zweifellos lieber gewesen wäre. Die Karten für diese Konzerte wurden hauptsächlich privat verkauft, von Freunden oder Schülern, die sich verpflichtet fühlten, ein gewisses Kontingent an Karten abzunehmen und dann weiterzuverkaufen.

Zu dieser Zeit gab es aber bereits viele in Europa und in den USA hervorragend ausgebildete japanische Sänger und Sängerinnen, von denen einige auch an großen Opernhäusern in Europa engagiert waren. Dieses Nebeneinander von Professionalität und reinen Amateuren war allerdings hauptsächlich im Gesang zu finden. Instrumentale Amateure gaben kaum Konzerte.

Nach den beiden Liederabenden blieb ich noch einige Tage in Tokyo. Die Dame, die für mich Privatstunden organisiert hatte, Motoko Eguchi, war eine in Wien ausgebildete Mezzosopranistin, die eine Professur als Gesangslehrerin in Yokohama hatte und auch sehr viel privat unterrichtete. In ihrem Eifer hatte sie so viele Stunden für mich arrangiert, dass ich die Tage von früh bis abends am Unterrichten war; doch kostete mich das relativ wenig Anstrengung, weil die Hälfte der Zeit ja mit dem Übersetzen verfloss. Einfache Anweisungen wie »bitte keine Akzente auf Nebensilben« benötigten im Japanischen offenbar viele dutzend Worte, und ein etwas komplizierterer Satz wie etwa »Versuchen Sie bitte, die Phrase als ein Ganzes zu fühlen, auch wenn Sie zwischendurch atmen müssen!« dauerte in der Übersetzung oft minutenlang. So kam ich recht früh auf die Idee, die wesentlichsten japanischen Wörter für diese Art von Arbeit zu lernen; doch davon später etwas mehr.

Es gab in diesen Jahren sehr viele japanische Musikstudenten an europäischen Hochschulen, und in Wien waren es ganz besonders viele. Eine Zeitlang waren ungefähr ein Drittel meiner Studenten Japaner. Ihnen erzählte ich nach meiner Heimkehr von meinem Erstversuch in ihrem Heimatland, und bald wurden Pläne geschmiedet, denn es gab einige gute Sänger, die nach ihrer Rückkehr Liederabende mit mir in Japan gestalten wollten. So war ich gleich im nächsten Jahr wieder in Japan, diesmal aber mit begabten Absolventen der Musikhochschule Wien. Eine der jungen Sängerinnen hatte ihren ehemaligen japanischen Lehrer Tatsuji Hayashi kontaktiert, der sich bereit erklärte, auch einen Liederabend mit mir zu machen. Auf dem Programm stand Schuberts *Winterreise*, die erste von sehr vielen, die ich in Japan machen sollte.

Hayashi hatte ebenfalls in Wien studiert und sprach recht gut Deutsch. Er war ein angesehener Lehrer, Gründer und Dirigent eines Kammerchors in Kyoto und Mitbegründer einer Schubert-Gesellschaft in Osaka. Durch seine guten Verbindungen in der Musikszene wurde er für mich ein wichtiger Mann meiner ersten Jahre in Japan.

Eines Tages kam Hayashi mit einem verblüffenden Vorschlag: Ob ich mir vorstellen könnte, Urlaub von der Musikhochschule zu nehmen und für zwei Jahre eine Gastprofessur in Osaka zu bekleiden? Ich war zunächst sehr begeistert, denn die Auftrittsmöglichkeiten in Japan übertrafen alles, was ich mir zu der Zeit in Europa erwarten konnte, war aber gleichzeitig auch etwas skeptisch, ob die Wiener Hochschule mich für zwei Jahre beurlauben würde. Ich sprach dann tatsächlich mit dem Hochschuldirektor in Osaka und bekam den Eindruck, dass es nur mehr von Wien abhing, ob der Plan umgesetzt werden konnte. In Wien jedoch erklärte man mir, dass eine Beurlaubung für maximal ein Studienjahr bewilligt würde, zwei Jahre wären ausgeschlossen. Als ich das nach Japan meldete, meinte Hayashi, das sei auch in Ordnung, und ich solle den Urlaub beantragen. Im Herbst 1976 sollte meine einjährige Professur in Osaka beginnen.

Im Frühjahr 1976 war ich wieder in Japan, Hayashi sagte sich zu einem Besuch an, und bei seinem Anblick war sofort klar, dass er mit etwas Unangenehmem gekommen war. Nachdem er eine Weile herumgedruckst hatte, rückte er endlich mit der Neuigkeit heraus: Die Hochschule in Osaka hatte die Zusage zurückgezogen, es gab keine Professur für mich. Gründe dafür habe ich nie erfahren. Natürlich war ich konsterniert und machte Hayashi klar, dass ich mich auf sein Wort verlassen hätte. Hayashi, dem die ganze Sache offensichtlich sehr peinlich war, versprach, eine Lösung zu finden.

Und die sah dann so aus: Unter den zahlreichen Mitgliedern der Schubert-Gesellschaft, deren einer der drei Vorstände Hayashi war, wurden fünfzehn Sänger ausgesucht, die an drei Tagen in der Woche bei mir Privatunterricht bekommen würden. Und Hayashi fand eine Familie in Kyoto, in deren Haus ich eine Wohnmöglichkeit und einen Raum mit Flügel zum Unterrichten bekam.

In der Zwischenzeit hatte mich Motoko Eguchi, die Organisatorin und Gastgeberin meiner ersten Privatstunden in Tokyo, eingeladen, bei ihr zu wohnen. Sie hatte ihr Haus aufgestockt, und ich bekam auch dort ein Schlafzimmer und ein weiteres großes Zimmer mit einem Flügel. Motoko war eine alleinstehende Frau in ihren frühen Fünfzigern und hatte offensichtlich Freude daran, einen »Schützling« zu haben, der nicht nur im Haus wohnte, sondern als »ihr« Pianist auch von gewissem Nutzen sein konnte. Sie war sängerisch noch durchaus aktiv, und ich machte mit ihr ein paar Liederabende, zudem eine Schallplatte mit Liedern von Yoshinao Nakada, einem damals sehr populären japanischen Komponisten. Motoko hatte zahlreiche Privatschüler, wobei sie keine besonderen Ansprüche an die Begabung zu stellen schien. Mit derselben Geduld unterrichtete sie talentierte junge Sänger wie auch amateurhafte Hausfrauen, oft acht Stunden am Tag. Und manchmal kam es bei den begabteren dazu, dass ich in den Stunden begleitete und mit einigen ihrer Schüler auch Liederabende spielte. Nicht wenige waren dabei, auf die ich heute nicht gerade stolz sein kann. Aber auch sie erfüllten einen gewissen Zweck: »Das Ofte macht den Meister« formulierte so treffend Hans von Bülow, und bei all diesen Konzerten habe ich zweifellos immer etwas dazugelernt.

Ich hatte bei meinen bisherigen Japan-Aufenthalten die erstaunliche Feststellung gemacht, dass man nicht mit Englisch-Kenntnissen der Einheimischen rechnen durfte. Ausnahmen waren in großen Hotels zu finden, manchmal auch in Kaufhäusern, aber im Allgemeinen war eine Frage nach einer bestimmten Adresse auf der Straße oder in einem Taxi eine völlig sinnlose Angelegenheit. Der sechsjährige Englisch-Unterricht an Gymnasien fand nämlich nahezu ausschließlich schriftlich statt, so dass am Ende zwar sogar Shakespeare übersetzt wurde, aber selbst zu einer ganz einfachen Konversation waren die meisten Japaner unfähig. Es war daher klar, dass ich mir ein gewisses Minimum an japanischen Sprachkenntnissen aneignen musste. Nicht nur zum Überleben in diesem Land, sondern vor allem für meinen Unterricht. Im Sommer vor meiner Übersiedlung nach Japan büffelte ich zwei Monate lang Vokabeln und lernte Redewendungen aus einem kleinen Büchlein, das einmal für die Berliner Philharmoniker verfasst worden war. Da es im Japanischen keinerlei Ähnlichkeiten oder Anknüpfungspunkte zu einer europäischen Sprache gibt, war der Anfang nicht gerade leicht. Dennoch hatte ich nach der Bewältigung der 40 Lektionen das Gefühl, mir eine recht gute Basis erworben zu haben. Ich erinnere mich aber noch gut an mein allererstes Telefonat mit der Frau meines Freundes Hayashi. Ich verstand kein Wort von dem, was sie sagte.

Wie vorausgesehen, sprach kaum einer meiner fünfzehn Sänger etwas anderes als Japanisch, genau so war es auch in der

Familie, bei der ich in Kyoto untergekommen war. Daher machte ich recht schnell Fortschritte, und selbst das Telefonieren verlor mit der Zeit seinen Schrecken.

Meine Arbeitswochen waren so eingeteilt, dass ich in der Regel drei Tage in Kyoto verbrachte und vier in Tokyo. In Kyoto waren die Tage mit Unterricht gefüllt, in Tokyo hatte ich hauptsächlich für Liederabende zu proben, aber auch Zeit zum Üben und ein wenig Freizeit. So sehr Tokyo durch seine gigantischen Ausmaße imponieren konnte, war doch die im Zweiten Weltkrieg völlig verschont gebliebene alte Kaiserstadt Kyoto viel faszinierender. Das Haus meiner Gastfamilie lag im Nordwesten Kyotos, nicht weit entfernt von einigen der berühmtesten Tempel; die schachbrettartige Bauordnung der Stadt machte es leicht, sich zu orientieren, und nach relativ kurzer Zeit fühlte ich mich in Kyoto ziemlich zuhause. Die allwöchentlichen Bahnfahrten zwischen Tokyo und Kyoto machten Spaß. Der Hochgeschwindigkeitszug Shinkansen war noch recht neu und damals völlig konkurrenzlos der schnellste Zug der Welt. Und der pünktlichste!

Mein Kalender füllte sich allmählich mit Konzertdaten. Als die knapp zehn Monate vorüber waren, hatte ich etwa 30 Liederabende gespielt, eine für mich damals sehr beeindruckende Anzahl. Dazu kamen noch Privatstunden und auch mancher öffentliche Unterricht an Musikhochschulen, ein wenig großspurig »Masterclass« genannt. Zwar fühlte ich mich mit meinen 30 Jahren keineswegs wie ein Meister, aber allein schon die Herkunft aus Wien wirkte auf viele Japaner magisch: »das Mekka der Musik« hörte ich sie zum Beispiel oft sagen. Weniger mit klassischer Musik bewanderte Japaner verwechseln »Austria« recht gerne mit »Australia«, das ja auch geographisch um einiges näher liegt. Aber in jenen Jahren genügte dann zur Richtigstellung ein einziger Name, der alles klarmachte: »Toni Sailer«, dreifacher Olympiasieger 1956 und siebenfacher Weltmeister im alpinen Skilauf 1956 und 1958, war damals praktisch jedem Japaner ein Begriff, ein Name, der sich für sie noch dazu wunderbar leicht aussprechen ließ. Seine in Japan ungeheure Popularität hing wohl ursprünglich damit zusammen, dass es während seiner aktiven Zeit einen japanischen alpinen Skifahrer namens Chiharu Igaya gab, der zwar nur wenige Rennen gewann, aber fast immer ganz vorne mitmischen konnte. Ich war also nicht nur ein Landsmann Mozarts und Schuberts, sondern auch von Toni Sailer! Selten bekommt man so viel Bewunderung zu spüren, ohne etwas dafür getan zu haben.

Den Einstieg in die japanische Sprache hatte ich nicht als allzu schwierig empfunden. Zwar vermittelt Japanisch nicht die geringsten Assoziationen zu Sprachen, die man als Europäer kennt, aber die Grammatik ist in ihren Grundzügen eigentlich ganz simpel. Auch die Aussprache machte mir im Allgemeinen kaum Probleme. Selbst wenn ich radebrechend ein paar Sätze in ihrer Sprache stotterte – allein der Versuch begeisterte Japaner ganz ungemein, und natürlich war das immer eine neue Motivation, es noch weiterzubringen. Allerdings wird Japanisch ab einem gewissen Niveau immer komplizierter: Männer benutzen teilweise ganz andere Vokabeln als Frauen. Lächelnd wurde oft kommentiert, dass meine Lehrmeister offensichtlich vorwiegend weiblich gewesen sein müssen. Selbst die Grammatik ändert sich etwas, wenn man sich sehr höflich ausdrücken will oder muss. Die größte Hürde aber ist zweifellos die Schrift, die sich aus zwei Silbenschriften (Hiragana und Katagana) und den chinesischen Schriftzeichen (Kanji) zusammensetzt. Hiragana und Katagana zu lernen, erfordert nur ein wenig Geduld; aber genügend Kanji zu beherrschen, um auch nur ein ganz einfaches Buch oder gar eine Zeitung lesen zu können, ist ein nahezu hoffnungsloses Unterfangen, wenn man sich nicht über Jahre ernsthaft damit beschäftigen will. So großen Ehrgeiz hatte ich wiederum nicht; ich war damit zufrieden, dass ich mich mit der Zeit recht gut verständigen konnte und vor allem bei Proben oder im Unterricht ohne Übersetzer auskam.

Bei Japanern sind gemeinschaftliche Unternehmungen sehr beliebt, am besten mit einer großen Anzahl von Menschen. Meiner Beobachtung nach unternimmt kein anderes Volk so viele Gruppenreisen, und gemeinsames Musizieren passt bestens dazu. So nimmt der Chorgesang einen ganz besonderen Platz in Japan ein: Es gibt Schulchöre, Universitätschöre, Firmenchöre, Frauen- und Männerchöre, Kinderchöre und sogar Chöre, die sich ausschließlich mit Beethovens Neunter beschäftigen. Es gibt viele Chorwettbewerbe im Land, und nicht nur bei Wettbewerben, sondern auch in den Konzerten wird alles auswendig gesungen.

Während meines Japan-Jahres wurde ich für ein Konzert mit einem Kinderchor in Odawara angefragt; der Chor war 1963 gegründet worden und wurde von einer jungen Dame geleitet, die ein paar Privatstunden bei mir in Tokyo genommen hatte. Odawara ist eine kleine Stadt, weniger als eine Stunde von Tokyo entfernt, am Rande des wunderbaren Nationalparks, in dem sich Japans höchster und berühmtester Berg, der Fuji, befindet. Die Proben fanden an Wochenenden statt und waren erstaunlich lang: Bis zu acht Stunden wurde äußerst diszipliniert und streng gearbeitet. Im Hauptchor waren etwa 50 Knaben und Mädchen zwischen 10 und 15 Jahren, daneben gab es noch die Kleinen zwischen 7 und 9 Jahren sowie die fast erwachsenen von 16 und 17 Jahren. Das Programm bestand hauptsächlich aus japanischer Musik, Kinder- und Volksliedbearbeitungen und einem größeren zyklischen Werk, das für den Chor komponiert worden war und bei dem geplanten Konzert uraufgeführt werden sollte. Daneben aber gab es auch Chorbearbeitungen klassischer europäischer Lieder und Originalkompositionen für Kinderchöre, zum Beispiel aus Rumänien und Frankreich. Am meisten Spaß aber machten Bearbeitungen von Johann Strauß-Werken, vor allem von schnellen Polkas, die in den meisten Fällen einen für den Chor extra verfassten japanischen Text bekommen hatten. Meine Lieblingspolka war *Tritsch-Tratsch*, die wir in atemberaubendem und vielleicht ganz unsinnig schnellem Tempo probten. Aber es machte viel Freude, die Begeisterung dieser Kinder zu erleben, wenn man extreme Tempi und auch stark kontrastierende Dynamik verlangte und dabei so lange unerbittlich blieb, bis es hundertprozentig klappte. Es stellte sich bald heraus, dass von der Dirigentin in erster Linie Disziplin eingefordert wurde; sie wachte auch über Intonation und exakten Rhythmus, aber die eigentliche musikalische Arbeit überließ sie völlig mir. Und die Scheu, die ich normalerweise verspürte, vor einer größeren Anzahl von Menschen zu reden oder ihnen gar Anweisungen zu geben, war bei dieser Kinderschar ganz verflogen. Der seltsame bärtige »Gaijin« (Ausländer) genoss gewissermaßen automatisch so viel Respekt, dass man die Anstrengung förmlich spüren konnte, von ihm auch einmal ein Lob zu bekommen. Bei den Bearbeitungen klassischer Lieder, die in Originalsprachen gesungen wurden, konnte ich erleben, wie groß die Strenge in der Vorbereitung bereits gewesen war. Auf einer Tafel waren dutzende Worte aus den Liedtexten aufgeschrieben worden, dann wurden Kinder aus dem Chor einzeln herausgerufen und mussten die japanische Übersetzung dazuschreiben. Und fast immer konnten sie es auch. Unvergesslich ist mir aber ein Eindruck in der ersten Probe von Mendelssohns *Auf Flügeln des Gesanges*. Am Ende des Liedes heißt es »... und träumen seligen Traum«. Eines der jüngeren Mädchen, das ganz vorn in der Mitte stand, schloss bei diesem »seligen« immer die Augen und hatte dabei einen Gesichtsausdruck, den man sich meist vergeblich von Gesangsstudenten an Musikhochschulen erhofft. Es war faszinierend, und ich behielt sie danach öfter im Auge. Die Hingabe, mit der sie bei allen Proben zeigte, was sie beim Singen spürte, war so beeindruckend, dass ich sie einmal in einer Probenpause ansprach und versuchte, mich mit ihr zu unterhalten. Die Scheu war beiderseitig, wobei ich schmerzlich zu spüren bekam, wie begrenzt mein Japanisch war. Aber irgendwie klappte es doch, und zuletzt tauschten wir Adressen aus und versprachen, einander zu schreiben. Dieser Briefwechsel bestand über Jahre, auch wenn er von seinem Inhalt her wenig Bedeutung hatte. Tomoko beschrieb mir ihre Erlebnisse in der Schule oder bei den Chorproben, erzählte von einem aufgeschürften Knie bei einem Radunfall oder erklärte mir, dass sie einmal in Wien Musik studieren möchte. Für mich waren diese Briefe eine große Herausforderung in mehrfacher Hinsicht: die Sprache, die Schrift – und was schreibt man einer Zwölfjährigen? Ich weiß heute nicht mehr genau, was ich ihr geschrieben habe, der Weg war das Ziel.

Ich spielte viele Jahre für diesen Kinderchor in Odawara. Mit der Zeit bekam ich heraus, dass er tatsächlich zu den besten des Landes zählte. Es machte mir viel Spaß, in Europa nach Musikstücken zu suchen, die für den Chor geeignet waren. Besonders Johann Strauß stand oft auf dem Programm, aber auch einige japanische Volkslieder hatten es mir sehr angetan und wurden mir zuliebe oft wiederholt. Ich denke sehr gerne an diese Konzerte zurück.

Tomoko studierte später tatsächlich Gesang an der Staatlichen Musikuniversität von Tokyo. Sie war auch wirklich begabt, aber leider ohne die dafür notwendige Ausdauer und Disziplin, und es wurde nichts aus einer sängerischen Karriere. Der »selige Traum« ging nicht in Erfüllung.

Als ich Mitte der Siebzigerjahre begann, regelmäßig nach Japan zu reisen, hörte ich von vielen Musikern: »Du hättest dieses Land vor zehn, zwanzig Jahren erleben müssen!« Menschenmassen umringten nach dem Konzert den Bus der Wiener Sängerknaben und hinderten ihn vor lauter Begeisterung an der Abfahrt. Ein alter Wiener Philharmoniker erzählte mir, dass er sich bei jeder Japan-Reise einen zusätzlichen Koffer kaufen musste, weil er so viele Geschenke bekam. Der Jubel um »klassische« Musiker nahm oft geradezu hysterische Züge an, und »Wien« oder auch »Salzburg« zählten zu den zugkräftigsten Namen in der Musikszene. Angeblich wurden hunderte eigens für Japan-Tourneen zusammengestellte Ensembles und Kammerorchester mit Phantasienamen versehen, in denen nicht nur die genannten Städte, sondern zum Beispiel auch Komponisten wie Mozart oder Johann Strauß vorkamen.

Die vielen privaten Musikuniversitäten schwollen zu gigantischen Größen an, es wurde geradezu Mode, in Europa Musik zu studieren. Jährlich durchreisten viele dutzend Spitzenorchester das Land, und die bedeutendsten Opernhäuser gaben regelmäßig Gastspiele. Und dann kam in der Mitte der Achtzigerjahre die Zeit der sogenannten »Bubble Economy«, in der die japanische Wirtschaft aufblühte wie nie zuvor. Der einsetzende Bauboom führte erfreulicherweise auch zur Entstehung unzähliger neuer Konzertsäle, und es war keine Seltenheit, dass man unter fünf neuen Konzertflügeln auswählen konnte. Japan wurde für viele Jahre zu einem Paradies für Musiker, und ich war mit einigen »meiner« Sänger dort: Hermann Prey, Peter Schreier, Barbara Bonney, Olaf Bär, Bernd Weikl, Bo Skovhus und Jonas Kaufmann. Gerade in diesen Wirtschaftswunderjahren kam es dann für mich ganz unerwartet zu extrem vielen Konzerten.

Japan hatte viele Jahre lang eine große Bedeutung in meinem Leben. Doch bis zuletzt blieb mir manches an der Denkweise und dem Verhalten der Japaner fremd. Ein alter deutscher Jesuitenpater fragte mich einmal während meines dritten Japan-Besuchs, wie ich denn in dem Land zurechtkäme. Als ich ihm versicherte, dass ich jetzt schon das meiste zu verstehen glaubte, lächelte er milde: »Glauben Sie mir, auch nach mehr als dreißig Jahren werden Sie erkennen, dass wir sie nie ganz verstehen können.« Ich hatte noch oft Gelegenheit, mich an seine Worte zu erinnern.

»WAS HABEN WIR DOCH FÜR EINEN TRAUMBERUF!« DIE JAHRE MIT HERMANN PREY

Nach dem Konzert in Seoul kam die Einladung zu vier weiteren Liederabenden mit Prey, die ganz offensichtlich weitere »Tests« waren: Darmstadt, Nürnberg, Hof und Tübingen. In den beiden ersten Städten stand die *Winterreise* auf dem Programm, und ich wusste, wie eminent wichtig dieser Zyklus für Prey war, er redete oft davon. Dementsprechend gewissenhaft bereitete ich mich für die erste Probe vor. Unzählige Male hatte Prey die *Winterreise* mit Leonard Hokanson gesungen, und bei der Probe wurde sofort klar, dass er genau das von mir hören wollte, was er von Hokanson im Ohr hatte. Ja, er bat ihn sogar, mit mir daran zu arbeiten, und ich bemühte mich nach Kräften, meinen Freund zu kopieren. Als Prey kurze Zeit vor dieser ersten *Winterreise* mit mir den Zyklus mit Hokanson in Mannheim sang, fuhr ich hin, nahm das Konzert heimlich auf und übte danach tagelang mit dieser Aufnahme. Prey konnte sehr heikel sein, was Tempi betraf, und dass diese Konzerte für meine Zukunft von entscheidender Wichtigkeit sein würden, war offenkundig. Ich wollte auch diese Tests bestehen. Am Ende meiner Vorbereitungen war ich mir ziemlich sicher, eine recht genaue Kopie meines Kollegen abliefern zu können, jedenfalls was Tempi und Agogik betraf. Das Konzert in Darmstadt, in dem auch die von Prey hochgeschätzte Elisabeth Grümmer im Publikum saß, war vorüber, und Prey hatte noch kein Wort zu mir gesagt. Anschließend saßen wir in einer kleinen Runde beim Essen, als Prey plötzlich sein Glas hob und sagte: »Und jetzt trinken wir auf Helmut! Das war unsere erste gemeinsame *Winterreise*, und ich habe mich beim Konzert überaus wohlgefühlt. Dabei hat er fast alles anders gemacht, als ich es gewohnt bin.«

Ich erzähle diese kleine Anekdote gerne Studenten, die mir versichern, sich keine Aufnahmen anzuhören, weil sie sonst in Gefahr gerieten zu kopieren. Zweifellos sollte die Basis immer ein gründliches Studium sein; danach aber halte ich die Gefahr, ein bloßer Nachahmer zu werden, für eher gering.

Nach diesen vier Konzerten füllte sich mein Terminkalender mit immer mehr Prey-Liederabenden, und nach und nach kamen immer wichtigere Städte und bedeutendere Konzertsäle hinzu: Musikverein und Konzerthaus in Wien, der Münchener Herkulessaal und der Gasteig, die Philharmonie in Berlin, die Alte Oper in Frankfurt, die Carnegie Hall in New York, die Suntory Hall in Tokyo, das Salzburger Festspielhaus, das Herodes-Atticus-Theater in Athen, und dazu viele Opernhäuser: die Scala in Mailand, Covent Garden in London, Hamburg, Dresden, Budapest, Florenz und, und, und ...

In den meisten dieser Konzertsäle hatte Prey schon früher gesungen; viele Pförtner, Inspizienten, Garderobiere kannten ihn, und fast überall wusste er Geschichten zu erzählen. In Hamburg erinnerte er sich an seine dortigen ersten Bühnenjahre und schilderte mir seinen allerersten Bühnenauftritt in Wiesbaden, wo er kurz zuvor engagiert war. Er hatte in der Oper *Tiefland* eine winzige Rolle, die aus einem einzigen Satz bestand. In der ersten Vorstellung war er vom dramatischen Geschehen auf der Bühne so abgelenkt, dass er vergaß, ihn zu singen. Als wir in Berlin waren, erzählte er mir von seiner Kindheit und Jugend und war nach all den Jahren beim Auftritt in seiner Heimatstadt ganz besonders nervös. In der Orchestra Hall in Chicago ging er mit mir bis zur letzten Galeriereihe hinauf, um mir den atemberaubenden Blick auf die Bühne zu zeigen.

Obwohl ich schon etliche Jahre Konzerterfahrung hatte, erlebte ich nun einiges, das für mich ganz neu war. Es begann schon mit dem Auftrittsapplaus, der jedes Mal von so unglaublicher Länge war, dass ich in aller Ruhe meine Noten zurechtlegen konnte und immer noch warten musste. Dieses Zurechtlegen war oft nicht ganz einfach. Prey war nämlich kein großer Freund von Notenwendern, und man machte ihm eine große Freude, wenn man ohne sie zurechtkam. Das erforderte oft ein ausgeklügeltes, kompliziertes System an verkleinerten Kopien, und manche Blätterstellen mussten genauso geübt werden wie schwierige Klavierpassagen. Manchmal aber ging es wirklich nicht anders: Ein Notenwender wurde gebraucht, und Prey gab seine Anweisungen. Das bedeutete, nicht aufzustehen und keine Geräusche zu machen, mit einem Wort: so wenig wie möglich aufzufallen. Gutaussehende junge Damen beim Blättern waren ihm daher suspekt. Sie könnten das Publikum ablenken.

Wenn Prey etwa anderthalb Stunden vor Konzertbeginn in den Saal kam, war ich immer schon da und übte. Prey hatte die seltsame Eigenart, mich in den ersten Minuten total zu ignorieren, er begrüßte mich nicht und sah mich nicht an; ich war einfach Luft für ihn. Sicher war es nicht böse gemeint, es war eher ein Tick, an den ich mich allerdings nie gewöhnen konnte. Prey fragte, wer für das Licht zuständig sei, und dann begann das Ausleuchten des Podiums, wobei Prey meist in aller Ruhe jeden einzelnen Scheinwerfer auf seine Einstellung hin kontrollierte. Das konnte manchmal ganz schön lange dauern, und natürlich konnte ich währenddessen nicht spielen; es war eine ziemliche Geduldsprobe für mich. Irgendwann während dieser Lichteinstellungen nahm er mich dann endlich wahr, oft sehr herzlich und immer darum besorgt, dass auch ich mit dem Licht für meine Noten zufrieden war. Prey bevorzugte einen völlig abgedunkelten Zuschauerraum, denn: »Die Leute sollen nicht im Programm blättern, sondern mir ins Gesicht schauen. Texte müssen sie keine mitlesen, denn bei mir versteht man jedes Wort!« Meist versuchte er auch zu verhindern, dass die Texte im Programm abgedruckt wurden. Nicht so sehr zur Freude vieler Konzertbesucher, die zumindest nach dem Konzert gerne das eine oder andere Gedicht nachgelesen hätten. War das Licht endlich fertig eingestellt, probte Prey den Auftritt. Dabei sollte das Licht auf dem Podium langsam von etwa 20 auf 100 Prozent gehen und im gleichen Zeitraum der Zuschauerraum verdunkelt werden. »In Gegenbewegung«, sagte Prey und ließ so lange üben, bis er restlos zufrieden war. Dann bekam der Lichtmeister noch die strenge Anweisung, am Ende des Konzerts und zwischen den Zugaben ja nichts zu verändern – und wehe, er hielt sich nicht daran! Manche dieser Lichtmeister verdunkelten nämlich gern die Bühne bei jedem Abtreten ein klein wenig, was Prey absolut nicht leiden konnte. »Der würgt mir ja den ganzen Applaus ab«, schimpfte er dann. Die Länge des Applauses war ihm wichtig, und er gab gerne Zugaben.

Selbstverständlich ging es vor dem Konzert auch noch um die exakte Position des Flügels. Prey liebte eine ziemlich schräge Stellung des Instruments (»mit dem Schwanz nach hinten!«), die einen besseren Kontakt zwischen ihm und dem Pianisten ermöglichte. Geprobt wurde nur sehr wenig. Meist sang Prey zwei oder drei Lieder mit halber Stimme und noch weit weniger Konzentration. Manchmal überschlug er währenddessen die Anzahl der Sitze im Saal, wog Eintrittspreise und sein Honorar gegeneinander ab und stellte fest: »Der Veranstalter hat mich wieder beschissen!«

Prey gab nicht nur gerne Zugaben, er war auch unermüdlich im Schreiben von Autogrammen, egal wie lange das dauerte. Anfangs wollte ich mir diese Mühe gerne sparen und blieb in meiner Garderobe. Aber das kam bei Prey schlecht an: »Das gehört zu unserer Arbeit, davor kannst du dich nicht drücken«, belehrte er mich. Und er blieb geduldig, selbst wenn ein paar hartnäckige Damen ihn noch beim Essen mit Autogrammwünschen störten oder wenn es bei einem späten Konzert in Dresden ein Uhr früh wurde, bis wir aus dem Haus kamen.

Die Einstellung Preys zum Pianisten war in einem bestimmten Punkt eher altmodisch: Zwar war ihm der Klavierpart durchaus wichtig, aber seine größte Sorge galt einer eventuellen dynamischen Benachteiligung. Die Zusammenarbeit war von ständigen Diskussionen über die ideale Balance geprägt. In fast jeder Konzertpause fragte er seine immer mitreisende Frau, ob das Klavier nicht zu laut sei, und recht oft war es das ihrer Meinung nach. Die kleinere Stütze des Flügeldeckels war ihm viel zu lang; die heute praktisch ausgestorbenen kleinen Hölzchen, die man unter den Deckel schiebt, um ihn wenige Zentimeter anzuheben, waren bei ihm die Regel. Da konnte es passieren, dass man auf einem lächerlich kleinen Flügel Loewe-Balladen zu spielen hatte – aber das bewusste Hölzchen kam zur Anwendung. Von der kleinen Flügelstütze konnte keine Rede sein, den Deckel gar ganz zu öffnen – ein Ding der Unmöglichkeit. In der japanischen Stadt Fukuoka kam der Saalwart mit einem Kästchen auf die Bühne, in dem sich zwölf verschieden lange Hölzchen befanden: Die Qual der Wahl war groß! Zu einem kleinen Eklat kam es bei der Probe zum *Italienischen Liederbuch* im Großen Musikvereinssaal in Wien bei den Festwochen 1982. Unsere Partner waren Lucia Popp und

Irwin Gage. Das Konzert wurde mit zwei Flügeln gegeben, die spiegelverkehrt zueinander standen. Wieder einmal ging es um die Öffnung der Deckel, und Prey meinte, das Beste wäre wohl, beide Flügel zu schließen; worauf Irwin Gage erklärte, auf einem geschlossenen Flügel spiele er nicht. Prey explodierte: »Die Pianisten können nach Hause gehen, wenn es ihnen nicht passt!« Ich war während der Diskussion schweigsam geblieben und Prey fragte mich schließlich einlenkend nach meiner Meinung. Wir spielten das Konzert dann mit den üblichen Hölzchen, wobei der Deckel des »verkehrt« stehenden Flügels an der linken Seite angehoben und auf der anderen mit Lassobändern fixiert wurde.

Ein einziges Mal gelang es mir bei einer Probe in der Alten Oper in Frankfurt, ihn zu einem kurzen Test zu überreden. Er setzte sich in den Saal, und ich spielte ein paar Phrasen mit »seinem« Hölzchen und danach nochmals mit geöffnetem Deckel. – Man darf bei diesem Thema nicht vergessen, dass das Klavier für niemanden im Saal so laut klingt wie für den Sänger, der unmittelbar davorsteht! – Und zu meiner Verblüffung gab Prey nach diesem Test zu, dass der dynamische Unterschied zwischen offenem Flügel und der »Hölzchen-Lösung« nur geringfügig, der Klang mit geöffnetem Deckel aber wesentlich besser ist. Doch bevor ich diese Aussage verdaut hatte, fügte er hinzu: »Aber es sieht eindeutig zu laut aus!« Und es blieb bei den Hölzchen.

Von ganz entscheidender Bedeutung war für Prey die eher sparsame Verwendung des Pedals. Besonders bei größeren Lautstärken sollte trockenes Spiel das Zudecken der Stimme verhindern, aber dennoch kräftig und selbstbewusst klingen. »Secco!« war eine seiner liebsten Anweisungen, und die Formulierung »optisches Forte« wies auf seinen Wunsch hin, einen Partner am Klavier zu haben, der für den Zuhörer stark und gleichberechtigt wirkte, ohne den Sänger klanglich zu gefährden. Immer wieder wies er darauf hin, dass die dynamische Spannbreite möglichst groß sein sollte, dass ein Crescendo immer vom Pianissimo auszugehen habe; ein An- oder Abschwellen der Lautstärke konnte ihm kaum jemals extrem genug sein. Er war ein Meister im Spannunghalten bei allergeringster Tongebung und wollte, dass man ihm in dieser Richtung auch viel abverlangte. »Zwing mich zum Pianissimo!« war ein häufiger Spruch.

Prey liebte klar gezeichnete Bässe und scharfe Akzente (»wie ein Stich in die Leber«), helle obertonreiche Akkorde (»den letzten Ton abschießen!«) und durchsichtige Begleitfiguren, die auch eine bestimmte Aussage haben sollten. Bei manch einem Lied mit diesen typischen Begleitmustern durfte ich öfter hören: »Das klingt so dämlich; mach doch was draus!« Das war oft viel leichter gesagt als getan, auch wenn mir der Sinn durchaus klar war: Nichts war ihm verhasster als indifferentes Gemurmel am Klavier, das in einer Pedalwolke erstickte.

Ein anderes wichtiges Kriterium war das Festhalten an einem Tempo. »Auch wenn ich schleppe – gib mir nicht nach!« war eine häufige Forderung. Ein besonders exemplarischer Fall war das erste Lied der *Winterreise*, in dem der Pianist etwa fünf Minuten lang Akkorde in gleichmäßigen Achteln zu spielen hat. Prey bestand darauf, dass diese Akkorde rhythmisch ganz exakt blieben, auch wenn er an manchen Stellen gewisse Töne aus Aussprache- oder Ausdrucksgründen etwas dehnte. Selbst bei den wenigen kantablen Phrasen in der rechten Hand des Pianisten sollte keine Änderung im Wanderschritt der Linken zu merken sein. »Die linke Hand muss immer objektiv bleiben!« Einmal hörte ich, im Publikum sitzend, den *Eichendorff-Zyklus op. 39* von Robert Schumann mit Prey und Hokanson. Im ersten Lied sang Prey dermaßen frei über den Akkordzerlegungen, dass ich dachte, die beiden kämen nie mehr zusammen. Aber irgendwie klappte es doch, und es war ein faszinierender Eindruck für mich. Allerdings habe ich nie die Nerven für Derartiges gehabt wie mein Kollege. Ob sich Prey bewusst war, dass schon Mozart etwas Ähnliches über sein eigenes Spiel geschrieben hatte? Wohl eher nicht.

> *»Dass ich immer akkurat im Takt bleibe, über das verwundern sich alle. Das tempo rubato in einem Adagio, dass die linke Hand nichts darum weiß, können sie gar nicht begreifen. Bei ihnen gibt die linke Hand nach.«*
> Mozart an seinen Vater, 23. Oktober 1777

Prey erlaubte sich zwar viele agogische Freiheiten, aber vom Pianisten erwartete er den »objektiven« Zusammenhalt. Das betraf auch viele Atemstellen, die aus physischen Gründen einfach notwendig waren, die musikalische Linie aber unterbrachen. Hier verlangte Prey, dass man ganz nach dem musikalischen Sinn spielte und nicht auf ihn Rücksicht nahm. »Nicht auf mich hören! Nicht mit mir atmen! Du machst ja die Zuhörer geradezu darauf aufmerksam, dass ich hier leider atmen muss.« So etwas von einem Sänger zu hören, war gewiss ungewöhnlich, musikalisch aber völlig richtig. Der von Kritikern so gerne verwendeten Phrase »hat mit dem Sänger geatmet« stehe ich naturgemäß recht skeptisch gegenüber.

Ich habe niemals einen zweiten Sänger erlebt, der sich so mit dem Klavierpart auseinandersetzte wie Prey. Er konnte unermüdlich proben, hatte sehr genaue Vorstellungen davon, wie er Verschiedenes hören wollte, und blieb unerbittlich, bis das erreicht war. Besonders Liedvorspiele wurden akribisch ausgearbeitet, sie mussten den Hörer genau in die Stimmung des Liedes einführen, und vor allem das Tempo musste präzise feststehen. Auch bei Tempoänderungen inmitten eines Liedes erwartete er eine deutliche Initiative vom Pianisten, keine vorsichtige Abwartehaltung. »Gib mir ein rhythmisches Korsett!« war die entsprechende Formulierung. Bei einem Vorspiel in den *Gesängen des Harfners* von Schubert verstieg er sich einmal zu der Forderung: »Das musst du so schön spielen, dass die Leute bei meinem Einsatz denken: ›Warum singt er denn jetzt, der blöde Hund?‹«

Prey war der durchaus berechtigten Ansicht, dass er dem Pianisten eine spezielle Spielart abverlangte; daher war man natürlich »völlig versaut«, wenn man zwischendurch mit einem anderen Sänger gearbeitet hatte, und er musste das »wieder in Ordnung bringen«. Er meinte dann, »das mag ja für andere Sänger richtig sein, für mich ist es das nicht«. Und dabei ging es vor allem um die richtige Balance und sein geschätztes »Secco-Spielen«.

Einige Male schlug er mir allen Ernstes vor, dass ich für keine anderen Sänger spielen sollte, nur für ihn. So dezent wie nur möglich wies ich darauf hin, dass uns altersmäßig doch einige Jahre trennen, und ich vielleicht noch eine Zeit länger spielen möchte, als er singen würde. Aber das war für ihn kein Argument: Sebastian Peschko hätte ausschließlich den von ihm verehrten Heinrich Schlusnus begleitet; und nach dessen Karriereende war Peschko Abteilungsleiter für Kammermusik im NDR geworden. Ich musste ihm klarmachen, dass ich andere Ambitionen hatte.

So sehr Prey auch der »Chef« bei den Proben war, stilistisch war er alles andere als sattelfest. Er machte fast alles aus einer Art Instinkt heraus, ergänzt natürlich um Dinge, die er im Laufe seiner Karriere von Dirigenten und Pianisten gelernt hatte. Aber ebenso wenig wie der Gründer verschiedener *Schubertiaden* besonderes Wissen über die wesentlichsten Daten im Leben seines »wichtigsten Komponisten« hatte, wusste Prey mit Verzierungen oder Vorschlägen richtig umzugehen. Er gab das allerdings auch völlig offen zu und ließ sich in diesen Punkten alles sagen.

Prey war ein Sänger, der sich gewissenhaft vorbereitete. Fast immer war er schon bei der ersten Probe eines neuen Programms erstklassig studiert. Er lernte nicht besonders schnell und fing demgemäß sehr früh mit dem Studium an. Meines Wissens arbeitete er selten mit Korrepetitoren, sondern meist allein, allerdings auch mit Aufnahmen anderer Sänger, selbst des ungeliebten Kollegen Fischer-Dieskau. Er arbeitete aber auch gerne mit sogenannten »Minus-one«-Aufnahmen, die ich bei neuen Programmen oft für ihn einspielen musste. Ich spielte also den gesamten Klavierpart eines Programms auf Band, und Prey übte dann alleine mit dieser Aufnahme. Das hatte für mich den großen Vorteil, dass er sich an meine Tempi gewöhnt hatte, bevor es zur ersten Probe kam. Was vieles erleichterte.

Immer wieder wurde ich gefragt, was ich über Preys Intonation denke, denn die war in späteren Jahren tatsächlich problematisch. Das war ihm auch durchaus bewusst, aber er konnte kaum etwas dagegen tun, weil er es während des Singens nicht merkte, sehr wohl aber, wenn er eine Aufnahme hörte. Nach einem Konzert in Berlin hatten wir einen Mitschnitt auf Kassette bekommen, und Prey wollte auf der Autofahrt am nächsten Tag etwas davon hören. Nach kurzer Zeit sagte er: »Dreh das wieder ab! Nicht zum Anhören! Alles zu tief!« Natürlich konnte von »alles« keine Rede sein; es betraf in erster Linie Töne in einer bequemen mittleren Lage, Töne, für die er sich lange Jahre überhaupt nicht anstrengen musste; aber das war mit zunehmendem Alter eben anders geworden. Er war durchaus imstande, ganz korrekt zu singen, wenn man ihn bei Proben auf die Intonation aufmerksam machte, aber das war natürlich nicht immer möglich und auch stets eine etwas heikle Angelegenheit. Wir hörten wegen einer Tempofrage den Anfang seiner Aufnahme der *Kindertotenlieder* mit Bernard Haitink. Prey meinte kopfschüttelnd: »Entweder war der Aufnahmeleiter ein Idiot oder er wollte mich fertigmachen!« Wieder einmal war er beim Zuhören überraschend kritisch, jedenfalls kritischer als der Aufnahmeleiter, auf den er sich immer verließ; im Abhörraum sah man ihn fast nie.

Preys Vorstellung von Aufnahmen war im Wesentlichen, dass sie der Konzertsituation möglichst nahekommen sollten. Daher gab es die gleiche Aufstellung wie im Konzert und selbstverständlich auch die gleiche winzige Öffnung des Flügeldeckels. Die Tonmeister waren davon alles andere als begeistert, aber sie mussten sich einfach damit abfinden; Prey war nicht bereit, auf ihre Wünsche nach »normalen« Aufnahmebedingungen einzugehen. Zu wiederholten Aufnahmen, zu verschiedenen »Takes« kam es nur, wenn wirklich etwas »passiert« war. Aber eine Klavierstelle zu wiederholen, nur weil man sie vielleicht schöner spielen wollte, war ein Ding der Unmöglichkeit. Prey war da seltsam desinteressiert.

Von keinem anderen Sänger habe ich jemals eine derartige Fülle von Bildern oder Klangideen vermittelt bekommen. Preys Phantasie war unerschöpflich, und er hatte offenbar sehr vieles bildlich im Kopf.

Der erste Akkord im Lied *Mut* in der *Winterreise* klang ihm zu füllig, zu gesund: »Das muss klingen, wie wenn ein Boxer beim Training in einen Sandsack schlägt.« Oder das schnelle motorische Vorspiel in *Der Schiffer*: »Als ob du es schon die ganze Zeit spieltest und als ob es gar nicht schwer wäre.« Bei einer Stelle in *Der Einsame*: »Hier setzt er sich behaglich zurück in seinen Lehnstuhl.«

Natürlich wusste Prey um die Schönheit seiner Stimme, aber er schätzte sie manchmal auch kritisch ein. Auf meine Frage, warum er denn nicht mehr Mahler singe, meinte er: »Diese Musik ist oft so schmalzig, und dazu dann noch meine schmalzige Stimme – das wäre einfach zu viel.« Trotz seiner Liebe zur leichten Muse, ja selbst zu Schlagern, war Prey kein Freund von Kitsch und Schmalz. Das Wunderbare und Bezwingende an ihm war seine enorme Begeisterungsfähigkeit, die er sich in all den Jahrzehnten seiner Karriere erhalten hatte, war der echte Glaube an Lieder wie *Die Uhr* und *Tom der Reimer*, oder die ungekünstelte Naivität und

Frische, mit der er deutsche Volkslieder oder das *Heidenröslein* vortrug. Aber auch die bis zur scheinbar physischen Erschöpfung reichende Dramatik, mit der er Balladen zu gestalten wusste, war sehr bezwingend. Preys Singen hatte immer etwas Spontanes, vom Herzen zu Herzen Gehendes, dem man sich nur schwer entziehen konnte. Und man musste gerührt sein, wenn er mitten in einer Probe plötzlich vor Freude und Begeisterung über ein Lied, das er vielleicht schon hundertmal gesungen hatte, mit der Hand auf den Flügel schlug und ausrief: »Ist das nicht einfach phantastisch?! Was haben wir doch für einen Traumberuf!!«

Er muss schon sehr früh davon überzeugt gewesen sein, dass er es in diesem Traumberuf weit bringen würde. Einmal erzählte er, dass er mit 21 Jahren seine Freundin (und spätere Frau) gefragt hatte, ob sie sich überhaupt ein Leben mit einem Sänger vorstellen könne, der die meiste Zeit weltweit unterwegs sei. Dagegen waren meine Zukunftsträume schon entschieden bescheidener, aber die Musik hat in meinem Leben schon sehr früh eine bedeutende Rolle gespielt.

DA MUSSTE SELBST KARAJAN LACHEN. KINDHEIT UND JUGEND

Zu meinen frühesten Kindheitserinnerungen zählen Eindrücke von meiner Mutter, wie sie, von meinem Vater am Klavier begleitet, Lieder sang. Angeblich konnte ich als Kleinkind dabei stundenlang zuhören, und mein bevorzugter Platz soll, auf dem Boden sitzend, unter dem Flügel gewesen sein. Aus dieser Zeit wurde in der Familie gerne eine Geschichte erzählt, an deren Glaubwürdigkeit ich allerdings etwas zweifle. In Mozarts Lied *Das Veilchen* zertritt eine muntere Schäferin aus Unachtsamkeit ein kleines Veilchen, das sich aber noch darüber freut, dass es wenigstens »zu ihren Füßen« gestorben ist. Nachdem meine Mutter dieses Lied gesungen hatte, sah sie mich Dreijährigen in Tränen aufgelöst und versuchte, mich zu beruhigen. Und ich soll unter Schluchzen gestammelt haben: »Ich weine ja nicht, weil es traurig ist; ich weine, weil es so schön ist.«

Wie gesagt: Zweifel sind durchaus angebracht, aber es ist eine hübsche Geschichte.

Tatsache ist jedenfalls, dass ich sehr früh mit Musik in Kontakt kam und von ihr beeindruckt war. Aber nur mit klassischer Musik – denn etwas anderes hat es zuhause nie gegeben. Noch als Vierzehnjähriger musste ich ein paar von Schulkameraden ausgeborgte Elvis Presley-Platten sofort wieder zurückgeben, denn in der Wohnung meines Vaters durfte solche »Tschinbum-Musik« nicht gespielt werden. Langspielplatten gab es nur wenige, aber es wurde viel Radio gehört; vor allem aber wurde zuhause regelmäßig musiziert. Mein Vater, der neben dem Klavierspiel auch Violine und Viola gelernt hatte, liebte Streichquartette und musizierte oft mit anderen Amateuren. Meine Eltern waren beide Naturwissenschaftler. Zweifellos gab es zwischen ihnen auch eine Reihe von anderen Anziehungspunkten, die gemeinsame Liebe zur Musik jedoch war gewiss nicht die unbedeutendste. Kennengelernt haben sie einander im Singverein der Gesellschaft der Musikfreunde, einem Laienchor, der einen großen Teil der entsprechenden Konzerte in Wien bestreitet. Herbert von Karajan, Konzertdirektor der Gesellschaft der Musikfreunde auf Lebenszeit, hielt dem Chor durch viele Jahrzehnte stets die Treue und nahm ihn auf viele Reisen mit, selbst in die USA oder nach Japan. Mein Großvater mütterlicherseits war schon als junger Mann in den Chor eingetreten und hatte unter vielen legendären Dirigenten gesungen; aber auch noch als älterer Herr schwärmte er geradezu von Karajan. So war es für mich schon als Bub selbstverständlich, dass ich unbedingt in diesen Chor kommen und Karajan erleben musste. Mit 16 Jahren war es dann so weit. Ich bestand mein Vorsingen – »an der Stimme ist nicht viel dran, aber das Blattsingen war gut«, urteilte der Chordirektor Reinhold Schmid – und durfte an den großen Konzerten teilnehmen, allen voran an denen, die Karajan leitete: Bachs *h-moll-Messe*, Haydns *Schöpfung*, Beethovens *Missa solemnis*, das Brahms-*Requiem*, das Verdi-*Requiem*, Mozarts *Requiem*, Bruckners *Te Deum*. All diese Werke sind für mich untrennbar mit Erinnerungen an diesen großen Dirigenten verbunden, den ich als Jugendlicher wie einen Halbgott verehrte – und auf den ich auch heute nichts kommen lassen möchte.

1965 gab es eine Chorprobe für Haydns *Schöpfung* bei den Salzburger Festspielen mit Karajan. Der Beginn der Probe verzögerte sich, unser Chordirektor sprach vorne mit Karajan und kam dann nach hinten zu den Bässen des Chores, geradewegs auf mich zu: »Sie müssen aushelfen, der Pianist für die Probe ist nicht gekommen!« Mit ziemlich weichen Knien ging ich zum Podium, gab Karajan die Hand und setzte mich ans Klavier. Ich hatte noch nie auch nur einen Ton von der *Schöpfung* gespielt. Karajan hatte die Angewohnheit, dem Pianisten bei Proben zu überlassen, wo er anfing, ein paar Takte vor dem ersten Choreinsatz eben, und er dirigierte nicht; er nickte mir nur zu, und ich fing an zu spielen. Obwohl ich das Werk ja als Chorsänger gut kannte, war ich durch meine Nervosität so verwirrt, dass ich die paar Takte vor dem Choreinsatz im doppelt schnellen Tempo spielte. Karajan schaute irritiert zu mir, stand auf und kam zum Klavier. Erschrocken wollte ich aufstehen, aber er drückte mich von hinten an den Schultern auf die Klavierbank zurück und spielte, über mich gebeugt, ein paar Töne im richtigen Tempo; dann ging er wieder an seinen Platz und nickte mir ein zweites Mal zu. Nach diesem spektakulären Fehlstart ging alles gut. Etwa eine Viertelstunde später kam mit rotem Kopf, Entschuldigungen stammelnd, der verspätete Pianist der Festspiele herein. Karajan rief ihm zu: »Vielen Dank, aber wir sind in besten Händen!« Und ich spielte die ganze Probe bis zum Schluss. Nachher gab es noch ein paar freundliche Worte von ihm, aber seine Reaktion zu Beginn der Probe bleibt mir unvergessen.

Die meisten der vielen anderen Dirigenten dieser Jahre haben mich bei weitem nicht so beeindruckt; einen besonderen Platz in meiner Erinnerung nimmt aber sicher auch Karl Richter ein, der damals für Jahre das Wiener Konzertleben in Sachen Bach und Händel dominierte. Auch wenn die allgemeine Beurteilung über ihn heutzutage sehr streng ausfällt – »historisch falsch, schreckliche Tempi, romantisierend« –, die Konzerte mit ihm waren faszinierend und unvergesslich. So manche der größten musikalischen Eindrücke meines ganzen Lebens hatte ich in diesen Chorjahren.

Aber schon als Kind war es für mich selbstverständlich und einfach, mit dem Chorsingen in Berührung zu kommen. Die Kindersingschule der Stadt Wien in meinem Bezirk hatte ihren Standort in meiner Volksschule, und einmal im Jahr gab es ein großes Chorfest, bei dem sich auf dem Podium des Großen Konzerthaussaals an die tausend Kinder versammelten – ein gewaltiges Erlebnis für einen kleinen Buben.

Das Klavierspielen kam spät. In meiner Erinnerung habe ich meine Eltern richtiggehend angebettelt, Klavier lernen zu dürfen, wurde aber lange Zeit auf später vertröstet. Ob meine Eltern der Meinung waren, ich sei noch zu verspielt, um ernsthaft mit dem Klavierunterricht zu beginnen, oder ob sie andere Gründe hatten – ich weiß es nicht. Mit neun Jahren besuchte ich mit meinem Vater eine ihm empfohlene Klavierlehrerin am Konservatorium der Stadt Wien, die sich nach einem kurzen Test bereit erklärte, mich ein paar Monate privat zu unterrichten, bis ich im Herbst 1955 ins Konservatorium eintreten konnte. Im selben Herbst kam ich auch auf das altehrwürdige Akademische Gymnasium. Durch beide Schulen habe ich mich in den folgenden acht Jahren mehr oder minder erfolgreich durchgeschwindelt. Ich war kein guter Schüler. Besonders die sogenannten

»Lerngegenstände« wie Geographie, Geschichte, Chemie usw. langweilten mich meistens, und selbst der Musikunterricht interessierte mich kaum. Vielleicht lag es auch an der Art, wie zumindest an dieser Schule Musikwissen vermittelt wurde. Den ersten Satz des Musikunterrichts, der uns zum Mitschreiben diktiert wurde, weiß ich noch heute: »Das menschliche Ohr erfasst Tonschwingungen im Bereich von 16 bis 20 000 Hz.« Trockener geht es wohl kaum. Wäre ich nicht damals schon so sehr von der Musik gefesselt gewesen – solche »Einführungen« wären für den Neunjährigen eher abschreckend gewesen. Und das waren sie auch für die meisten meiner Schulkameraden.

Klavierspielen machte mir große Freude, das Üben allerdings weit weniger. Die *Schule der Geläufigkeit*, *Die Kunst der Fingerfertigkeit* und Ähnliches von Carl Czerny waren mir ebenso verhasst wie wohl den meisten Kindern, die sich damit herumschlagen müssen. Ich lernte zwar meinen Bach, Haydn und Mozart, aber Beethoven war mir weit lieber, und richtig begeistern konnte ich mich für Stücke wie Bartóks *Allegro barbaro* oder Liszts *Mephistowalzer*. Ganz eindeutig bevorzugte ich als Jugendlicher laute, gewaltige, »Krach« machende Musik. Dass ich mich später mein Leben lang mit vorwiegend lyrischen Miniaturen beschäftigen würde, hätte ich damals wohl nicht für möglich gehalten.

Ein anderer Grund, der mich oft von regelmäßigem, ausdauerndem Üben abhielt, waren die reichen Notenbestände zuhause, die in erster Linie von den Großeltern stammten. Da gab es so viel zu entdecken! Am liebsten spielte ich Sachen, die für mich eigentlich noch viel zu schwer waren, auf Biegen und Brechen durch, besonders gerne Klavierauszüge von symphonischer Musik wie den Symphonien Beethovens. Etliche davon habe ich auf diese Weise kennengelernt, aber ich wurde auch nicht müde, wieder und wieder die *Fünfte* zu spielen, mit größtmöglicher Kraftentfaltung, versteht sich. Einen ganz wichtigen Platz nahm schon früh das Vierhändigspielen mit meinem Vater ein, und auch hier waren es mehr Bearbeitungen als Originalwerke; die Orgelkonzerte von Händel liebte mein Vater besonders, und wir spielten sie oft. Das alles fand natürlich ohne Vorbereitung statt, es wurde nichts geübt, sondern vom Blatt gespielt, so gut es denn ging. Dieses Blattspielen ist eine wunderbare Schule, besonders wenn man bei vierhändigen Stücken den unteren Part zu spielen hat. Das Wichtigste war eigentlich, im Takt zu bleiben, ungeachtet aller Schwierigkeiten, die man sich improvisierend natürlich nach Möglichkeit erleichterte. Der Blick für Wesentliches wird geschärft, rhythmische und harmonische Strukturen werden immer schneller erkannt. Und natürlich lernt man Musikwerke auf diese Weise viel intensiver kennen, als wenn man sie bloß von einer »Konserve« abspielt. Ich bekam gerade noch ein wenig mit von einer immer schneller untergehenden Welt, in der man in seiner Freizeit zum Spaß musiziert.

Ich versuchte, alles zu spielen, was mir in die Hände kam, und wenn ich einmal keine Noten hatte, spielte ich einfach drauflos, was mir gerade einfiel. Zumindest einen dankbaren Abnehmer hatte ich für diese kindlichen Improvisationen: Mein Großvater väterlicherseits war auf vielen Wissensgebieten beschlagen, aber von Musik hatte er keine Ahnung. Er besuchte uns oft und wollte wissen, was ich denn gerade Neues an Klavierstücken gelernt hätte. Wie ich auf die Idee kam, weiß ich nicht mehr, aber ich spielte ihm einfach im Moment selbst Erdachtes vor, meist sehr dramatisch und oft in c-moll, mit ein paar überraschenden Aufhellungen in Dur und zartestem Pianissimo – und der Großvater war begeistert!

Wenn allerdings mein Vater solche Spielereien mitbekam, hörte ich ein strenges: »Üben, nicht klimpern!« Ich habe seine Stimme noch im Ohr. Irgendwann kam ich auf die Idee, dieses »Geklimper« aufzuschreiben, denn ich hatte ja schon bei meinen allerersten Gehversuchen am Klavier angefangen zu »komponieren«. Es waren nur winzige Stückchen von wenigen Takten in den Stilformen, die mir damals eben vertraut waren: ein bisschen Haydn oder Mozart, vielleicht auch ein wenig Schumann mit seinem *Album für die Jugend.* Stil und Länge der Stücke änderten sich mit der Zeit ganz langsam, entsprechend der Klavierliteratur, die ich gerade lernte; aber mein musikalischer Horizont ging lange kaum über die Spätromantik hinaus, und daher blieben auch die Selbstversuche meist in diesem Rahmen. In diesen ersten Teenagerjahren ging mir andauernd Musik durch den Kopf, und nicht selten war ich der Meinung, dass ich, von der Muse geküsst, etwas ganz Großartiges erfunden hätte. Bis sich herausstellte, dass leider schon ein anderer Komponist vor mir auf dieselbe oder zumindest eine sehr ähnliche Idee gekommen war. Großmütig widmete ich meine »Werke« einer Lieblingstante oder meiner Großmama, doch mit der Zeit wurden die Widmungsträgerinnen deutlich jünger. Eine Kollegin in meiner Klavierklasse namens Ulrike hatte es mir besonders angetan, und zu einigen Geburtstagen bekam sie eigens dafür komponierte Klavierstücke von bereits beträchtlichem Umfang. Sie war zwei Jahre älter als ich und duldete mehr oder minder gelassen meine Schwärmerei, aber mit meinen vierzehn Jahren war die Altersdifferenz natürlich absolut unüberbrückbar. Ob es nun mit Ulrike oder anderen Mädchen zu tun hatte, weiß ich nicht mehr, in diesem Alter fing ich jedoch mit großem Eifer an, ganz wahllos Gedichte zu lesen. Die Bücher entnahm ich der elterlichen Bibliothek, und selbst Ausgefalleneres wurde mitgenommen. Grillparzer, Lessing, Platen, Storm oder der Versroman *Eugen Onegin* von Puschkin. Dass es darüber eine Oper von Tschaikowsky gibt, wusste ich damals noch nicht. Am Ende aber landete ich – irgendwie voraussehbar – bei Heinrich Heine und war begeistert über diese Entdeckung. Ich liebte Heines romantische Ironie und den Tonfall seiner Liebesgedichte, die so oft haarscharf das ausdrückten, was ich selber in Überfülle empfand oder zu fühlen glaubte. Mit der Zeit fand ich dann heraus, wie viele seiner Gedichte vertont waren, ich schwärmte von der *Dichterliebe* Robert Schumanns und diskutierte mit meinem Freund Manfred die für uns so mysteriöse Stelle, wo der Dichter weinen muss, weil das Mädchen zu ihm sagt: »Ich liebe dich.« Und ich versuchte mich in der Vertonung von einigen Gedichten, von denen mir zumindest keine Lieder bekannt waren.

Wenn ich mir heute diese Kompositionsversuche anschaue, stelle ich fest, dass ihnen zwar jegliche Originalität fehlt, sie aber technisch oft erstaunlich gut gemacht sind. Ich hatte ja noch keinerlei Kompositionsunterricht gehabt, allerdings am Konservatorium schon sehr früh theoretische Fächer wie Harmonielehre, Kontrapunkt oder Formenlehre belegt. Das Notenschreiben machte mir sehr viel Spaß, die Freude an einem ästhetisch anziehenden Notenbild war ein ganz entschieden mitbestimmender Faktor an meiner Lust zu komponieren. In einem anderen Leben hätte ich wohl ein erfolgreicher Notenkopist werden können. Mit fünfzehn Jahren schrieb ich eine Klavier-Polonaise, die instrumentiert ein paar Jahre lang auf einigen Bällen in Wien zur Eröffnung gespielt wurde. Ich war sehr stolz darauf, besonders, als darüber ein kleiner Artikel in einer Wiener Tageszeitung erschien. Für eine Reihe von Theateraufführungen an Wiener Gymnasien schrieb ich die Bühnenmusik, was letztlich dazu führte, dass ich einen Kompositionsauftrag vom österreichischen Fernsehen bekam: 45 Minuten Untermalungsmusik für einen Film über den Graphik-Zyklus *Apocalypse*, einem Zentralwerk des österreichischen Künstlers Ernst Degasperi. Es war eine spannende Herausforderung, die Musik zu diesem Film zu schreiben und im Großen Sendesaal des ORF aufzunehmen. Die einzelnen Passagen mussten ja auf die Sekunde genau mit den Bildfolgen synchron laufen, eine mühsame Kleinarbeit mit Metronom und Stoppuhr schon beim Schreiben, vor allem aber bei der Aufnahme. Ein paar Jahre lang wurde dann eine Passage aus dieser Filmmusik als Kennmelodie der sonntäglichen Abendsendung »Christ in der Zeit« gespielt, und ich war ziemlich erstaunt und höchst beeindruckt, dafür regelmäßig Geld zu bekommen. In gewissem Sinn war das gleichzeitig Höhepunkt und auch Endpunkt meiner kurzen Karriere als »Komponist«.

Zwar habe ich am Konservatorium noch Unterricht in »Tonsatz nach Paul Hindemith« gehabt und war zwei Jahre lang Student der Kompositionsklasse von Alfred Uhl, aber das waren nur dürftige Versuche, etwas von der Luft des 20. Jahrhunderts zu erhaschen; mit der Musik der Gegenwart hatte es nicht wirklich etwas zu tun. Ob es nun die Erkenntnis war, hoffnungslos hinter der Zeit zu bleiben und eigentlich nichts anderes als mehr oder weniger gelungene Stilkopien zu verfertigen, oder ob mir schlicht und einfach nichts mehr einfiel, weiß ich heute nicht mehr zu sagen; vielleicht war es eine Mischung aus beidem. Jedenfalls war nur kurze Zeit nach meinem Diplom in Komposition Schluss mit dem Komponieren. Ich hatte zwar noch den »Kompositionspreis der Stadt Wien« bekommen, und die Feier im Wiener Rathaus, bei der ich vom Bürgermeister die Urkunde erhielt, hat mir Einundzwanzigjährigem natürlich gefallen. Zu weiteren kompositorischen Taten aber hat mich der Preis leider nicht animiert. Das Kapitel war abgeschlossen.

In diesen Gymnasialjahren ging ich in viele, ja vielleicht unsinnig viele Konzerte, denn es waren oft mehr als hundert in einer Saison; Konzerte aller Arten, aller Stilrichtungen, von Renaissancemusik bis zu Zeitgenössischem, von Kirchenmusik oder Orgelabenden bis zu den großen Orchesterkonzerten.

Ich suchte mir jahrelang jeden Sonntag die Kirche aus, die die für mich interessanteste Messkomposition bot, ich hatte zahllose Abonnements bei der *Jeunesse Musicale* und ging in viele Konzerte in kleinen Palais. Ich war neugierig und hungrig auf Musik, es konnte einfach nie genug sein. Am meisten begeisterten mich Orchesterkonzerte. Fast immer hatte ich Taschenpartituren dabei, und wenn ich heute auf die abgegriffenen Buchrücken schaue, wird ganz klar, was ich damals am meisten hörte: Beethoven, Brahms und Bruckner. Mahler kam ja nicht nur bei mir mit erheblicher Verspätung!

Ich besuchte natürlich auch Klavierabende, hatte aber meine Probleme mit einigen der typischen Klavierkomponisten: ein ganzer Abend mit Chopin langweilte mich sehr. Schon früh konnte ich eben mehr mit der *Dichterliebe* anfangen als mit den meisten Klavierkompositionen Schumanns.

Paradoxerweise begann ich aber im Alter von vierzehn Jahren ausgerechnet für einen Komponisten zu schwärmen, der wohl als einer der wichtigsten Klavierkomponisten bezeichnet werden kann und unbestritten das größte Klaviergenie des 19. Jahrhunderts war: Franz Liszt. *Ungarische Rhapsodie* hieß der gewaltige biographische Roman von Zsolt Harsányi, dessen 900 Seiten ich geradezu verschlang, und das hatte weitreichende Folgen. Ich war von der Persönlichkeit und vom Leben dieses Magiers so fasziniert, dass sich für Jahre nahezu alles um ihn drehte. Ich suchte in Antiquariaten nach Büchern über Franz Liszt, ich kaufte unzählige Noten und jede erhältliche Schallplatte, und ich ging in jedes Konzert, in dem etwas von ihm gespielt wurde. Mehr noch, ich begann das gesamte 19. Jahrhundert nach seinen Lebensdaten einzuordnen: Bei Schuberts Tod war Liszt in seinem 17. Lebensjahr, im Jahr der Schlacht von Königgrätz wurde er 55, und meine beiden Großväter wurden dreizehn bzw. sechs Jahre vor Liszts Tod geboren. Meine nähere Umgebung, vor allem meine Familie nervte ich mit diesem Tick recht nachhaltig, und die permanente Erwähnung des Namens Franz Liszt ist noch heute allen in deutlicher Erinnerung. In Weimar interessierten mich weder

Goethe noch Schiller, sondern nur die Hofgärtnerei, in der Liszt seine legendären Unterrichtsstunden abhielt. Und als ich zum ersten Mal nach Bayreuth kam, führte mich mein Weg natürlich sofort zum Friedhof, auf dem Franz Liszt begraben ist. Richard Wagner? – Der hatte zwar auch etwas mit dieser Stadt Bayreuth zu tun, aber in erster Linie war er natürlich der Schwiegersohn von Liszt. Und ein ziemlich unsympathischer Mann in meinen Augen. Einer, der die symphonischen Dichtungen seines Schwiegervaters als Steinbrüche bezeichnete, aus denen man ungestraft und unentdeckt Material stehlen durfte, das einem gefällt! Ich habe bis heute Schwierigkeiten mit Wagner, aber natürlich nicht aus diesen Gründen. Oder nicht nur. Ein Jahr nach Beginn meiner ziemlich irrationalen Liszt-Verehrung, 1961, wurde sein 150. Geburtstag gefeiert, für mich ein Grund zur Freude an den vielen Konzerten, die ihm zu Ehren stattfanden, aber auch ein Jahr mit bitteren Gefühlen. Denn Liszt war zu Lebzeiten als Komponist recht umstritten und er ist es heute in gewissem Sinne immer noch; der absolute Tiefpunkt der allgemeinen Wertschätzung waren aber ausgerechnet die Jahre, in denen ich meine Liebe zu ihm entdeckte. Am Ende dieses Jahres 1961 stand in der Wiener Zeitung *Die Presse* sogar der fürchterliche Satz, dass man jetzt hoffentlich bald wieder fünfzig Jahre Ruhe vor diesem Komponisten haben werde. Da hat sich der Herr Kritiker aber schwer geirrt, und das sicher nicht zum ersten Mal. 2011, zum zweihundertsten Geburtstag, gab es jedenfalls solche Häme nicht mehr. Liszt ist heute wieder durchaus präsent, vor allem in Klavierabenden. Für mich jedoch hatte das alles mit einem Roman begonnen, nicht mit der Musik. Natürlich versuchte ich nach Kräften, jeden Ton, den dieser Mann komponiert hatte, schön oder wenigstens interessant zu finden, und recht oft gelang mir das auch. Aber die ursprüngliche Faszination ging von seinem Leben aus, nicht von der Musik. Da gefielen mir natürlich einige der populären Kompositionen und die unbestrittenen Meisterwerke wie zum Beispiel seine *Klaviersonate* sofort. Höchst interessant und spannend fand ich das lange beinahe unbekannte Spätwerk für Klavier, das in diesen Jahren durch Pianisten wie Alfred Brendel überhaupt erst wiederentdeckt wurde. Da hat Liszt tatsächlich seinen »Speer weit in die Zukunft geworfen«, wie er es selbst ausdrückte.

Es war die Zeit der ersten Schallplatten in Stereophonie, und ich wurde ein eifriger Plattensammler. Ich konnte stundenlang Musik hören, aufmerksam und voller Hingabe, oft mit den Noten in der Hand, nicht etwa als »Berieselung« und Hintergrundgeräusch. Und natürlich erprobte ich meine dirigentische Begabung vor dem Spiegel. Aber noch schöner war das Hören zu zweit, und in meiner immer noch verehrten Studienkollegin Ulrike fand ich die ideale Partnerin dafür. Wir verbrachten unzählige Stunden mit dem gemeinsamen Hören von Musikschätzen aller Art, wobei sie mich einmal mit ihrer Begeisterung für die *Rhapsody in Blue* von George Gershwin regelrecht schockierte. Mit solch »moderner« Musik wollte ich damals absolut nichts zu tun haben. Ein unvergesslicher Höhepunkt dieser Schallplattenorgien waren die eben erschienenen neun Beethoven-Symphonien mit Karajan, die wir, pünktlich um 19.30 Uhr beginnend, wie es in Wien üblich ist, in einem Zug durchgehört haben.

Ulrike hatte eine hübsche Stimme und das absolute Gehör, sie konnte alles vom Blatt singen. Und so kamen wir eines Tages auf die Idee, die vielen Liedbände von Schubert, Schumann und Brahms zu durchforsten und alles auszuprobieren, was uns auf den ersten Blick interessant erschien. Es war für mich das erste wirklich intensive Eintauchen in die Welt des Liedes, faszinierend und wohl ausschlaggebend für mein ganzes Leben.

Dann kam das Ende der Gymnasialzeit und die große Frage: was nun? Für mich war klar, dass mein Leben mit Musik zu tun haben musste, die Eltern waren darüber nicht so begeistert. Trotz ihrer Liebe zur Musik fanden sie es zu riskant, einen Beruf daraus zu machen, wohl auch, weil ich ja keineswegs so genau wusste, wie der aussehen sollte. Klavierspielen, Dirigieren, Komponieren – es kam so vieles infrage, aber war ich auch begabt genug? Schließlich wurde ein Kompromiss geschlossen: Wenn ich ein Jahr an der Universität Musik- und Theaterwissenschaften studiert hätte, könnte ich mich frei entscheiden, ob ich damit weitermache oder mich ganz auf die Praxis konzentriere. Die Entscheidung fiel mir denkbar leicht: Zu trocken, zu weltfremd erschien mir das Studium der Musikwissenschaft; Kommilitonen, die damit angaben, seit Jahren in keine Konzerte zu gehen, »weil dort alles falsch gemacht wird«, erschienen mir wie Mitglieder einer seltsamen Sekte, mit der ich nichts weiter zu tun haben wollte. Ich schrieb mich an der Akademie für Musik und darstellende Kunst ein, der heutigen Musikuniversität, und zwar für drei Hauptstudien gleichzeitig: Komposition, Dirigieren und Klavier – Instrumental- und Vokalbegleitung. Die Liste aller Haupt- und Nebenfächer, die ich belegen musste, war so lang, dass dafür zwei Studienbücher notwendig waren und man bei der Inskription nur den Kopf schüttelte: Das sei unmöglich gleichzeitig zu schaffen. Aber ich hatte am Konservatorium bereits ein Theoriestudium absolviert, so dass mir viele Nebenfächer erspart blieben. Und als sich im ersten Jahr des Dirigierstudiums herausstellte, dass ich regelrecht Angst davor bekam, mit dem Studentenchor zu arbeiten – was zu den Pflichtübungen gehörte –, sattelte ich auf »Opernkorrepetition« um. Dieses Studium war in der ersten Hälfte mit dem Dirigierkurs identisch, aber ich konnte viel schneller damit fertig werden, nämlich in zwei Jahren statt den vorgesehenen vier. Und eben das war für mich seltsamerweise ein ganz großer Anreiz: Alles so schnell wie möglich zu absolvieren, immer und überall der Jüngste zu sein, war mein Ehrgeiz. Ich hatte meine Matura im Alter von nicht einmal siebzehneinhalb Jahren gemacht und war gerade einundzwanzig, als ich voll Stolz meine drei Abschluss-Diplome abholte. Der Stolz hatte ja vielleicht noch wegen des rasanten Tempos in meinem Studium eine gewisse Berechtigung; ansonsten war es eher Dummheit und ein deutliches Zeichen von Unreife – und somit das absolute Gegenteil von dem, was ich eigentlich unter Beweis stellen wollte. Ich schlug mehrere Stipendien-Angebote für weitere Studien in England und Italien aus und nahm einen Lehrauftrag für Korrepetition an der Gesangsabteilung der Akademie an. Im Rückblick eine nahezu groteske Entscheidung; aber sie hatte natürlich auch einen bestimmten Grund.

Warum hatte ich Angst vor dem Chordirigieren? Ich war als Student oft mit kleinen Klavierparts in Orchesterwerken des 20. Jahrhunderts beschäftigt und wurde dabei Zeuge von schlecht gelaunten oder undisziplinierten Musikern der Wiener Symphoniker oder anderer Orchester, von Dirigenten, die sich nur mit Mühe ein Mindestmaß an Disziplin und Aufmerksamkeit verschaffen konnten, und war davon regelrecht schockiert. Bei den Chorproben an der Akademie ging es oft noch viel turbulenter zu, und ich litt mit meinen dirigierenden Kommilitonen, wenn ich zusah, wie verzweifelt und hilflos sie oft dem desinteressierten und zügellosen Haufen an Chorsängern gegenüberstanden. Eines Tages kam ein recht junger unbekannter Dirigent mit großer Hornbrille zur ersten Probe mit den Symphonikern, und bereits bei der ersten Unterbrechung begann das übliche Geplauder von einzelnen Musikern. Es war deutlich, dass viele überhaupt nicht auf das hörten, was der Dirigent zu sagen hatte. Der ließ nach einer knappen Minute seinen Dirigentenstab auf das Pult schnalzen und sagte mit nicht allzu lauter Stimme, aber schneidend und scharf bloß: »Meine Herren!« Sonst nichts. Im selben Augenblick war es totenstill, und die ganze Probe hindurch waren alle still und aufmerksam. Mir aber war auf einen Schlag klar, dass ich so etwas niemals könnte, und langsam begann ich, mich innerlich vom Gedanken an eine Dirigentenlaufbahn zu verabschieden. Der Dirigent hieß übrigens Christoph von Dohnányi.

Unbestritten gibt es für den komplexen Beruf eines Dirigenten viel zu lernen. Aber ich bin überzeugt, dass es noch wichtiger ist, eine bestimmte Persönlichkeitsstruktur zu haben, vor allem eine starke Führungsqualität, mit der man im idealen Fall wohl geboren sein muss. Ich besaß davon nichts oder jedenfalls nicht genug.

Hingegen fand ich den Dialog mit anderen Musikern, das gemeinsame Erarbeiten, das Diskutieren und Ausprobieren von Möglichkeiten aufregend und beglückend. In meinem Studium »Vokal- und Instrumentalbegleitung« lernte ich eine große Anzahl an Sängern und Instrumentalisten kennen, studierte Werke mit allen nur möglichen Streichern, Holz- und Blechbläsern, korrepetierte Sänger und begleitete Vorsingen bei den wichtigsten Agenturen in Wien. Das viele »Klimpern«, das Spielen von Klavierauszügen und das Vierhändigspielen hatten mich zu einer gewissen Fertigkeit im Blattspielen gebracht, die mir jetzt sehr zugute kam. Mit einigen der Instrumentalisten, die ich im Studium kennenlernte, kam es zu ersten kleinen Konzerten, manchmal zu jahrelangen Partnerschaften, in einem Fall sogar zu einer beinahe lebenslangen: Den gleichaltrigen Flötisten Wolfgang Schulz lernte ich mit 19 Jahren kennen, und wir spielten an die vierzig Jahre zusammen, nicht nur als Duo, sondern auch in Trioformationen mit der Cellistin Heidi Litschauer oder mit dem Fagottisten Milan Turković.

Der um einige Jahre ältere Thomas Kakuska bestritt noch als Geiger einige Konzerte und Aufnahmen mit mir, bevor er als Bratschist zum *Alban Berg Quartett* kam; später kam der junge Christian Altenburger dazu, mit dem ich in seinen ersten Jahren viele Konzerte und Tourneen durch Südamerika und Asien machte.

Die österreichischen Kulturinstitute im Nahen Osten organisierten bis in die späten Siebzigerjahre ausgedehnte Konzertreisen in die Türkei, in den Iran, Irak und den Libanon, nach Kuwait, Syrien, Saudi-Arabien und Ägypten. Es waren wunderbare Gelegenheiten für junge Musiker, bis zu fünfzehn Kammermusik-Konzerte in Folge spielen zu können und dabei etwas von diesen faszinierenden Ländern kennenzulernen. Der Zeitplan dieser Reisen war äußerst straff, die Tourneen mit ihren vielen Konzerten und Flügen dauerten kaum länger als drei Wochen, und es gab so viel zu sehen. Wir haben nur sehr wenig geschlafen, sind manchmal schon um 5 Uhr früh zu den Flughäfen gefahren und haben selbst nach langen Anreisen von sechs und mehr Stunden am Abend noch gespielt. Der Höhepunkt war eine achtzehnstündige abenteuerliche Busfahrt durch halb Persien wegen eines Flugausfalls, und selbstverständlich haben wir auch da am Tag der Ankunft gespielt. Sechs dieser großen Tourneen habe ich mit verschiedenen Partnern gemacht, darunter auch zwei mit dem ehemaligen ungarischen Konzertmeister der Wiener Philharmoniker Josef Sivó, der mich neben seinem großartigen Spiel auch mit seinem Deutsch erfreute. Zwanzig Jahre, nachdem er sich in Wien niedergelassen hatte, gelang es ihm immer noch, unvergessliche Sätze zu formulieren. Der beste davon war wohl: »Weißt du, Helmut, der Problem ist die.«

Die unterhaltsamsten dieser Reisen waren mit Wolfgang Schulz. Wir verstanden uns prächtig und wurden ganz enge Freunde. Er war erster Flötist der Wiener Philharmoniker, ein weltweit hochgeachteter Solist und er beherrschte sein Instrument auf unnachahmliche Weise. Seinen leuchtenden »goldenen« Ton werde ich nie vergessen. Ihm saß eine gute Portion Schalk im Nacken, und wir hatten sehr viel Spaß miteinander. Beim Musizieren allerdings hörte der Spaß auf: Es wurde ernsthaft und gründlich geprobt, die Konzerte mit voller Konzentration gespielt. Als wir nach einer ganztägigen Besichtigung der antiken Perserstadt

Persepolis am Abend ein Konzert in Shiraz spielten, waren wir aber alles andere als konzentriert. Es war bereits das fünfte oder sechste Konzert auf unserer Reise, wir waren müde und hatten wohl auch im Hinterkopf, in einer eher unbedeutenden Stadt zu sein. Vermutlich spielten wir nicht wirklich schlecht, aber eben oberflächlich und routiniert. Nach dem Konzert kam ein elegant gekleideter Mann auf uns zu, stellte sich als Arzt vor und lud uns in sein Haus ein; er hätte einen kleinen Kreis von Freunden, die sich auch freuen würden, ein Glas mit uns zu trinken. Es war eine schöne Villa, die Leute waren sehr nett, und wir bekamen Köstlichkeiten zu essen. Am meisten aber beeindruckte uns die große Schallplattensammlung, die eine Wand des Wohnzimmers beherrschte. Unzählige Aufnahmen mit Flöte und Klavier gab es da, darunter ein paar unserer eigenen! Der gute Arzt war ein ausgebildeter Flötist und kannte jedes der Stücke, die wir gerade gespielt hatten, ganz genau. Es war ein unvergessliches Erlebnis, und ich denke seit damals sehr oft an den Spruch Robert Schumanns: »Spiele immer so, als hörte dir ein Meister zu!«

Was aber mit Instrumentalisten so einfach zu klappen schien, wollte mir mit Sängern vorerst nicht gelingen. Es sollte noch einige Zeit vergehen, bis es zu wichtigen Begegnungen kam.

Ein Grund, den angebotenen Lehrauftrag als Korrepetitor anzunehmen, war zweifellos der Wunsch, mit Sängern arbeiten zu können. Daneben hat es sicherlich meine Eltern etwas beruhigt, die im Beruf des Musikers eine höchst unsichere Zukunft sahen. Vielleicht ausschlaggebend für meinen Entschluss war jedoch die abweisende Haltung der Eltern meiner Freundin Helmi, die in dem drei Jahre jüngeren Musikstudenten einfach einen völlig unmöglichen, unreifen Partner für ihre Tochter sahen und alles unternahmen, um uns auseinanderzubringen. Mit dem Lehrauftrag hatte ich wenigstens einen Hauch von Seriosität aufzuweisen, die ich dann mit einer Heirat noch zu unterstreichen suchte. Helmi war Biologie-Studentin und kurz vorm Abschluss ihres Studiums. Wir hatten uns im Singverein kennengelernt, und die ersten Monate hätten wohl kaum aufregender inszeniert werden können: Verdis *Requiem* im Dogenpalast von Venedig und im griechischen Amphitheater von Epidauros mit seinen zehntausend Plätzen. Karajan schickte den gesamten Chor auf die höchsten Zuschauerränge, um dann von der Bühne zu flüstern: »Könnt ihr mich hören?« Und als ihm ein lautes »Ja!« entgegengerufen wurde, strahlte er vor Begeisterung, als hätte er das Amphitheater selbst erbaut. In Paris kam Karajan auf die schöne Idee, ein Konzert mit dem Orchestre de Paris in memoriam seines Vorgängers Charles Munch zu planen und wählte dazu ausgerechnet das *Deutsche Requiem* von Brahms. Als die Franzosen aber dann doch gegen einen Chor aus dem Ausland protestierten, trumpfte Karajan mit der Behauptung auf, »sein Chor«, nämlich der Singverein, würde das Werk auswendig singen. Da hatten die Pariser keine Argumente mehr. Nur: Der Chor hatte noch nie etwas auswendig gesungen. Dennoch wurde natürlich für Karajan alles gemacht, und er war begeistert. Kurz danach gab es Aufnahmen zur *Missa solemnis* von Beethoven in Berlin, und neben Karajan wurde noch ein weiterer Künstler angehimmelt: Fritz Wunderlich. An einer wichtigen Stelle (»et homo factus est«) verlangte Karajan von ihm mehr Ausdruck und begann mit seiner etwas knarrigen Stimme, die Phrase vorzumachen, wobei nach kurzer Zeit kaum mehr etwas zu hören war; nur die Hände formten ein wunderschönes Legato. Worauf Wunderlich ganz trocken sagte: »Ja, mit den Händen kann ich es auch so.« Da musste selbst Karajan lachen.

Zwar brachte mich der Lehrauftrag an die Gesangsabteilung der Akademie, aber in die Opernschule. Denn der Abteilungsleiter Alfred Spannagel, ein alter Kapellmeister, bei dem ich Opernkorrepetition studiert hatte, war der festen Überzeugung, dass das Lied »Frauensache« sei, während man für die Oper »Männer braucht«. Immerhin: Ich hatte mit Sängern zu tun, und das war zunächst die Hauptsache. Im Laufe von einigen Jahren gelang es mir dann, schrittweise in die Liedabteilung zu wechseln. Nach drei Jahren wurde ich pragmatisiert, also österreichischer Staatsbeamter, und bekam den Titel »Professor«, auf den ich mit meinen 24 Jahren eine kurze Zeit lang sogar recht stolz war.

Vielleicht ist es angebracht, den Begriff »Korrepetitor« ein wenig zu erklären. An jedem Opernhaus und an höheren Musikinstituten gibt es Pianisten, deren Aufgabe die musikalische Einstudierung der Sänger am Hause ist. Sie achten auf die richtigen Töne, auf saubere Intonation und präzisen Rhythmus, nicht zuletzt auch auf die Aussprache. An großen Häusern gibt es daher Korrepetitoren für das deutsche, italienische, französische und slawische Repertoire. Zwar spielen viele Sänger etwas Klavier, manche sogar sehr gut; sie können sich die Basis in vielen Fällen auch selbst aneignen. Aber spätestens bei hochromantischen, komplizierten Werken wie Opern oder Liedern von Richard Strauss, gar nicht zu reden von zeitgenössischer Musik, ist das im Alleingang kaum möglich. Auf der untersten Stufe ist ein Korrepetitor so etwas wie der Handlanger für den Dirigenten oder Liedbegleiter, ein erfahrener und engagierter Korrepetitor kann aber darüber hinaus wichtige Tipps zu den idealen Atemstellen, zum Ausdruck und sogar zu stimmlichen Problemen geben. Die besten von ihnen werden Chefkorrepetitoren, sogenannte Studienleiter, und manche auch zum Begleiter der Sänger, mit denen sie in der Oper gearbeitet haben.

DIE RICHTIGE PARTNERSCHAFT. DIE ERSTEN JAHRE ALS LIEDBEGLEITER

Einige Sommer lang arbeitete ich als Begleiter bei der Internationalen Sommerakademie des Mozarteums in Salzburg in Instrumental- und Gesangsklassen, unter anderem bei den bedeutenden Geigern Ivry Gitlis und André Gertler. Den nachhaltigsten Eindruck aber machte eine liebe alte Dame auf mich, die rumänische Sopranistin Viorica Ursuleac, Witwe des berühmten Dirigenten Clemens Krauss. Sie hatte bei mehreren Uraufführungen von Strauss-Opern mitgewirkt, und der Komponist widmete ihr seine Oper *Die ägyptische Helena*. Sie war außerordentlich geduldig, auch mit den weniger begabten Studenten, stets milde und freundlich; eine liebenswürdige Primadonna aus einer vergangenen Zeit. Eines Tages rauschte mitten im Unterricht eine quirlige, temperamentvolle junge Frau herein und begann mit Ursuleac auf Rumänisch zu reden. Sie war als zweiter Knabe in der *Zauberflöte* der Salzburger Festspiele engagiert und wollte ihrer berühmten Landsmännin nur Guten Tag sagen. Sie war 28 Jahre alt, und es war Sympathie zwischen uns auf den ersten Blick. Als ich sie allerdings zum ersten Mal singen hörte, war es weit mehr als »Sympathie«: Niemals zuvor hatte mich eine Stimme so verzaubert.

Ileana Cotrubaş war ein noch völlig unbekannter Name, sie stand ganz am Anfang ihrer großen Karriere. Wir kamen durch eine Absage bei den Festspielen zu einem kleinen Liederabend in der Residenz, und danach versuchte ich alles, um ihr in Wien zu weiteren Chancen zu verhelfen. Ich war mit dem damaligen Chef des Wiener Jeunesse-Chors, Günther Theuring, gut befreundet und brachte ihn dazu, sich die junge Dame einmal anzuhören. Sie wurde schließlich für Mozarts *c-moll-Messe* engagiert, und in weiterer Folge bekamen wir im Musikverein einen Abend mit Liedern von Fauré und Strauss. Ileana lernte sehr schnell, aber die deutschen Texte waren dann doch noch ein bisschen viel für sie. Im Konzert brachte sie in einem langen Strauss-Lied ständig die

Zeilen durcheinander, und ich bemühte mich zu soufflieren, so gut ich konnte. Ich wurde dabei immer lauter, und war am Ende überzeugt, dass mich der halbe Saal hören konnte, nur Ileana reagierte darauf überhaupt nicht und sang, was ihr eben gerade so einfiel, meist nicht wirklich Poetisches. »Hast du mich denn nicht gehört?«, fragte ich sie nach dieser Liedgruppe. »Gehört schon, aber ich habe dir nicht geglaubt«, antwortete sie. Ungeachtet solcher Pannen: Das Konzert wurde ein überaus großer Erfolg, »ein neuer Stern am Sopranhimmel« titelte eine Zeitung, und weitere Liederabende folgten. Gleich im nächsten Jahr gab es Hugo Wolfs *Italienisches Liederbuch* mit dem Bariton Siegmund Nimsgern, zu dem Ileana zwei Wochen früher nach Wien kam und mir mitteilte, dass sie noch kein einziges Lied gelernt hatte. Mehrere Stunden täglich paukten wir zusammen die zwei Dutzend Lieder, und sie hat es geschafft! Jedoch liefen unsere Wege immer mehr auseinander, was zumindest zu einem großen Teil mit ihren raschen, enormen Opernerfolgen zusammenhing. Erst viele Jahre später, nicht lange vor ihrem frühen Abschied von der Bühne, gab es dann noch ein paar Liederabende, und heute beehrt sie mich manchmal mit dem Besuch von Konzerten, in denen ich spiele. Ihrem Ruf als spitzzüngige, scharfe Kritikerin wird sie dabei glücklicherweise nicht gerecht. Aber vielleicht ist das auch ein wenig die Altersmilde.

Günther Theuring lud mich oft ein, bei Chor-Konzerten den Cembalo-Part zu übernehmen, und es machte mir große Freude, etwa bei Händel-Oratorien, halbe »Cembalo-Konzerte« zu improvisieren, wie man das damals von Karl Richter im Ohr hatte. Durch diese häufige Arbeit mit dem Jeunesse Chor war ich oft im Büro der *Jeunesse musicale* im Wiener Musikverein, und eines Tages fragte mich die dortige Sekretärin, ob ich nicht Lust hätte, mit Wolfgang Schneiderhan das *Violinkonzert* von Alban Berg einzustudieren. Die Sekretärin des Ehepaars Irmgard Seefried und Wolfgang Schneiderhan war ihre Freundin und hatte sie um Hilfe gebeten, einen Pianisten zu finden, der dafür geeignet wäre. Meine »Lust« hielt sich zwar in Grenzen, aber schließlich sagte ich doch zu.

Das Einstudieren des Orchesterparts hatte mich viel Mühe gekostet, aber ich kam gut vorbereitet in die prachtvolle Villa des berühmten Paares, und wir begannen mit dem Violinkonzert.

Bereits nach acht Takten bat Schneiderhan um eine Wiederholung, und dann um eine weitere, und das so oft, bis er die acht Takte auswendig konnte; dann kamen die nächsten acht Takte, und so ging es immer weiter. Ich hätte mir das mühsame Einstudieren sparen können. Viele Male kam ich in die Villa, das Erlernen des Berg-Konzerts dauerte lange, aber die Arbeitsatmosphäre war freundlich, entspannt und ruhig, und ich genoss es, mit dem großen Geiger zusammen zu sein.

Mehr noch allerdings freute ich mich über die Begegnung mit Irmgard Seefried, die immer wieder einmal an uns vorbeikam und mich schließlich fragte, ob sie mit mir auch ein paar Stunden arbeiten könnte. Sie wollte Stücke, die Frank Martin für das Ehepaar komponiert hatte, auffrischen. Die Seefried war damals ein besonderer Liebling des Wiener Publikums. Als sie mir nach ein paar Korrepetitionsstunden mit den Martin-Liedern ein Konzert in einer kleinen holländischen Stadt anbot, konnte ich es kaum fassen. Die erste Probe dazu werde ich nie vergessen. Ich hatte mich überaus gründlich vorbereitet, und wir begannen mit der ersten Gruppe, die aus vier Schubert-Liedern bestand. Nach dem Vorspiel des ersten Liedes, der *Fischerweise*, setzte die Seefried nicht ein, sondern sagte: »Das klingt ja wie eine Etüde von Czerny!« Sofort stürzte ich mich ein zweites Mal mit größtem Ausdruck in das Vorspiel und bekam zu hören: »Und jetzt klingt es wie Rachmaninow!« Auch wenn das alles mit leichtem Lächeln und durchaus liebenswürdig gesagt wurde, begann ich sehr rasch zu schwitzen. Und es ging so weiter: Einmal war nicht genug Linie in der Führung der Bassstimme oder ein Staccato war nicht spritzig genug; vor allem aber machte mich die Seefried auf kleine Abschnitte aufmerksam, die ich nicht aktiv genug spielte. »Schätzelchen, das sind deine Soli, da muss etwas von dir kommen!« Sie blieb im normalen Gespräch mit mir durchaus beim »Sie«, aber bei den Proben war ich dann für sie oft einfach der kleine Junge oder das »Schätzelchen«. Mit 23 Jahren reagierte ich damals etwas empfindlich darauf, wenn mich ältere Leute duzten, aber bei der Seefried empfand ich es eher als Auszeichnung. Sie war bei den Proben überaus engagiert, hörte genau zu, was ich spielte, und korrigierte unermüdlich, aber immer freundlich. Für die vier Lieder bei der ersten Probe brauchten wir zwei Stunden, dann wurde ich heimgeschickt, recht durchgebeutelt zwar, aber nicht deprimiert. Ich hatte bis dahin immer den Eindruck gehabt, dass es beim Begleiten in erster Linie darum ging, ein Tempo gut zu erfassen und ja nicht zu laut zu sein. Von Irmgard Seefried lernte ich, dass es da noch um wesentlich mehr ging: um eine richtige Partnerschaft, um einen in jedem Detail wichtigen Gegenpart zur Stimme, um eine musikalische Gleichberechtigung. Sie machte mir klar, dass ich musikalisch alles zu geben hatte, dass Begleiten nicht nur »aufpassen« bedeutete. Die Proben bis zum Konzert gerieten zu richtigen Lehrstunden, die mir die erfahrene Sängerin in einer Art mütterlich-fürsorglichen Weise gab, und das blieb im Grunde auch so, als es zu weiteren Konzerten kam. Manchmal habe ich mich gefragt, welche Motivation sie dafür hatte. Denn ihr langjähriger Pianist war Erik Werba, den sie keineswegs verlassen wollte. Ich war vielleicht so eine Art »musikalischer Seitensprung«, den sie zu genießen schien. Aber warum auch immer sie es tat: Ich bin ihr sehr dankbar für alles, was ich von ihr gelernt und mit ihr erlebt habe. Vielen Liedern hat sie ihren ganz persönlichen Stempel aufgedrückt, und nach so vielen Jahren und vielen Sängerinnen danach höre ich ihren Tonfall in der Erinnerung noch genau. Schumanns *Frauenliebe und Leben* und die *Kinderstube* von Mussorgski zum Beispiel sind mir unvergesslich. Sie hatte eine unverwechselbare Stimme mit außergewöhnlich hellen Vokalfarben und einer sehr prägnanten Diktion. Die Seefried war damals um die fünfzig, konnte aber zuweilen wie ein junges Mädchen klingen.

Manchmal erhielt sie während einer Probe einen Telefonanruf und war dann für eine geschlagene Stunde verschwunden. Beim Wiederkommen meinte sie: »Das war der Oskar, da kann man nicht so einfach auflegen.« Der Oskar war der wunderbare Schauspieler Oskar Werner, enger Freund der Familie, mit dem die Seefried auch gemeinsam auftrat. Zweimal kam er als Zuhörer zu Liederabenden, beim zweiten Mal, im Schloss des Fürsten von Liechtenstein in Vaduz, saß er mit Seefried, Schneiderhan und mir nach dem Konzert in einem Extrazimmer zusammen, und ich hörte gebannt seinem langen Monolog zu, in dem er hauptsächlich über die vielen Filmprojekte aus Hollywood sprach, die er alle nicht angenommen hatte.

Ich empfinde es noch heute als absoluten Glücksfall, diese Erfahrungen am Beginn meiner Laufbahn gemacht zu haben. In ihrer warmherzigen Strenge gab mir die Seefried viele wichtige Impulse für meinen Beruf, und ich möchte jungen Menschen raten, bei ähnlichen Gelegenheiten so aufnahmebereit wie nur möglich zu sein, dankbar für jeden Rat und die Hilfe, die ein großer Sänger aufgrund seiner Erfahrungen zu geben vermag. Das meiste davon wird an Schulen nicht gelehrt.

Es gab auch einige Konzerte mit dem Ehepaar zusammen, inklusive einer Japan-Tournee, und etliche Duo-Abende mit Schneiderhan. Der konnte mich mit dezenten Hinweisen, wie Edwin Fischer dies und Wilhelm Backhaus jenes gespielt hatte, ziemlich nervös machen, aber das schien ihm gar nicht bewusst zu sein; er meinte es offensichtlich nur nett. Sein Tonfall bei den Proben war mehr als ungewöhnlich. In verbindlichstem Tonfall sagte er, ruhig lächelnd: »Lieber Herr Deutsch, würde es Ihnen etwas ausmachen, das Tempo hier etwas rascher zu nehmen?« »Ist es Ihnen recht, wenn wir vielleicht nochmals von Buchstabe D beginnen?« »Könnten Sie sich vorstellen, das etwas leiser zu beginnen?« Ich konnte lange nicht glauben, dass das ernst gemeint war. Erst viel später fand ich heraus, dass Schneiderhan zu nahezu unkontrollierten Wutausbrüchen neigte und sich offenbar mit diesen extremen Höflichkeiten im Zaume zu halten versuchte. Einen solchen Ausbruch habe ich zum Glück nicht am eigenen Leib erlebt, war allerdings ein ziemlich fassungsloser Zeuge, als Schneiderhan in einem sehr feinen Restaurant einen Kellner wegen Kleinigkeiten niederbrüllte. Da waren ihm plötzlich die Nerven durchgegangen, und er entschuldigte sich danach wortreich und lange. Seit seiner frühen Kindheit sei er nahezu ständig unterwegs, und dieses Leben wäre nur auszuhalten, wenn alles ohne Pannen funktioniere, erklärte er.

Das Üben kurz vor dem Konzert fand er überflüssig – »das bringt jetzt nichts mehr« –, und er versuchte immer wieder, mich davon abzuhalten. Stattdessen erzählte er gerne Witze bis unmittelbar vor dem Auftritt, und ich hatte dann manchmal etwas Mühe, meine Konzentration wiederzuerlangen. Bei einem Konzert in Istanbul fiel mitten in der Strauss-Sonate die ganze Beleuchtung aus. Nachdem wir minutenlang im Dunkeln gewartet hatten, ohne dass sich etwas änderte, begann Schneiderhan eine Bach-Solosonate zu spielen. Er kam ziemlich weit damit, bis zwei Männer riesige Kerzenleuchter auf das Podium brachten, und wir die Strauss-Sonate und das Konzert zu Ende bringen konnten.

Einmal im Jahr wird die legendäre Stradivari Paganinis aus ihrem Tresor in Genua genommen und von einem renommierten Geiger öffentlich gespielt. Als die Wahl auf Wolfgang Schneiderhan fiel, hatte ich die Ehre, bei dem Konzert in Frankfurt sein Partner zu sein. Unter polizeilicher Bewachung und im Beisein von Notaren wurde feierlich der versiegelte Geigenkasten geöffnet, und in Anwesenheit dieser Aufpasser durften wir ein wenig proben. Am Abend wiederholte sich dann das Spektakel vor Publikum. Der fast bratschenähnliche dunkle und große Klang dieser Stradivari war tatsächlich außergewöhnlich. Aber sicherlich spielte auch die Vorstellung eine Rolle, dass sie eben Paganinis Lieblingsgeige gewesen war.

An jenem Morgen leistete sich Schneiderhan einen hübschen kleinen Versprecher: Wir standen an der Rezeption des ehrwürdigen Frankfurter Hofs, und Schneiderhan sagte mit verbindlichstem Lächeln: »Für meinen jungen Freund und mich bitte ein Stundenzimmer!« Der Rezeptionist hatte sich noch gar nicht richtig erholt, da erlöste ihn Schneiderhan auch schon: »Verzeihung, ich meinte natürlich Tageszimmer!«

In diesen Jahren lernte ich auch eine andere berühmte Sopranistin kennen: Rita Streich leitete einen Gesangskurs an der Sommerakademie in Salzburg, und ich war ihr Mann am Klavier. Ihre Einspielung der Zerbinetta in *Ariadne auf Naxos* mit Karajan war bekannt, und etwa zwanzig junge Zerbinettas saßen um sie herum, alle in der hoffnungsvollen Erwartung, von der Meisterin wertvolle Tipps zu bekommen. Es waren Streichs erste Gehversuche als Lehrerin, und wie oft sie auch wiederholte, dass sie sich zum Unterrichten geboren fühle – man bekam davon kaum etwas zu spüren. Es war geradezu erstaunlich, wie wenig sie selbst auf ganz konkrete Fragen der jungen Sängerinnen zu sagen hatte. »Wie kann ich diese Triller, diese Koloraturen, diese Staccatos am besten lernen?« Die Antwort war immer nur: »Üben, üben, einfach langsam und geduldig üben!« Rita Streich hatte zweifellos eine Naturbegabung für viele dieser technischen Anforderungen; wie man sie sich erarbeiten könnte, wusste sie ganz einfach nicht. Ein wenig zu oft betonte sie während dieser Tage, wie sehr sie noch selbst mit dem Singen beschäftigt sei, nur mit Mühe habe sie diese Unterrichtstage in ihren vollen Terminkalender zwängen können; in Wirklichkeit hatte ihre Karriere den Zenit längst überschritten. Aber natürlich sagte ich gerne zu, als sie mich für ein Konzert zur Eröffnung eines kleinen Theaters in Lugano einlud. Der Termin war nur wenige Wochen nach der Sommerakademie, das Programm recht einfach, und wir vereinbarten eine erste Probe in Ascona, zwei Tage vor dem Konzert. Die Streich war schlecht studiert und unkonzentriert, es gab viele Pannen, einiges musste wiederholt werden, und ich bemühte mich, ihr ein paar Einsätze oder korrekte Rhythmen einzutrichtern. Die Stimmung war sehr frostig. Dass ich in diesen Tagen auch einen Liederabend mit Irmgard Seefried hatte, und das ausgerechnet in Stresa, am anderen Ende des Lago Maggiore, gefiel Frau Streich absolut nicht. Am nächsten Tag hieß es: »Ich muss mit Ihnen reden!« Sie beklagte sich wortreich, dass ich sie am Abend davor so »geschulmeistert« habe, sie hätte so etwas noch nie erlebt. Und weil sie ja nicht wissen könne, wie ich mich in einem Konzert benehme, folgten genaue Anweisungen, wie ich mich beim Applaus zu verhalten habe, wann ich aufstehen, ihre Hand nehmen und vor allem, wann ich wieder bescheiden zurückzutreten habe. Es sei ihr völlig klar, dass mir das Konzert mit Seefried viel wichtiger sei, schluchzte sie am Ende.

Trotz dieses unerfreulichen Starts kam es noch zu einigen weiteren Konzerten mit Rita Streich, einmal in Berlin und zweimal in Paris, wo sie noch sehr populär war. Durch sie bekam ich noch einen Hauch davon zu spüren, wie manche Primadonnen bis in unsere Tage mit ihren Pianisten umgegangen sein mögen. Für mich war es Gott sei Dank die einzige Erfahrung in dieser Richtung. Es gab keine andere Sängerin mehr, die mir Regieanweisungen für das Verbeugen beim Applaus machte, keine, die vor ihrem Schlusston noch einmal tief Luft holte, um ihn während des ganzen Klaviernachspiels auszuhalten. Niemand mehr befahl mir, bei manchen Liedern die rechte Hand einfach wegzulassen, weil es die Balance störe. Oder wollte mich am Ende des Konzerts zurückschicken, um die Noten für Zugaben zu holen, während sie allein im Applaus badete. Nur kannte ich diesen Trick bereits, und als sie mir sagte: »Holen Sie die erste Zugabe«, flüsterte ich lächelnd zurück: »Die liegen alle schon da!«

Rita Streich war keine glückliche Frau und sie kam mit dem Älterwerden und dem damit verbundenen Niedergang ihrer Karriere nicht gut zurecht. Es war traurig, wenn sie mir sagte: »Ich weiß, dass Sie diese Konzerte mit mir nur machen, damit Sie meinen Namen im Lebenslauf stehen haben.« Mir war es unangenehm, das so deutlich ausgesprochen zu hören; aber sie hatte eigentlich recht.

Eine dritte Sopranistin möchte ich nicht unerwähnt lassen, weil sie zur selben Generation gehörte und ebenfalls vom Wiener Publikum heiß geliebt wurde: Sena Jurinac. Mit ihr hatte ich kurz vor dem Ende ihrer Karriere allerdings beruflich nur noch ganz wenig zu tun, aber sie wurde eine gute Freundin und führte zusammen mit ihrem Mann, dem Chirurgen Josef Lederle, nicht nur eine sichtlich großartige Ehe, sondern auch ein äußerst gastfreundliches Haus in Augsburg, in dem ich unzählige Abende verbracht habe. Sehr oft zusammen mit meinem Freund und Kollegen Leonard Hokanson, der Josef Lederle seit seiner Stationierung als amerikanischer Soldat in Augsburg verbunden war und ihn mit Sena Jurinac bekannt gemacht hatte. Sena konnte ganze Abende lang von ihren Erlebnissen erzählen. Von umwerfender Komik war eine Art Doppelconférence mit Irmgard Seefried, bei der die beiden Damen von ihren Erfahrungen als Octavian mit der Marschallin Elisabeth Schwarzkopf berichteten. Schon die »Lagebesprechung« auf dem Bett am Beginn des ersten Aktes dauerte nach ihren Schilderungen endlos, bis die Schwarzkopf auch nirgends mehr gedrückt wurde und ganz freie Sicht auf den Dirigenten hatte.

Oft erzählte mir Sena von Otto Klemperer, der ein ganz besonderes Auge auf sie geworfen hatte. Nach seiner Meinung war bei Musikbesprechungen das Wort »interessant« nichts weiter als ein Äquivalent für »Scheiße«. Ich war entzückt, als bei einer Salzburger Premiere von *Figaros Hochzeit* das österreichische Fernsehen ein paar Prominente interviewte. Wie war die Sänger-Besetzung, wie war die Regie, das Bühnenbild, das Dirigat? Und Sena Jurinac beantwortete alle diese Fragen überaus freundlich lächelnd mit einem einzigen Wort: »Interessant.«

Kennengelernt hatte ich Sena Jurinac durch ihre Kollegin an der Wiener Staatsoper, Olivera Miljakovic. Beide waren aus Jugoslawien. Zwar war Sena Kroatin und Olivera Serbin, aber das spielte zumindest damals kaum eine Rolle. Auf Erik Werbas Vorschlag hatte ich Olivera für einen Liederabend vorbereitet und sie dabei gut kennengelernt. Sie war zu der Zeit auf dem Höhepunkt ihrer Karriere, und ich war völlig fasziniert von ihr. Zweifellos spielten dabei auch ihre Erfolge eine gewichtige Rolle; es war ein Hauch der großen Musikwelt, der ich da in gewissem Sinne zum ersten Mal näherkam. Opernaufführungen, Filme, Plattenaufnahmen mit Karajan, mit Karl Böhm, Lorin Maazel und vielen anderen großen Dirigenten – das alles hat mir schon sehr imponiert. Wir kamen schließlich auch privat zusammen und blieben es für rund ein Jahrzehnt. Es gab einige schöne Liederabende, vor allem aber unvergessliche Opernaufführungen in Wien, bei den Salzburger Festspielen, in Neapel oder in Buenos Aires. Meine Schwiegereltern hatten recht behalten: Ich war mit meinen 22 Jahren zweifellos völlig unreif für eine Ehe gewesen. Nur hatte ich das damals einfach nicht wahrhaben wollen.

Es gab viele andere Sänger und Sängerinnen in diesen Jahren, aber immer waren es nur einige wenige Konzerte. Die bulgarische Mezzosopranistin Margarita Lilowa, Ensemblemitglied der Wiener Staatsoper, die mich in die Welt der slawischen Vokalmusik einführte, die Polin Teresa Żylis-Gara, die Amerikanerin Janet Perry, der deutsche Bassist Hans Sotin, der amerikanische Tenor Thomas Moser, der österreichische Tenor Werner Krenn, der deutsche Tenor Werner Hollweg und andere. Von allen habe ich viel gelernt, bei niemandem aber schien sich eine Möglichkeit anzubahnen, regelmäßig viele Konzerte geben zu können. Der Traum eines erfolgreichen Liedbegleiters schien in weite Ferne gerückt.

In der Kammermusik hatte ich mehr zu tun. Mit den vorhin schon erwähnten Instrumentalisten machte es Freude zu musizieren, die Werke waren oft ganz wunderbar, und doch war es ein anderes Glücksgefühl für mich, bei einem gelungenen Liederabend dabei gewesen zu sein. Vielleicht war es der unverwechselbare Zauber der menschlichen Stimme oder es waren die Liedtexte, die mich oft sehr berührten – ich konnte mir nicht vorstellen, mein Leben lang »nur« Kammermusik zu spielen.

Um zu Sängern Kontakt zu bekommen, unternahm ich alles, was mir nur möglich schien. Ich ging als Begleiter in Gesangsstunden mit, ich korrepetierte Sänger aller Arten, vom reinen Amateur bis zum Wagner-Sänger der Met, ich studierte mit Sängern der Staatsoper Wien ganze Partien ein, ich war in allen wichtigen Agenturen Wiens der Pianist vom Dienst bei den Vorsingen und versuchte, als Begleiter bei Wettbewerben unterzukommen. Die Sängerlaufbahnen von Irmgard Seefried oder Rita Streich gingen ihrem Ende zu, andere wie Ileana Cotrubaş, Thomas Moser oder Żylis-Gara hatten ihre Opernkarrieren im Vordergrund, es schien einfach nicht zu klappen. Dass es dann letztlich doch anders kam, ist aber vielleicht gar nicht so sehr auf all meine Bemühungen zurückzuführen, sondern war zu einem großen Teil einfach Zufall und Glück.

Vor einiger Zeit bekam ich eine Mail von einem jungen Kollegen, der seine Schwierigkeiten beschrieb, sich als Liedbegleiter zu etablieren. *»Ich bin mir sicher, dass Sie DAS Gesamtpaket anbieten, das ein Liedbegleiter braucht, um erfolgreich zu sein. Sie sagten in einem Interview, dass Sie nicht ewig spielen werden. Ich weiß – das, wonach ich frage, ist sehr viel verlangt und auch bestimmt eine Art Betriebsgeheimnis, aber es wäre ein Jammer, wenn Sie in 20–30 Jahren all Ihr Wissen mit ins Grab nähmen. Eine Legende unter den Liedbegleitern sind Sie ohnehin, egal wer es in Zukunft schafft oder auch nicht. Wen sollte ich fragen, wenn nicht SIE?«*

Ich war über diese Worte natürlich sehr gerührt, musste aber auch schmunzeln. Denn natürlich gibt es keine »Geheimnisse«. Eine entscheidende Begegnung kann in vielen Fällen den Ausschlag geben, und ebenso habe ich zu beschreiben versucht, dass viele Zufälle eine Rolle spielen können.

HERMANN PREY. WINTERREISEN UND KLEINE GESCHICHTEN

Bereits ein Jahr nach dem Debüt in Südkorea und den »Testkonzerten« begann für mich die Zahl der Prey-Liederabende sprunghaft zu steigen. Was nach außen so dramatisch arbeitsintensiv aussah, war in Wahrheit eine große Erleichterung in meinem Leben. Denn viele Jahre hindurch war stets ein Programm der Zentralpunkt der Saison. Da gab es zum Beispiel ein Eichendorff-Programm oder eines mit Goethe-Liedern von Schubert, ein reines Loewe-Programm, *Die Schöne Magelone* von Brahms oder eine Folge von kleinen Zyklen. Prey feilte wochenlang am Konzept eines neuen Programms, und einige davon waren die schönsten und perfektesten, die ich jemals gespielt habe. Dieses »Hauptprogramm« der Saison wurde sehr intensiv geprobt, und Prey konnte unermüdlich lange proben. Wenn dann nach fünf oder auch acht Proben das Programm stand, gab es vor den Konzerten nur mehr kurze Anspielproben im Saal. Manche dieser Programme wurden dann über vierzigmal in einer Saison aufgeführt, ein Luxus für Sänger und Pianisten, denn nach der intensiven Probenarbeit vor der Premiere gab es keine aufwendige Arbeit mehr für die ganze Saison. Zwischendurch standen aber auch immer wieder Schumann- oder Schubert-Zyklen auf dem Programm, allen voran die *Winterreise.*

Prey bezeichnete die *Winterreise* gerne als ein ganz zentrales Werk in seinem Repertoire, als sein »Herz- und Magenstück«, das ihm sehr viel bedeutete. Er war meist ganz tief in diese Lieder versunken und unter großer Spannung. Seine weißen, blutleeren Hände gaben davon ein deutliches Zeichen. Er schien von Text und Musik stark mitgenommen. »Wieder eine Scheibe von der Salami abgeschnitten«, lautete dann manchmal sein trockener Kommentar nach einem Konzert.

In einer der vielen Aufführungen der *Winterreise* lief alles seinen gewohnten Gang, bis ich beim 16. Lied plötzlich ein seltsames Geräusch von Prey vernahm. Es klang, als hätte er sich mitten im

Singen verschluckt, ein Husten unterdrückt oder Ähnliches; ich konnte es nicht deuten. Prey verzog aber keine Miene und sang weiter wie immer. Nach dem Konzert fragte ich ihn danach. Es war eine Stelle gewesen, die ich bei der Probe vor dem Konzert korrigiert hatte, und Prey sang sie auch völlig korrekt, mit der üblichen leichten Drehung zu mir. »Du hast mir da so oberlehrerhaft bestätigend zugenickt und dabei richtig dämlich ausgesehen; da musste ich plötzlich lachen.« Natürlich war Prey Profi genug, um diesen Impuls sofort zu unterdrücken. Aber man stelle sich vor: inmitten der schauerlichsten und düstersten Lieder der *Winterreise* ein plötzlicher Lachanfall des Sängers! Das Konzert wäre wohl kaum zu retten gewesen.

Bei einer anderen *Winterreise* waren wir gerade im letzten Drittel, als das Konzert wirklich gerettet werden musste. Wir waren im wunderschönen Saal eines großen Palazzo in der Innenstadt von Venedig. Schon bei der Besichtigung am Vormittag hatte Prey Bedenken über die kleine, sehr belebte Gasse geäußert, die direkt am Palast vorbeiführte; die dünnen Glasscheiben der hohen Fenster ließen jedes Geräusch durch. Das sei ganz unproblematisch, wurde uns versichert: Zu der Zeit, in der das Konzert stattfindet, sitzt ganz Venedig beim Abendessen. Vielleicht traf das auch wirklich auf die meisten Venezianer zu, aber sicherlich nicht auf die vielen Touristen, die es dort ja auch gibt. Der Lärmpegel der Fußgänger war jedenfalls beträchtlich, und im Lied Nr. 17 mit seinen vielen Pausen wurde das Gegröle von draußen unerträglich. Prey hörte mitten im Lied auf zu singen und machte seinem Unmut Luft. Ein Teil des Publikums gab ihm mit großem Applaus recht. In wenigen Minuten waren dann an beiden Enden der schmalen Gasse Personen aufgestellt, die um Ruhe baten, und wir konnten die *Winterreise* problemlos zu Ende bringen.

Und wieder eine *Winterreise*, diesmal in dem kleinen Städtchen Albstadt. Es ist unsere 37. oder vielleicht auch die 41. *Winterreise*, und nichts deutet darauf hin, dass es ein außergewöhnliches Konzert wird. Der Saal ist nicht besonders schön, der Flügel mittelprächtig, und Prey beginnt zwar mit der üblichen Konzentration, aber auch ein klein bisschen routinierter und lässiger als in etwas bedeutenderen Musikzentren. Und irgendwann, schon recht bald nach Beginn, passiert etwas Seltsames. Ein paar Phrasen gelingen

Prey traumhaft schön, animieren mich zu größter Konzentration, den Bogen fortzuspinnen; manche Übergänge und Schlüsse sind perfekt wie noch nie, die Spannung verdichtet sich, alles wirkt ganz leicht und natürlich, das Publikum wird merklich stiller, und am Ende wissen wir beide, ohne darüber reden zu müssen, dass uns ein besonders gutes Konzert geglückt ist. Und beim Hinausgehen sagt Prey: »Warum ausgerechnet hier in Albstadt? Ich bin eben doch ein richtiger Provinzsänger!«

Eine große Reise führte uns nach fünf Konzerten in Japan in die Städte Hongkong, Singapur, Manila, Jakarta, Bandung und Bangkok. Auf dem Programm immer die *Winterreise*, elfmal hintereinander also, eine gewaltige Herausforderung für die Konzentrationsfähigkeit. In manchen Städten wurden Einführungsvorträge gehalten. Winterlandschaften waren ja dem normalen Publikum in Südostasien eher unbekannt, und Phrasen wie »ich such im Schnee vergebens nach ihrer Tritte Spur« mussten erst einmal erklärt werden. Nach den Konzerten in Japan stand die Reise unter keinem besonders guten Stern. Sei es, dass Prey nach einiger Zeit von all den bunten Eindrücken genug hatte und eigentlich lieber nach Hause wollte, sei es, weil er sich die meiste Zeit gesundheitlich nicht ganz wohlfühlte: Er intonierte immer öfter und völlig ungeniert vor den lokalen Veranstaltern, den Leitern der deutschen Goethe-Institute: »Krank bin ich eingezogen, krank zieh ich wieder aus!« Aber alle elf Konzerte fanden statt.

Nach der *Winterreise* gibt es normalerweise keine Zugabe; was kann man denn auch Sinnvolles nach dem *Leiermann* singen? Aber manchmal, bei nicht enden wollendem Applaus, sang Prey auch ganz gerne Schuberts *Wandrers Nachtlied*, das mit einem ganz kurzen, aus vier Akkorden bestehenden Nachspiel endet. Beim ersten Mal kam gleich beim Abgehen die Kritik: »Der letzte Akkord war zu kurz!« Natürlich spielte ich ihn beim nächsten Mal etwas länger. Für Prey war er wieder zu kurz. Als diese Kritik aber ein drittes Mal kam, wehrte ich mich, leicht genervt: »Jetzt habe ich den Akkord wirklich so lange ausgehalten, wie ich es nur empfinden konnte.« Preys Replik darauf: »Wer redet von Empfinden? Zähl einfach langsam bis zehn, dann passt es schon!« Bereits bei sieben oder acht konnte man im Grunde nichts mehr von dem Akkord hören, aber ich hielt die Finger auf den Tasten, bis ich bei zehn angelangt war, und bewegte mich auch dann nicht. Der Applaus danach war so gewaltig wie noch nie, und ich hatte wieder etwas aus Preys Trickkiste gelernt.

Die Länge der Pause zwischen dem Verklingen des *Leiermanns* und dem Einsetzen des Applauses ist eine Art Gradmesser für die Spannung im Publikum. Den Zuhörer – es ist interessanterweise immer ein Mann! –, der seine »Kennerschaft« durch ein nach zwei Sekunden gebrülltes »Bravo« beweisen möchte, würde man am liebsten erwürgen! Absolute Bewegungslosigkeit nach dem letzten Akkord war dem Pianisten geboten, und Prey konnte sehr böse werden, wenn man sich nicht daran hielt. Einmal dauerte dieses regungslose Warten auf den Applaus schier unendlich lange, und ich war entsprechend beeindruckt, überzeugt, wir hätten an diesem Abend etwas ganz Besonderes geleistet. Aber Prey war ein wahrer Meister im Herunterholen auf die Erde. Beim Hinausgehen sagte er zu mir: »Meinst du, die Leute waren jetzt so ergriffen oder bloß dämlich?«

Hermann Prey versuchte natürlich wie die meisten Sänger, bestimmte Perioden für Liederabende freizuhalten und sie nicht mit Opernauftritten zu vermischen. Solche Abschnitte konnten mehrere Wochen lang sein, und die Dichte der Konzerte war dann erstaunlich hoch. Fünf Liederabende in einer Woche waren keine Seltenheit, und manchmal gab es Konzerte an drei aufeinanderfolgenden Tagen. So war für mich trotz der vielen Konzerte immer noch genug Zeit für anderes. Neben den immer häufigeren Konzerten in Japan war das in erster Linie Kammermusik in verschiedensten Formationen. Obwohl ich das Glück hatte, mit so wunderbaren Instrumentalisten von Weltrang spielen zu können, wie zum Beispiel mit dem Flötisten Wolfgang Schulz, blieb da aber immer ein Rest von Unerfülltheit. Und bei aller Liebe zu den verschiedensten Instrumenten, zum weichen, runden Klang einer Klarinette oder zur Sinnlichkeit, die ein Cello verströmen kann, gar nicht zu reden vom manchmal rauschhaften Genuss beim Spielen eines Klavierquintetts – die Tiefe der Gefühle und der Begeisterung, die eine schöne Stimme bei mir auslösen konnte, war und blieb einzigartig. Und das natürlich besonders dann, wenn sie in Verbindung mit einem Text stand, der mir auch viel bedeutete. So habe ich zwar immer wieder die Nähe zur Oper gesucht und auch viel Wunderbares dabei erlebt, vielleicht am meisten noch bei Mozart und Richard Strauss, aber das Lied blieb für mich der eindeutige Zentralpunkt in meinem musikalischen Leben.

Prey konnte recht launisch sein und war manchmal rasch im Ändern von Zusagen. Da er sich auf zwei getreue Partner verlassen konnte, Len Hokanson und mich, machte es ihm nicht selten ein Vergnügen, uns gegeneinander auszuspielen. Eine große Tournee, die dem einen zugesagt war, sollte plötzlich der andere spielen, oder es wurden extreme Probenwünsche geäußert: »Ja, wenn du da nicht proben kannst, mache ich es mit dem Len!« Es war ein Wunder, dass Len und ich befreundet blieben.

Reisepläne zu machen, war oft mühsam, weil Prey ständig neue Ideen zum Ablauf hatte. Im Hotel angekommen, ließ er sich grundsätzlich zuerst einmal das Zimmer zeigen; aber auch, wenn es seine Zustimmung gefunden hatte, konnte es passieren, dass er nach einer Nacht, manchmal auch nach wenigen Stunden umzog, manchmal sogar in ein anderes Hotel.

Prey kam aus einfachen Verhältnissen, er hatte seine Freude am verdienten Geld, konnte aber offensichtlich nicht allzu viel damit anfangen. Sein Haus in München war geräumig, aber einfach, sein Arbeitszimmer klein, und das Originellste darin war eine Schublade, an deren Außenfront sich nach angemessener Zeit seine Begleiter mit Unterschrift verewigen durften. Natürlich war ich stolz, als ich eines Tages aufgefordert wurde, meinen Namen hinzuzufügen! Seine Kleidung war eher lässig, und er dürfte nicht sonderlich viel Geld dafür ausgegeben haben, gewisse Kauforgien bei Schuhen vielleicht ausgenommen. Seine Frau regte sich einmal darüber auf und behauptete: »Mindestens hundert Paar!« – »Niemals«, sagte Prey und nahm mich mit in den Keller, wo wir gemeinsam die Schuhe zählten. Mit leisem Triumph in der Stimme teilte er seiner Frau das Resultat der Zählung mit: »Es sind nur 88!« Im Grunde aber war Prey ein eher anspruchsloser Mensch; das konnte man schon an seinen Lieblingsspeisen erkennen. Er liebte Bratkartoffeln und Käsebrot; Weine sagten ihm nicht viel, Bier war ihm lieber.

Zweifellos konnte Prey auch manchmal einen über den Durst trinken oder dann und wann »heimlich« einen Schnaps, den er ebenso erfolglos vor seiner Frau geheim zu halten versuchte wie die paar Zigaretten, die er rauchte. »Gibst du mir eine von deinen Köstlichen«, war seine Formulierung für das häufige Schnorren. Aber einmal schenkte er mir auch ganz überraschend eine Stange Zigaretten, »damit ich dich leichter anschnorren kann!«. Jedoch nahm er seinen Beruf wirklich ernst, und ich habe ihn nie anders als stocknüchtern beim Konzert oder in der Probe erlebt. Ich reagiere etwas gereizt, wenn ich immer noch auf dieses angebliche Laster von Prey angesprochen werde. In unseren zwölf gemeinsamen Konzertjahren gab es keinen einzigen »Ausrutscher«.

Alle seine Lieblingsrestaurants waren Bierlokale: der berühmte Oktoberfest-Wirt Heide Volm in Planegg, wo wir nach Proben oft einkehrten (»ich bringe Helmut noch schnell zur S-Bahn!«) und am Stammtisch saßen; das Spatenbräu in München oder der Gösser Bierkeller in Wien, wo er mir gleich beim ersten Besuch den Tisch zeigte, an dem er oft mit Fritz Wunderlich gesessen hatte. Prey ging überall am liebsten in einfache Kneipen oder »Beisln«, egal ob in Bremen, Chicago, Wien oder Tokyo. Seine Popularität genoss er sichtlich, und es machte ihm Spaß, von wildfremden Leuten erkannt und angesprochen zu werden. Nur ganz selten war er ungehalten oder etwas boshaft wie in einem Lokal in Bayreuth, wo er einem bedauernswerten Fan mit dem allernettesten Lächeln »Peter Alexander« ins Autogrammbuch schrieb. Aber er konnte auch gereizt reagieren, wenn er sich seinem Namen entsprechend nicht genug gewürdigt fühlte, besonders dort, wo er eigentlich bekannt sein musste. So beschied er einem Pförtner einer großen deutschen Rundfunkanstalt, der ihn nicht erkannte, einmal süß-sauer: »Hermann Prey, bekannt von Funk und Fernsehen!« Durch seine vielen Fernsehsendungen war Prey in Deutschland tatsächlich sehr populär, und ich fragte ihn einmal, wie er denn damit fertig werde. »Das ist kein Problem«, meinte er, »ich brauche nur über die Grenze nach Frankreich gehen, da kennt mich kein Mensch mehr.« Sofern es sich auf durchschnittliche Kneipenbesucher bezog, hatte er zweifellos recht.

Aus den vielen feinen Hotels, in denen Prey abstieg, nahm er immer etwas Briefpapier mit. Aber nicht etwa, um Briefe zu schreiben, denn das war ganz sicher keine Leidenschaft von ihm. Er verwendete die Blätter, um auf den Rückseiten seine Tagespläne zu notieren. Woche für Woche ein neues Blatt, säuberlich mit freihändig gezeichnetem Raster für die sieben Wochentage versehen. In all den Jahren mit ihm sah ich diese Blätter; er muss tausende davon beschrieben haben. Was wohl mit ihnen geschehen ist?

Preys Begeisterung für Papierwaren, Bleistifte, Radiergummis und Ähnliches kannte keine Grenzen. Der Besuch einer großen Papierhandlung in Tokyo war sicher einer der stärksten Eindrücke, die er von Japan mit nach Hause nahm, und mit einem elektrischen Bleistiftspitzer konnte ich ihm einmal eine große Freude machen. Wir verstanden uns in dieser Neigung auf das Beste.

Vielleicht mochte Prey mein Klavierspiel, aber richtig beeindruckt habe ich ihn mit meiner schönen Schrift. Die vielen Fehlerlisten, die ich für ihn aufschrieb, nahm er jedes Mal mit dem Ausdruck höchsten Entzückens entgegen, vor allem, weil sie so pedantisch säuberlich geschrieben waren, nehme ich an.

Prey war in allen Proben und Konzerten der Chef. Besonders wenn es sich um oft gesungenes Repertoire handelte, gab es nur eine Interpretationsmöglichkeit, nämlich seine. Es war praktisch unmöglich, mit ihm über eine andere Auffassung, ein anderes Tempo zu diskutieren. »Das ist nicht das Tempo«, durfte ich oft hören. Und erst gegen Ende unserer Partnerschaft wagte ich manchmal zu entgegnen: »Du meinst, es ist nicht *dein* Tempo!« Jedoch war er aufnahmebereit für jede Kritik, sofern es sich um falsch gelernte Töne, Textfehler oder rhythmische Ungenauigkeiten handelte; ja, er bat immer wieder darum, korrigiert zu werden. Dann trug er seine Fehler in die Noten ein, zuerst rot, im Wiederholungsfall blau und schließlich grün. Auf Reisen hatte er aber seine Noten nur selten dabei; der Erfolg dieser Maßnahmen hielt sich daher in Grenzen. So kam er dann auf die Idee der sogenannten »Fehlerlisten«, mehrere Blätter, auf denen immer wiederkehrende Fehler in einem Programm aufgelistet waren, säuberlich markiert mit Zeichen für Töne, Text oder Rhythmus. Feierlich legte Prey die Blätter dann irgendwann zu den betreffenden Noten – und sah sie vermutlich nie wieder an, denn geändert hat sich nur wenig. Da aber selbst die am häufigsten gesungenen Programme wie Schuberts oder Schumanns Zyklen immer wieder vor Konzerten geprobt wurden und nach wie vor Korrekturen erwünscht waren, gab es dann doch auch manchmal Verbesserungen. Dann sang

Prey mit dieser unmissverständlichen Drehung zu mir, als wollte er sagen: »Merkst du, wie konzentriert ich bin? Diesmal habe ich den uralten Fehler nicht gemacht!« Es war ein altes Spiel von ihm zu behaupten, er hätte diese oder jene Stelle schon immer so gesungen, und in all den Jahrzehnten hätte ihn niemand darauf aufmerksam gemacht. Das war ganz offensichtlich nicht die Wahrheit – wie ich zum Beispiel von Hokanson erfuhr –, aber vielleicht glaubte er es wirklich selbst.

Was seine Karriere betraf, blieb Prey ehrgeizig und rastlos bis zuletzt. Er beschwerte sich einmal bei seinem Sekretär Christian Lange, dass für den nächsten Herbst keine Liederabendangebote vorlägen. Lange erinnerte ihn daran, dass er in diesem Zeitraum mit Opernprojekten und Orchesterkonzerten völlig ausgebucht sei. »Aber das weiß doch niemand«, entgegnete Prey, »ich möchte gefragt werden, auch wenn ich dann nicht zusagen kann.« Er war wohl einer der letzten Liedsänger, der sich bei einer Tournee allen Ernstes darüber mokieren durfte, dass nicht alle zwölf oder fünfzehn Städte in perfekter geographischer Ordnung gereiht waren. Dass diese Epoche aber mit ihm zu Ende ging, war ihm sicherlich nicht bewusst.

Seit Tagen schon war das Plakat zu einem Liederabend im großen Konzerthaussaal in Wien mit einem leuchtend roten »Ausverkauft!« versehen. Trotzdem ging ich ins Kartenbüro, weil ich noch dringend eine Karte benötigte. »Was darf's denn sein? Parkett oder Balkon?« Ich war verblüfft: »Aber da steht doch ›ausverkauft‹?!« – »Nein, nein«, lächelte die Dame am Schalter, »der Herr Kammersänger hat das nur so gern!«

So sehr hatte er sich gewünscht, noch einmal im Leben etwas ganz Sensationelles zu machen, mit einem großen Paukenschlag seine Karriere zu beenden. Zu beenden? Nicht wirklich, denn an ein Ende konnte er kaum denken. Prey hatte keine Hobbys, kaum Freude an Kunst oder Sport und las nur wenig. Er liebte es zu wandern, und das konnten auch endlose Spaziergänge an einem Strand auf Hawaii sein oder 50 Blocks in Manhattan. Sein Desinteresse an anderen Sängern war erstaunlich: Nicht einmal in den von ihm gegründeten *Schubertiaden* war er bereit, sich mehr als ein paar Minuten einen jüngeren Kollegen anzuhören.

Als ich ihn einmal über seine Eindrücke von seinem Freund Fritz Wunderlich als Liedsänger fragte, behauptete er zu meiner Verblüffung, ihn nie in einem Liederabend gehört zu haben und auch keine Liedaufnahmen zu kennen.

Trotz dieses beinahe demonstrativen »Weghörens« blieb ihm der große Schatten Fischer-Dieskaus zeitlebens nur allzu sehr bewusst, verursachte sogar einen von ihm selbst eingestandenen Komplex. Er erzählte öfter, wie er als ganz junger Mann zum ersten Mal Dieskau mit der *Winterreise* gehört und das Gefühl bekommen hatte, es sei hoffnungslos, in diese Fußstapfen treten zu wollen. Nur vier Jahre war Dieskau älter, aber immer wieder schien er Prey einen Schritt voraus zu sein. Mit Dieskaus noch größerem Ruhm als Liedsänger konnte sich Prey nicht wirklich abfinden. Dabei erkannte er durchaus so manche Schwäche seines ungeliebten Kollegen und spottete über dessen »oberlehrerhaftes« Singen. Dass Prey selbst Qualitäten besaß, von denen Dieskau nur träumen konnte, schien ihm nicht so ganz bewusst zu sein oder es genügte ihm nicht. Man denke nur an Dieskaus *Papageno* oder stelle sich vor, wie er den *Barbier von Sevilla* gesungen hätte. Von Operetten oder Schlagern gar nicht zu reden! Aber Preys meiner Meinung nach wunderbar gelungene Ausflüge in diese Richtung brachten nicht immer den großen Erfolg. Besonders eine Platte mit dem Titelsong *My Way* oder deutsche Evergreens mit Paul Kuhn kamen zu einer Zeit, in der das Wort »Crossover« noch eher unbekannt war und man einem »seriösen« Sänger so etwas nicht gerne abgekauft hat.

Andere Ideen blieben in den Anfängen stecken wie eine Folge von Liedaufnahmen für das Fernsehen; eine »Münchhausen-Oper«, die Friedrich Cerha für ihn schreiben sollte, geriet nicht über Anfangsgespräche hinaus. Und es gab noch andere Träume, wie zum Beispiel einen Film zusammen mit Walter Matthau zu machen. Als wir einmal in New Orleans vom Flughafen in die Stadt fuhren, fragte Prey den Fahrer nach einem großen Gebäude an der Straße. Es war eine neue Mehrzweckhalle für zehntausend Menschen, die erst kürzlich von Frank Sinatra eingeweiht worden war. »Einmal im Leben so etwas zu machen!«, seufzte Prey. In einem gewissen Sinne war es typisch für seine Karriere, dass er einmal vor der Wahl stand, zum selben Zeitpunkt entweder den

Wozzeck zu singen oder den Professor Higgins in *My Fair Lady* – er konnte sich nicht zu einer Entscheidung durchringen, und am Ende wurde aus beiden Plänen nichts.

Mit allen großen Dirigenten hatte er zusammengearbeitet, aber niemand wäre wirklich an ihm interessiert gewesen, meinte er einmal. Weder Karajan noch Böhm noch Bernstein, von den Jüngeren gar nicht erst zu reden. Einzig Mitropoulos hätte mehr Interesse gezeigt, aber der war dann früh verstorben. Noch heute finde ich es erstaunlich, dass man bei einer derartigen Karriere unzufrieden sein kann. Aber er war es zweifellos immer wieder einmal.

Einer von Preys größten Träumen war wohl die *Schubertiade.* Die phantastische Idee, das Lied- und Kammermusikwerk von Schubert in der Chronologie seines Entstehens komplett aufzuführen, hatte ihn schon lange verfolgt, und Anfang der Siebzigerjahre war er überzeugt, in dem Städtchen Hohenems in Vorarlberg den richtigen Ort dafür gefunden zu haben. Nach einem geglückten Start kam es aber schon im zweiten Jahr zu großen Differenzen, und Prey zog sich aus dem Projekt zurück. Es folgten Versuche einer *Schubertiade* in London, New York und Tokyo, die alle über kurz oder lang scheiterten, nicht zuletzt deshalb, weil Prey kein großes Geschick im Durchziehen solcher Projekte hatte. Mit wichtigen organisatorischen Fragen beschäftigte er sich nicht gerne und überließ alles den Veranstaltern vor Ort, was meistens nicht gut ging. Letztlich gelang es ihm aber, den Musikverein in Wien dafür zu gewinnen, und seine *Schubertiade* fand schließlich dort statt. Im Abschlussjahr der alljährlichen *Schubertiaden* sang Prey im Großen Musikvereinssaal den *Schwanengesang*, nur wenige Monate vor seinem frühen Tod.

Die *Schubertiade* in Vorarlberg aber besteht bis heute und ist mit den beiden Standorten Schwarzenberg im Bregenzerwald und Hohenems das bedeutendste Lied- und Kammermusikfestival Europas. Ich bin sehr glücklich, dort jedes Jahr ein paar Konzerte zu spielen, und fühle mich dem Team der *Schubertiade* in ganz besonderer Weise stark verbunden.

Hermann Prey war für mich die wohl wichtigste künstlerische Begegnung in meinem Leben. Es waren sehr fruchtbare Jahre für mich mit vielen Höhen und einigen Tiefen. Ich habe viel von ihm gelernt und werde ihm dafür immer dankbar bleiben. Nicht zuletzt war er aber für mich auch der größte Lieferant an kleinen Anekdoten, von denen ich hier nur eine Auswahl niedergeschrieben habe. Zwei weitere möchte ich noch kurz erzählen:

Der Kulturbeauftragte der Stadt Leoben ist untröstlich: Er hat für das Essen nach dem Liederabend einen schönen Tisch im besten Restaurant der Stadt bestellt, und nun verhindert ihn eine nächtliche Gemeinderatssitzung, selbst an dem Essen teilzunehmen. Selbstverständlich würde alles bezahlt, und wir sollten auch wirklich nach Lust und Laune essen und trinken, und er bedauere es sehr, aber leider er selber ... die Pflicht ...« Prey unterbricht ihn strahlend: »Aber das ist doch der Idealfall!«

Große Begeisterung nach einem Liederabend in Graz. Die Chefin des Musikvereins, Frau Dr. Kaufmann, bestürmt Prey, für die kommende Saison wieder zuzusagen, und fragt nach Programm-Ideen. Als Prey die *Kerner-Lieder* und die *Dichterliebe* von Schumann vorschlägt, windet sich Frau Kaufmann etwas verlegen. »Ach, schade, Herr Kammersänger, ausgerechnet die *Dichterliebe* haben wir nächstes Jahr schon im Programm!« Worauf Prey, auf das liebenswürdigste lächelnd, meint: »Aber das macht doch gar nichts; die Leute können es ja auch einmal richtig hören!«

YUMIKO SAMEJIMA

Das Jahr 1980, in dem ich mein Debüt mit Hermann Prey erlebte, brachte noch eine andere große Wende in meinem Leben. Beim ARD-Wettbewerb in München hatte ich mich 1978 nach zwei Flötenbewerben endlich zum ersehnten Ziel, dem Gesangswettbewerb, »emporgearbeitet« und durfte 1980 ein zweites Mal der offizielle Begleiter sein. Als bereits »alter Hase« beim Wettbewerb genoss ich das Privileg, mir die Kandidaten selbst aussuchen zu können, für die ich spielen wollte. So las ich aufmerksam die Biographien in den Anmeldungen, und eine Japanerin, die bei Elisabeth Grümmer studiert und in Tokyo bereits große Opernrollen gesungen hatte, fiel mir besonders auf. Ihr Name war Yumiko Samejima, und bereits bei der ersten Verständigungsprobe war ich überzeugt, eine gute Wahl getroffen zu haben. Schnell stellte sich für mich heraus, dass sie unter all meinen Schützlingen die Beste war, und sie erreichte auch tatsächlich das Finale. Wie so oft bei Wettbewerben gab es ziemlich große Uneinigkeiten in der Jury; Yumiko bekam zwar von zwei der sieben oder acht Juroren die Höchstzahl an Punkten, aber es reichte nicht für einen der drei Preise. Die Gewinnerin damals war eine andere Japanerin, von der man selbst in ihrer Heimat später nie mehr etwas gehört hatte; das ist bei vielen großen Wettbewerben keine Seltenheit. Zwei Jahre später bekam den ersten Preis in München eine ebenso unbekannt gebliebene amerikanische Koloratursopranistin, während ein Mezzosopran, der erklärte Liebling des Publikums, sich mit dem zweiten Preis abfinden musste. Sie kam aus Schweden und hieß Anne Sofie von Otter.

Yumiko hatte ursprünglich vor, nach diesem Wettbewerb ihren vierjährigen Europa-Aufenthalt zu beenden. Sie bekam aber Angebote für einige Orchester-Konzerte und Liederabende und beschloss, vorläufig in Europa zu bleiben. Und vermutlich spielte ich in ihren Überlegungen dabei auch schon eine gewisse Rolle. Sie wohnte damals bei der gerade pensionierten Elisabeth Grümmer und war für sie wohl so etwas wie eine Mischung aus Studentin, Hausdame und Haushaltshilfe. Bei ein paar Besuchen lernte ich die reizende alte Dame kennen, die zu den Größten ihres Fachs gehört hatte, aber den Eindruck machte, als hätte sie es nie weiter gebracht als zu einer respektablen Kirchenchorsängerin auf dem Land. Es war nicht leicht, ihr ein paar Erinnerungen aus ihrer großen Karriere zu entlocken; sie blieb immer liebenswürdig und bescheiden und redete lieber von den Blumen ihres Gartens als über sich.

Yumiko bekam nach einem Engagement als Iphigenie am Ulmer Theater einen festen Vertrag. Ich wohnte ja schon eine Weile im benachbarten Augsburg, und so zogen wir schließlich zusammen. Von ihrer Rückkehr nach Japan war keine Rede mehr. Wir hatten vereinzelte Liederabende in Deutschland, Frankreich und in Japan, sie sang in ihrer Heimat auch Orchesterkonzerte und Opern, machte Gastspiele an anderen kleinen und mittleren Opernhäusern in Deutschland, aber nichts Spektakuläres zeichnete sich ab. 1984 heirateten wir.

Ein Mitarbeiter der japanischen Plattenfirma Columbia war ein glühender Verehrer von Yumiko und hatte seinen Vorgesetzten so lange in den Ohren gelegen, bis sie schließlich mit ihr einen Vertrag über zwei Aufnahmen machten: Eine Platte sollte die bekanntesten europäischen Lieder enthalten, die andere sogenannte »klassische« Lieder japanischer Komponisten, die ebenfalls sehr populär waren. Für die Begleitung war eine japanische Pianistin vorgesehen, die aber schwanger wurde, und ich bekam nach ihrer Absage den Job. Es gab für beide Aufnahmen nur fünf Tage, keine leichte Aufgabe bei einem Debüt, aber es lief alles gut. Die Startauflage der Platten lag bei 1 500, war aber schnell ausverkauft. Bei allen Nachpressungen geschah dasselbe, und besonders die Verkaufszahlen der japanischen Lieder schnellten unentwegt weiter in die Höhe, bis sie irgendwann die magische Zahl von 500 000 überschritten; Yumiko wurde auf einen Schlag eine Berühmtheit in Japan, und Columbia (in Europa: Denon) hatte den größten Verkaufserfolg aller Zeiten in der Klassikabteilung. Unzählige weitere Aufnahmen waren die Folge, und an Konzertangeboten gab es sehr bald mehr, als Yumiko bewältigen konnte. Es wurden Fanclubs gegründet, es gab viele Fernsehsendungen und Filme, Konzerte wurden noch am selben Tag wiederholt, weil das erste sofort ausverkauft war, Yumiko schrieb eine wöchentliche Kolumne in einer großen Tageszeitung und etliche Bücher, und wir wurden mehrmals am japanischen Kaiserhof eingeladen. Letztlich war ich ein Nutznießer ihrer immensen Popularität: Ich wurde gebeten, einige Artikel über meinen Beruf für eine Fachzeitschrift zu schreiben, auf die dann eine Anfrage für ein Fachbuch über Liedbegleitung folgte. Yumiko übersetzte mein Manuskript, das Buch erlebte bis heute viele Auflagen. Es ist, soweit mir bekannt, das einzige seiner Art.

Das Schönste aber waren die zahllosen Konzertreisen, die wir zusammen unternehmen konnten, und ich glaube, Japan in dieser Zeit besser kennengelernt zu haben als meine eigene Heimat. Mit Sicherheit jedoch habe ich in wesentlich mehr Städten in Japan gespielt als in Österreich und bedauere jeden der vielen in Japan auftretenden Kollegen, die nur die großen Metropolen kennen und vielleicht noch einige berühmte Touristenattraktionen wie Kyoto, Nikko und Nara. Landschaftlich ist Japan auch ein ganz großes Erlebnis, und die Vielfalt der knapp 2 000 Kilometer vom Süden Kyushus bis zum Norden Hokkaidos ist atemberaubend.

Hermann Prey hatte Yumiko bald kennengelernt, und als ich mit ihm eine Japan-Tournee machte, gab es ein Orchesterkonzert in Osaka, in dem die beiden zusammen sangen. In den nächsten Jahren folgte ein gemeinsames Konzert mit Bernd Weikl, dann eine Tournee mit Bo Skovhus, bei der das *Italienische Liederbuch* auf dem Programm stand, ein Konzert mit Peter Schreier als Dirigent und schließlich noch einige Konzerte mit dem jungen Jonas Kaufmann.

Prey schwärmte immer wieder öffentlich von der Frau seines Begleiters, von der solche Mengen an Aufnahmen in den Läden standen. Gelegentlich erkundigte er sich nach den Verkaufszahlen, an denen meine Frau ein fast demonstratives Desinteresse bekundete, aber ich sagte ihm, dass ich nur wisse, dass die Verkaufszahl der aufgenommenen CDs eine Million bereits weit überschritten hatte, und er war auf beinahe komische Art darüber sehr erfreut.

Diese Haltung war aber bei Prey die ganz große Ausnahme. Nicht nur war er der Überzeugung, mich nach jedem »Fremdgehen«

mit einem anderen Sänger wieder zurechtstutzen und in die richtigen Bahnen zurückleiten zu müssen, er war geradezu eifersüchtig oder fühlte sich bedroht, wenn ein etwas prominenterer Name in meinem Lebenslauf auftauchte. So kam er vor einem Konzert mit dem Programmheft in der Hand zu mir in die Garderobe, wies auf die bescheidenen paar Zeilen meiner Biographie und sagte empört: »Wie komme ich eigentlich dazu, für Werner Hollweg Reklame zu machen?« Nun war Hollweg zwar ein recht bedeutender Mozart-Tenor, aber mit Sicherheit keine karrierebedrohende Konkurrenz für Prey.

Yumikos Karriere war jedoch im Wesentlichen auf Japan beschränkt, so dass sie ihn nicht weiter störte. Für etliche Jahre war mein Kalender mit nur zwei Sängernamen so ziemlich gefüllt: Prey und Yumiko machten etwa drei Viertel aller meiner Konzerte aus, und das waren in den stärksten Jahren etwa 120. Daneben gab es vereinzelt auch andere Liederabende, aber vor allem immer noch recht viel Kammermusik.

Ich durfte mich wirklich glücklich schätzen, mit zwei wunderbaren Sängern so viele Konzerte und Aufnahmen machen zu können. Alle Konzertreisen zusammengenommen, verbrachte ich lange Zeit mindestens ein Viertel des Jahres in Japan, und mit Prey gab es Konzerte in aller Welt. Aber manchmal beschlich mich schon der Gedanke, dass meine Karriere als Liedbegleiter im Grunde nur auf zwei Säulen ruhte. Und an deren Stabilität durfte ich durchaus zweifeln. Gerade in Japan war es nicht selten, dass eine sehr rasch zur Berühmtheit aufgestiegene Künstlerpersönlichkeit nach einigen Jahren ebenso rasch wieder von der Bildfläche verschwand. Prey war bereits in seinen Fünfzigern. Und hatte auch noch einen weiteren Partner am Klavier.

Yumikos Beliebtheit beim Publikum hielt jedoch unvermindert an, sie war keines dieser vielen schnell verglühenden Sternchen in der japanischen Musikwelt. Ikuma Dan, der Komponist der vielleicht erfolgreichsten japanischen Oper *Yuzuru*, wollte ausschließlich sie in der Hauptrolle, die vielen Konzerte blieben bestens besucht, und die Plattenfirma produzierte eine Aufnahme nach der anderen. Wir nahmen Lieder von Schubert, Schumann, Brahms, Mozart, Liszt, Dvořák oder Mahler auf und auch zahllose japanische Lieder; sie sang Wiegenlieder und Weihnachtslieder,

Opernarien und französische Chansons, Filmmusik, amerikanische Schlager, Operetten, einfach alles. Es gab ausgedehnte Tourneen mit einem Kammerensemble, das ich vom Klavier aus leitete, zahllose Arrangements hauptsächlich japanischer Lieder wurden dafür geschrieben und Yumiko geriet mit der Zeit zu einer Ikone der japanischen Vokalmusik. Bei allen Konzerten wurden ihre mittlerweile mehr als 70 CDs verkauft, ein System, das damals in Europa noch nicht üblich war, und die Warteschlangen der Autogrammjäger nach dem Konzert wurden dadurch noch erheblich länger.

Andere Plattenfirmen versuchten, den überraschenden Erfolg der japanischen Lieder mit ihren Sängern zu kopieren, und selbst Popgruppen begannen damit, einige der bekanntesten auf ihre Art zu präsentieren. Yumikos Karriere aber blieb konstant, und schließlich überdauerte sie auch unsere gemeinsame Zeit. Nach rund zwanzig Jahren trennten sich unsere Wege. Yumiko ging nach Japan zurück, wo sie nach wie vor gelegentlich auftritt und enge Beziehungen zum Kaiserhaus pflegt.

JOSEF PROTSCHKA

Dem deutschen Tenor Josef Protschka begegnete ich Mitte der Achtzigerjahre beim kleinen Musikfestival *Bad Uracher Herbsttage*, dessen künstlerischer Leiter Hermann Prey war. Wir machten dort ein Konzert mit Vokalensembles und verstanden uns auf Anhieb sehr gut. Protschka war ungefähr so alt wie ich, als Sänger aber noch recht jung: Er hatte Philosophie und Germanistik studiert und bereits eine feste Stellung in der Erwachsenenbildung, als er anfing, ernsthaft Gesang zu studieren. Erst mit 32 Jahren erhielt er sein erstes festes Engagement in Gießen, kam dann bald an die Oper Köln und sang in weiterer Folge an vielen großen Opernhäusern wie der Wiener Staatsoper, der Mailänder Scala, in Covent Garden oder bei den Salzburger Festspielen. Bald entstand der Plan, gemeinsam *Die schöne Müllerin* aufzunehmen, und wir begannen zu proben. Zunächst ging alles gut, aber bei einem bestimmten Lied in der Mitte des Zyklus *(Pause)* wollte Protschka ein so extrem langsames Tempo, dass ich protestierte. Es war eine lange Auseinandersetzung, bei der mir der Tenor mit vielen Worten den Grund dafür darlegte; er beschrieb mir die Seelenlage des Müllerburschen aus seiner Sicht und versteifte sich zuletzt sogar auf die ursprüngliche Bedeutung des Wortes »ziemlich«. »Ziemlich schnell« steht nämlich über dem Lied, das er so langsam singen wollte. Und »ziemlich« käme ursprünglich von »geziemend«, dozierte der Germanist. Also wie es den Worten, dem Inhalt, kurz: der Gemütslage »geziemt«. Und das wäre seiner Meinung nach eben recht langsam. Diesem Schwall von Argumenten war ich einfach nicht gewachsen und gab am Schluss klein bei. Aber dass ich nicht so recht glücklich war, muss man mir wohl deutlich angesehen haben, und wie ich viel später erfuhr, rief Protschka nach dieser ersten Probe seinen Agenten an und meinte, die Aufnahme mit mir würde wohl nicht klappen, aber er wolle noch einen Versuch machen.

Bei den weiteren Proben dürften wir einander aber dann doch wieder nähergekommen sein, die Aufnahme fand jedenfalls statt. Allerdings unter ungewöhnlichen Bedingungen: Eine Umfahrungsstraße mit einer Steigung führte ganz nahe am Saal der Aufnahme vorbei, und bis in die späten Abendstunden schien jeder Lkw-Fahrer mit Vorliebe dann zu schalten, wenn er gerade ganz dicht an unserem Saal war. So fanden die Aufnahmen schließlich zwischen Mitternacht und drei Uhr morgens statt, eine besonders für den Sänger äußerst extreme Situation, die aber Protschka mit eisernem Willen und höchster Konzentration souverän bewältigte. Ein solches Abenteuer schweißt natürlich zusammen, und ich glaube, nach diesen Aufnahmen konnte man uns getrost als gute Freunde bezeichnen. Dieses schöne Einvernehmen setzte Protschka allerdings bald darauf wieder aufs Spiel: Nachdem wir die erste Schnittfassung zur Kontrolle bekommen hatten, rief er mich an und sagte, wir müssten die letzten beiden Lieder leider noch einmal aufnehmen. Warum? Weil sie zu schnell sind, meinte er. »Unter diesen Bedingungen möchtest du zwei Lieder noch einmal aufnehmen, weil sie dir nicht langsam genug sind?« Ich konnte es nicht glauben, aber er blieb dabei. »Auf dem Podium hat immer der Sänger recht«, ist ein vielleicht leicht übertriebener Spruch, den man sich aber als Begleiter am besten hinter die Ohren schreibt, besonders, wenn man in seiner Karriere noch nicht allzu weit gekommen ist. Und wenn es für das Podium gilt, dann mehr noch für Aufnahmen. Wir nahmen also die beiden letzten Lieder nochmals auf, und sie sind in der langen Plattengeschichte der *Schönen Müllerin* wohl die langsamsten aller Zeiten. Was aber einigen Kritikern besonders gut gefiel und dem Erfolg dieser ersten gemeinsamen Liedaufnahme keinen Abbruch tat.

Ich habe diesen Tempofragen so viel Raum gegeben, weil sie ganz außergewöhnlich waren. Eine so hitzig ausgefochtene Debatte um ein extremes Tempo habe ich sonst kaum mehr erlebt, auch mit Josef Protschka nicht mehr. Von einer einzigen Ausnahme wird später noch zu berichten sein. Meinungsunterschiede zu Tempofragen sind aber ganz normal und bilden wohl die häufigste Ursache für Konflikte zwischen Musikern. Da kann es um Nuancen gehen oder um wirklich radikale Divergenzen. Manche
 Sänger sind in diesem Punkt überaus sensibel, andere durchaus

großzügig mit der Bandbreite des für sie Möglichen. Es geht ja dabei auch nicht nur um musikalische Vorstellungen, sondern vielleicht öfter noch um technische Gründe. Und es ist wohl klar, dass ein bestimmtes Lied wie zum Beispiel Schuberts *Die Forelle* für einen leichten hohen Sopran und für einen schweren Bass nicht dasselbe Idealtempo haben kann. Als Liedbegleiter, der mit verschiedenen Stimmgattungen und noch weit mehr mit den unterschiedlichsten Temperamenten zu tun hat, ist man jedenfalls gut beraten, wenn man flexibel bleibt und sich auf verschiedene Vorstellungen einlassen kann. Und die sind, wie gesagt, im Allgemeinen nicht extrem und gehören einfach zum Berufsbild eines Begleiters. Es führen ja viele Wege nach Rom!

Es kam zu weiteren Aufnahmen mit Liedern von Mozart, Mendelssohn und Schumann und natürlich auch zu immer mehr Liederabenden. Ich profitierte viel von Josefs ungemein großem literarischen Wissen und von seinem feinen Sprachgefühl. Im Unterschied zu Prey, aber auch zu vielen anderen Sängern, mit denen ich später zu tun hatte, wurde in den Proben viel geredet und besprochen. In meiner Erinnerung redete aber vor allem der Sänger. Er hatte immer etwas zu sagen, und ich hörte gerne zu. So etwas ist nicht immer nur produktiv, aber von Josef lernte ich eine ganze Menge über Texte und Ausdrucksmöglichkeiten. Unvergesslich ist mir seine Kunst geblieben, einfache Lieder mit vielen Strophen unterschiedlich zu gestalten und so spannend zu machen, dass man manchmal selbst nach sechs Strophen fast enttäuscht war, dass das Lied schon vorbei ist. Darin blieb er für mich unübertroffen.

Mag sein, dass es mit seinem späten Start als Sänger zu tun hatte, möglicherweise auch mit der so steil ansteigenden Karriere und mit seiner Ungeduld, die Leiter bis zur obersten Sprosse zu erklimmen – Josef Protschka wirkte wie ein Getriebener und konnte bei Angeboten schwer »Nein« sagen, das vielleicht wichtigste Wort in der Laufbahn eines Sängers. Während eines Liederabends beim *Schleswig-Holstein Musik Festival*, der vom Fernsehen aufgezeichnet wurde, versagte mehrere Male seine Stimme, und was zunächst als temporäre Erschöpfung angesehen wurde, blieb eine dauerhafte Krise, von der er sich nicht mehr restlos erholen sollte. Zwar konnte er später wieder singen, aber mit der großen

Karriere war es vorbei. Ich höre manchmal seine wunderbaren Aufnahmen mit leiser Wehmut und mit schönen Erinnerungen an die gemeinsame, viel zu kurze Zeit.

Protschka war der einzige bedeutende gleichaltrige Sänger in meinem Leben, er war aber vor allem der einzige Sänger, der offiziell während meiner Prey-Jahre viel mit mir auftrat; in Preys Augen war er noch am Anfang und außerdem ein Tenor – ein weiterer »mildernder« Umstand. Die Eifersucht Preys auf alles, was singt, war oft deutlich zu erkennen, aber es wurde nie etwas konkret ausgesprochen; manches verstand sich eben einfach von selbst, vor allem, dass andere Baritone für mich tabu waren.

Und dann kam das Jahr 1989. Wie auf ein Kommando gab es plötzlich folgende neue Sänger für mich: Peter Schreier (Tenor), Olaf Bär, Bo Skovhus und Bernd Weikl (Bariton), Hans Sotin (Bass) und Brigitte Fassbaender (Mezzosopran). Es war klar, dass die drei Baritone die wichtigste Entscheidung für mich bedeuteten. Würde ich diese Möglichkeiten wahrnehmen, wären meine Tage mit Prey gezählt, das stand so gut wie fest. Aber ich zögerte keinen Augenblick und fühlte mich auch nicht schuldbewusst, als ich allen drei zusagte. Es ging ja um meine Zukunft, und Prey hatte niemals daran gedacht, exklusiv nur mit mir aufzutreten. Und schließlich musste ich ihm ja auch nicht gleich alles beichten. Es ging aber sogar erstaunlich lange gut, und manchmal kam es zu Konstellationen, die ich heute mit Verwunderung in meinen Kalendern entdecke:

Januar 1991:
7. London, Olaf Bär
8. Paris, Hermann Prey
11. London, Hermann Prey
13. Brüssel, Josef Protschka
15. Paris, Bo Skovhus
16. Frankfurt, Hermann Prey

Goldene Zeiten noch ohne Internet! Aber irgendwann im Jahr 1992 war es mit dem Versteckspiel zu Ende. Prey hatte Wind von meinen »Nebenbeschäftigungen« bekommen und stellte mich zur

Rede. Natürlich vertrat er die Meinung, ich hätte ihm das alles sagen müssen. Aber das hätte natürlich nichts geändert. Es war kein angenehmes Gespräch. Der ausschlaggebende Sänger war zweifellos Olaf Bär, der damals im Liedfach eine führende Rolle spielte; Bernd Weikl war dagegen mehr Opernsänger und Bo Skovhus ein gerade dem Ei entsprungenes Küken, jedenfalls in Preys Augen. Es gab nach diesem Gespräch nur noch einen einzigen Liederabend 1993 mit Prey. Der war schon lange vereinbart, und immerhin stand Prey dazu, er hätte ihn auch ohne Weiteres mit jemand anderem machen können, mit solchen Umentscheidungen hatte er niemals Probleme gehabt. Es war eine *Winterreise*, an die ich mich im Detail nicht mehr erinnere. Wohl aber an die Atmosphäre, die nicht die allerschönste war.

Prey starb 1998, erst 69 Jahre alt, und noch bis kurz vor seinem plötzlichen Tod hat er gesungen. Ein Leben ohne Gesang hatte er sich ja auch nicht vorstellen können.

OLAF BÄR

Ausgerechnet die britische Agentin von Hermann Prey für England, Diana Mulgan, hat mich mit Olaf Bär zusammengebracht. Bär hatte als Fünfundzwanzigjähriger einen Wettbewerb in London gewonnen, und mit dem Preis war ein Liederabend in der Wigmore Hall verbunden, bei dem ihn Geoffrey Parsons, Mitglied der Wettbewerbsjury, am Klavier begleitete. Damit begann eine Partnerschaft, die bis zu Parsons Tod 1995 anhielt. Ich hatte nie damit gerechnet, Konzerte von einem Sänger angeboten zu bekommen, der mit dem damals führenden Liedbegleiter auftrat, und freute mich ungemein. Die ersten Konzerte standen allerdings unter keinem guten Stern, denn Bär hatte gerade eine ernsthafte Stimmkrise, von der er sich nur langsam erholte. Als er dann aber zu seiner alten Form zurückgefunden hatte, gab es viele Liederabende mit mir, aber nach wie vor auch mit Parsons, und eines Tages kam überraschend die Einladung zu einer ersten gemeinsamen Aufnahme. Olaf Bär setzte Geoffrey Parsons davon in Kenntnis, der völlig gelassen darauf reagiert haben soll, was mich irgendwie erleichterte. Es gab also doch nicht nur Eifersucht und Konkurrenzneid in diesem Beruf.

Bär hatte einen Exklusivvertrag mit EMI und war bereits ein »alter Hase« bei Aufnahmen. Die fanden fast alle in der Abbey Road in London statt, und ich wunderte mich am ersten Tag über die vielen japanischen Touristen, die dort die Straße, die gänzlich unspektakulären Tonstudios und sogar einen Zebrastreifen fotografierten. Erst später fand ich heraus, dass in diesen Studios viele Aufnahmen der Beatles entstanden waren, die sogar ein Album nach der Straße benannt haben und das Coverfoto dafür auf eben jenem Zebrastreifen machen ließen. Olaf Bär und unser Aufnahmeleiter David Murray waren ein gut eingespieltes Team, die Atmosphäre im Studio war entspannt, es wurde konzentriert und ganz ohne Druck gearbeitet, und ich hatte bis dahin noch niemals einen so kompetenten Aufnahmeleiter erlebt. Der auch ganz gelassen blieb, wenn es zu kritischen Situationen kam. Olaf, der ein Muster an Liebenswürdigkeit und Charme sein konnte, verlor manchmal komplett die Nerven, wenn etwas längere Zeit nicht so glückte, wie er sich das vorstellte. Dann wurden Notenblätter zerknüllt und auf den Boden geworfen, und ich hielt den Atem an, weil ich mir nicht vorstellen konnte, wie es weitergeht. Aber meist hörten diese Anfälle nach kürzester Zeit auf, und alles war wieder wie vorher. Auf dem Konzertpodium passierte allerdings nie etwas Ähnliches.

Olaf war als Knabe im berühmten Dresdner Kreuzchor gewesen und hatte eine erstklassige musikalische Ausbildung genossen. Sein Singen bestach durch den schmeichelnd warmen Stimmklang, durch einen sehr farbenreichen, lebendigen Vortrag und eine makellose Diktion. Zwar plagte er sich ungewöhnlich lange mit dem Auswendiglernen textreicher Lieder, aber wenn er dann eine große Ballade wie zum Beispiel *Die Bürgschaft* in der Vertonung von Schubert vortrug, war er ein mitreißender Gestalter, der die Zuhörer begeistern konnte. Wir hatten mit der Zeit sehr viel des üblichen Repertoires im Programm und konnten auch einiges davon aufnehmen, aber die vielleicht größte Freude hatte ich mit der Aufnahme unbekannter Lieder berühmter Opernkomponisten wie Engelbert Humperdinck, Wilhelm Kienzl oder Otto Nicolai. Aber auch der wichtigste deutsche Opernkomponist zwischen Carl Maria von Weber und Richard Wagner war vertreten: Heinrich Marschner, von Schumann, Mendelssohn, aber auch von Wagner hochgeschätzt, ist heute fast vergessen. Jedoch findet man unter seinen etwa 400 (!) Liedern einige Perlen, die auch heute noch faszinieren können. Diese, fast könnte man sagen »archäologische« Suche nach vergessenen Liedern hat mich immer wieder begeistert, und ich bedaure es ein wenig, ihr nicht viel mehr Zeit gewidmet zu haben. Zweifellos sind manche Liedkompositionen – und besonders auch ihre Texte – einem bestimmten Zeitgeist stark verhaftet und nicht wiederzubeleben. Oft aber lohnt die Mühe, sich durch reiches Material zu arbeiten und dann wahre Schätze zu entdecken, wie mir das zum Beispiel bei Marschner gelungen scheint.

Die negativste Erinnerung habe ich an eine Aufnahme des *Italienischen Liederbuchs* von Hugo Wolf. Peter Alward, der Chef der EMI, überraschte Olaf und mich eines Abends beim Essen nach einem Konzert in London mit der Ankündigung, er möchte diese Wolf-Lieder von uns eingespielt haben, und die Wahl der weiblichen Sängerin hätte er auch schon getroffen: Dawn Upshaw. Wir waren beide hin- und hergerissen: Denn so reizvoll wir das Projekt auch fanden, über die Sängerin waren wir nicht glücklich. Dawn Upshaw war eine Amerikanerin, die durch eine Aufnahme der 3. Symphonie von Henryk Górecki zu einer gewissen Popularität gelangt war. Es gab keine Aufnahmen mit deutschem Repertoire von ihr, und wie sich herausstellen sollte, sprach sie auch kein Wort Deutsch. Besonders bei einem so stark textbezogenen Liedkomponisten wie Hugo Wolf waren das die denkbar schlechtesten Voraussetzungen. Die Wahl war also eindeutig nicht aus künstlerischen Gründen getroffen worden. Peter Alward versuchte, unsere Bedenken zu zerstreuen: Es würden vor der Aufnahme mehrere Liederabende arrangiert, und am Ende würde es eine wunderbare Produktion werden. Und wir ließen uns beruhigen. Aber bis auf einen einzigen Liederabend, den allerletzten, sagte Dawn Upshaw alle Konzerte kurzfristig ab, weil sie noch nicht genügend vorbereitet war, und die Aufnahme geriet zu einem Martyrium für unseren Aufnahmeleiter David Murray und natürlich auch für mich. Der Sprachcoach bei der Aufnahme hatte alle Hände voll zu tun, um die ärgsten Schnitzer der Sängerin auszumerzen, und es konnten immer nur kleine Abschnitte in unzähligen Wiederholungen aufgenommen werden, bis sie von der Aussprache her einigermaßen in Ordnung waren; das Zusammenstückeln der vielen kleinen Scheibchen war dann eine mühsame Geduldsprobe für David. Ein Projekt, das nur mit Blick auf den kommerziellen Erfolg geplant war und gründlich danebenging.

Eine ganz unerwartete Krise gab es bei einer anderen Aufnahme, einem Mitschnitt eines Konzerts beim *Edinburgh Festival*. Auf dem Programm standen die *Liebesliederwalzer* von Johannes Brahms mit Barbara Bonney, Anne Sofie von Otter, Kurt Streit und Olaf Bär. Mein Klavierpartner bei der vierhändigen Begleitung war Bengt Forsberg, den Frau von Otter mitgebracht hatte. Er war ihr ständiger Begleiter. Zwei Menschen, die gemeinsam Musik machen, sollten sich musikalisch sehr gut, aber auch menschlich einigermaßen verstehen. Das gilt für Pianisten in besonders hohem Maße, weil das gemeinsame Spiel auf einem Klavier extrem heikel ist, was Timing und Dynamik betrifft. Mit Bengt Forsberg gab es vom ersten Moment nichts als Schwierigkeiten, sowohl musikalische als auch menschliche, und auch die Atmosphäre unter den Sängern war alles andere als entspannt. Der Abbruch des ganzen Projekts hing sogar mehr als einmal an dem berühmten seidenen Faden. Die negativen Umstände dieser Produktion waren so belastend, dass ich noch lange Zeit später, als von derselben Agentur wieder eine Anfrage für die *Liebesliederwalzer* kam, sofort ablehnte, bis man mir sagte, der zweite Pianist stehe noch nicht fest, und ich könne ihn selbst aussuchen. Letztlich kamen dann doch Konzert und Mitschnitt zustande, und offenbar spürt man nichts von der negativen Stimmung während der Aufnahme. Aber ich musste schon schmunzeln, als ich in einer Kritik die Bemerkung las, wie sehr man dem Mitschnitt die wunderbare Stimmung unter den sechs Musikern anmerke.

Olaf war in der DDR aufgewachsen, und ich lernte viel von ihm über die Lebensumstände bis zur Wende 1989 in seiner Heimat, auf die er sehr stolz war. Immer wieder kam die Rede auf die schreckliche Zerstörung Dresdens, und ich erinnere mich gut an die bewegende Stunde, in der er mir einen Film von einer Fahrt durch die Stadt zeigte, der vor dem Krieg aufgenommen worden war. Olaf hatte zwar keine Probleme, die Ausreisegenehmigung zu Konzerten oder Opernengagements zu bekommen, aber abgesehen von den Städten, die er auf diese Weise kennenlernte, hatte er noch nicht viel von Westeuropa gesehen. Landschaften wie das Salzkammergut begeisterten ihn sehr, und eines Tages erzählte er mir die Geschichte von der ostdeutschen Gruppe, die bei prachtvollem Wetter mit der Seilbahn auf den Schafberg am Wolfgangsee hinauffuhr. Auf dem Gipfel angelangt, hat man einen überwältigenden Blick auf die Alpen, und die Leute standen staunend und schweigend, bis sich einem von ihnen der Ausruf entrang: »Mensch, haben die uns beschissen!« Ich glaube, in Olaf steckte oft eine gute Portion dieses Unmuts.

Er war ein sehr angenehmer Reisegefährte und wir hatten großen Spaß, am Abend in einer fremden Stadt nach einem Restaurant zu suchen, das uns beiden gefiel. Wir hatten auch in dieser Beziehung einen ähnlichen Geschmack wie in der Musik.

Während der Aufnahmen in London mieteten wir zusammen eine Wohnung, und Olaf entpuppte sich als ein geschickter Koch. Auch an langen Abenden ging uns nie der Gesprächsstoff aus. Olaf meinte zwar immer wieder, dass ich so viele Geschichten zu erzählen wüsste, aber er stand mir in keiner Weise nach. Er erzählte viel von seiner Zeit im Kreuzchor oder von seiner einzigen Unterrichtsstunde mit Peter Schreier, in der er das Mendelssohn-Lied *Auf Flügeln des Gesanges* gesungen hatte. Die letzte Strophe beginnt mit den Worten »Da wollen wir niedersinken unter dem Palmenbaum«, und Schreiers einziger Kommentar zu dem Lied bestand darin, dass er seinem jungen Kollegen immer wieder sagte: »Das musst du dir ganz genau vorstellen, dieses Niedersinken unter einem Palmenbaum, zusammen mit einem Mädchen natürlich ...«

Viele Musiker haben einen Talisman bei sich oder zum Beispiel ein Foto im Geigenkasten, einige sammeln auch. Ich hatte lange Zeit den Tick, einen sogenannten Souvenir-Löffel in jeder Stadt zu erwerben, in der ich zum ersten Mal ein Konzert spielte. Die Suche nach so einem Löffel gestaltete sich manchmal recht schwierig, war aber selbstverständlich in typischen Touristenstädten kein Problem. Die vielen hundert Löffelchen, fast wertlos und oft recht kitschig, wurden in einer Sammlervitrine auf Samt aufbewahrt, und ein langes Verzeichnis gab Auskunft über den Bestand. Die meisten meiner Sänger lächelten etwas abfällig über diese Leidenschaft, aber Hermann Prey und Olaf Bär waren davon sehr angetan. Und wenn mich Olaf anrief, um mich zu einem Konzert in einer »neuen« Stadt einzuladen, sagte er oft: »Ich glaube, es ist eine ›Löffelstadt‹!« Ich habe sie nicht gezählt, aber in den vielen Jahren unserer Zusammenarbeit gab es ganze Menge Löffelstädte.

BRIGITTE FASSBAENDER

In den frühen Siebzigerjahren hatte mir Irmgard Seefried von einer jungen deutschen Mezzosopranistin vorgeschwärmt, mit der sie an der Volksoper in Wien in einer gemeinsamen Produktion zusammen auf der Bühne stand. Die müsse ich unbedingt einmal kennenlernen, sie sei etwas ganz Besonderes. Es hat nicht lange gedauert, bis der Name jedem Musikliebhaber ein Begriff wurde.

Brigitte Fassbaender machte eine ganz große Karriere auf der Opernbühne und im Konzert. Persönlich lernte ich sie erst recht spät kennen, als sie für ein paar Jahre als Gesangslehrerin meine Kollegin an der Musikhochschule in München wurde. Wir sahen einander manchmal in der Kantine, aber zu einem Kontakt kam es erst, als sie mich eines Tages fragte, ob ich ihr vielleicht ein paar Tschaikowsky-Lieder empfehlen könnte. Ich kam gut vorbereitet zu dem Treffen in irgendeinem Klassenzimmer und spielte ihr mit großer Hingabe eine Auswahl dieser von mir sehr geliebten Lieder vor. Ich konnte nicht ahnen, dass ich damit auf gewisse Weise eine Art »Probespiel« gemacht hatte. Kurze Zeit darauf wurde ich gefragt, ob ich gemeinsam mit ihr einen Liedkurs und zwei Liederabende beim *Schleswig-Holstein Musik Festival* machen möchte. Ein gemeinsames Unterrichten kann sehr spannend und animierend sein, aber die wichtigste Voraussetzung für ein gutes Gelingen fehlte in diesem Fall: Wir kannten einander ja so gut wie gar nicht! Und so saß ich dann etwas eingeschüchtert neben der wortgewaltigen Fassbaender im Saal, der übervoll von ihren Verehrern war, lauschte gebannt ihren Ausführungen, bis sie mich plötzlich anfuhr: »Ja, jetzt sagen Sie doch auch einmal was!« Ich versuchte es, kam aber nicht sehr weit: »Da bin ich aber ganz anderer Meinung«, tönte es laut neben mir, und das Publikum amüsierte sich köstlich. Natürlich gab es auch friedlichere Momente voller Übereinstimmung, aber ich konnte mich mit der ganzen Situation nicht so recht anfreunden und litt in den ersten Tagen sehr. Ganz anders waren die Proben für die bevorstehenden

Liederabende. Es gab natürlich den einen oder anderen Wunsch von Seiten Fassbaenders, aber kaum Kritik, so dass ich – gewöhnt an den ständig dazwischenfahrenden Prey – einmal nachfragte, warum sie denn nichts zu meinem Spiel zu sagen hätte. Ganz liebenswürdig kam von ihr: »Machen Sie sich keine Gedanken, wenn mir etwas nicht gefällt, sag ich's schon!«

Sie war die erste bedeutende Sängerin, die einen ganz offenen Flügel nicht nur akzeptierte, sondern energisch verlangte, selbst als ich einmal bei einem sehr knalligen Instrument Bedenken bekam. Es war ein Mahler-Konzert in Kassel, und Brigitte ließ nicht mit sich reden. »Der Flügel bleibt offen, und wenn du laut bist, dann bist du eben laut!«

Vom ersten Moment an war ich förmlich gebannt von der ungeheuren Intensität und Leidenschaft dieser Sängerin. Selbst stimmliche Ausbrüche, die mir mitunter auf manchen Einspielungen nicht so sehr gefallen hatten, machten viel mehr Sinn, wenn man sie in natura miterlebte. Da war keine Selbstdarstellung oder Kraftprotzerei im Spiel, wenn es zum Beispiel am Ende eines der *Vier ernsten Gesänge* von Brahms heißt: »... und des Bösen nicht inne wird, das unter der Sonne geschieht.« Trotz des vorgeschriebenen piano sang die Fassbaender das mit allergrößter Kraft und gewissermaßen wütend, wie eine Anklage an die Menschheit; es zog einem förmlich den Boden unter den Füßen weg. Sie konnte aber auch ganz entschieden die Phantasie anregen: Die monotone Drehbewegung im Klavierpart des berühmten *Gretchen am Spinnrade* von Schubert gefiel ihr nicht. »Das klingt so munter«, meinte sie. Ich soll mir doch das Gretchen in einer niedrigen Kammer vorstellen, der Raum ist von einem herannahenden Gewitter schwül und dunkel, es herrscht eine ganz bedrückte Stimmung. Nun kann ich nicht behaupten zu wissen, wie man »schwül und dunkel« spielt, aber oft helfen solche bildlichen Vorstellungen tatsächlich, um eine bestimmte Atmosphäre zu erzeugen.

Während dieser Kurstage gab es fast jeden Abend ein kleines Vorsingen von Leuten, die von Brigitte Fassbaender eine Beurteilung ihres Könnens oder einen Ratschlag erbettelten. Fast immer sagte sie dann sehr offen ihre Meinung, und besonders ein Fall ist mir noch in Erinnerung: Eine junge Dame hatte recht hübsch gesungen, und Brigitte fragte sie, was sie denn für eine Frage hätte.

Die junge Frau hatte Psychologie und Gesang parallel studiert und wusste nun nicht, ob sie Psychologin oder Sängerin werden sollte. »Wenn Sie so etwas fragen«, meinte Fassbaender, »liegt die Antwort auf der Hand: Sie sollten Psychologin werden! Denn um eine Berufssängerin zu werden, muss man dafür brennen und hat keine Alternativen mehr im Kopf. Mit Ihrer Frage haben Sie sich die Antwort schon selbst gegeben.«

Ich habe mit Brigitte Fassbaender einige Liederzyklen gestaltet, die lange Zeit für Frauen tabu gewesen waren: *Winterreise*, *Schwanengesang*, *Dichterliebe* oder *Vier ernste Gesänge*. Aufgewachsen in einer Epoche, in der so etwas völlig undenkbar gewesen ist, habe ich mich aber überraschend schnell daran gewöhnt. Ja, ich möchte sogar behaupten, dass man nach wenigen Liedern der *Winterreise* gar nicht mehr in den Kategorien »Mann« und »Frau« dachte, wenn man die Fassbaender hörte; es war einfach das Schicksal eines Menschen, nicht mehr und nicht weniger.

Es war erstaunlich, wie scheu im Grunde eine so berühmte, erfolgreiche Sängerin sein konnte, die auch vor Auftritten manchmal richtig nervös und angespannt war. Einerseits war ihr der Ausdruck, das Wort, das Vermitteln einer Botschaft das wohl Wichtigste am Singen überhaupt, andererseits wollte sie möglichst viel Abstand zum Publikum haben. Der Saal sollte völlig abgedunkelt sein, damit sie die Leute nicht sehen konnte. Und als einmal bei den Vorbereitungen zum Konzert im *Carinthischen Sommer* weitere Sitzreihen eingeschoben werden sollten, weil der Liederabend völlig ausverkauft war, protestierte sie energisch. Es käme überhaupt nicht infrage, dass die Leute so nahe säßen. »Die müssen mir ja nicht in den Mund schauen können!«

In der Mitte des 19. Jahrhunderts wurde die Bahnstrecke Köln–Bonn bis nach Remagen erweitert und der neue Endbahnhof Rolandseck mit einem pompösen Empfangsgebäude ausgestattet, das für Konzerte und gesellschaftliche Ereignisse diente und bald zu einem beliebten Treffpunkt am Rhein für Prominenz jeder Couleur wurde. Kaiser Wilhelm II., Otto von Bismarck, George Bernard Shaw, Friedrich Nietzsche, Johannes Brahms oder Franz Liszt waren hier zu Gast. Rund hundert Jahre später rettete der Galerist Johannes Wasmuth das Gebäude vor dem totalen Verfall und machte es erneut zu einem kulturellen Zentrum, indem er Ausstellungen und Konzerte veranstaltete und auch berühmte Künstler beherbergte.

Nach einem Konzert mit Brigitte Fassbaender in Rolandseck kam ein älterer Herr aus dem Publikum zu uns nach hinten: Swjatoslaw Richter! Ich war froh, das nicht schon vorher gewusst zu haben, es hätte mich nervös gemacht. Beim anschließenden Essen saß er neben mir, unterhielt sich aber vor allem mit Brigitte, die damals schon mit ihren Regiearbeiten angefangen hatte. Nach ihren nächsten Plänen gefragt, sagte sie zu Richter, dass er die Oper, die sie gerade vorbereite, wohl nicht kennen dürfte: *Die Gezeichneten* von Franz Schreker. Und Richter begann, eine Melodie zu summen, und erzählte, dass er als Siebzehnjähriger diese Oper glühend verehrt und in- und auswendig gekannt hatte! Beim Abschied bedeutete er mir, noch kurz zu bleiben, er wolle mir etwas sagen. Ich war gespannt, welchen Ausspruch des berühmten Mannes ich womöglich einmal meinen Enkelkindern würde erzählen können, ganz egal, ob positiv oder negativ. Als alle gegangen waren, sagte er zu mir ein paar nette Worte über mein Spiel und fügte hinzu: »Und spielen Sie nie mit ganz geöffnetem Flügel! Man muss sich da immer so viel Mühe geben, nicht zu laut zu sein.«

Jahre zuvor hatte ich schon einmal eine ziemlich überraschende Begegnung in Rolandseck. Stunden vor einem Liederabend mit Hermann Prey plagte ich mich dort im Saal ziemlich lange und etwas lustlos mit technischen Übungen und geriet dann auf der Suche nach einer Toilette in eine kleine Küche direkt neben dem Saal, und dort saß bei ein paar Broten und Kaffee – Martha Argerich! Sie musste unweigerlich mein Geklimper angehört haben, lächelte aber dennoch recht freundlich. Ich aber verzog mich rasch wieder, denn ein wenig peinlich war mir das schon. Im Konzert am Abend gab es dann noch einen unerwarteten Zwischenfall. In einem Eichendorff-Lied von Hugo Wolf sang Prey die Worte: »Wo ist der Schreckenberger? Der war ein andrer Kerl!« – und eine für uns völlig unbegreifliche Heiterkeit ging durch den Saal. Erst hinterher erfuhren wir den Grund: Waldemar Schreckenberger war im nahegelegenen Bonn, damals noch die Hauptstadt der Bundesrepublik, ein bedeutender Politiker in der Regierung von Helmut Kohl.

ÜBEN

Erstaunlich oft bekomme ich die Frage gestellt, ob es nicht etwas langweilig ist, über so viele Jahre immer wieder dieselben Stücke zu spielen, zum 150. Mal die *Dichterliebe*, zum 300. Mal die *Winterreise*. Abgesehen davon, dass diese Zahlen meist viel zu hoch eingeschätzt werden, ist meine Antwort stets ein klares »Nein«. Es bleibt nicht nur verblüffend, wie oft man nach so vielen Jahren immer noch Dinge entdeckt, die man bisher übersehen oder nicht bewusst wahrgenommen hat; es geht auch um den Anspruch, den man an sich selbst stellt. Ein Anspruch, der besonders bei solchen Meisterwerken nicht nachlässt, sondern sich sogar im Laufe der Zeit immer weiter steigert. Ein Musiker, der nach einem Konzert behauptet, ihm sei alles optimal gelungen, müsste in seinen Ansprüchen äußerst bescheiden sein. Oder er hat sich in einer Phantasiewelt verfangen, die nicht ganz mit dem übereinstimmt, was er tatsächlich spielt. Es ist durchaus nicht immer einfach, sich selbst kritisch zuzuhören. Nehmen wir ein einfaches Beispiel:

Im Vorspiel zu *Die Krähe* in der *Winterreise* spielt die rechte Hand eine Melodie von vierzehn Tönen, die in ihrer Dynamik perfekt aufeinander abgestimmt sein müssen. Jedes Kind kann diese wenigen Töne nach einem Jahr Klavierunterricht irgendwie spielen. Um sie aber mit einem warmen, tragfähigen gesanglichen Ton in perfektem Legato darzustellen, bedarf es größter Konzentration und Fingerbeherrschung. Ein einziger dieser vierzehn Töne zu laut oder zu leise, zu lang oder zu kurz gespielt, zerstört das Ganze. Mag sein, dass andere Pianisten das jederzeit in größter Vollendung zustandebringen, ich muss es üben, immer und immer wieder.

Gerald Moore beschreibt in seinem Buch auf zwei Druckseiten die Arbeit an den neun Akkorden in der Einleitung zu Schuberts *Wandrers Nachtlied*. Das Verhältnis der Melodiestimme zu den anderen Tönen der Akkorde, die Balance zwischen diesen Klängen der rechten Hand zu den Basstönen der linken, die kleine dynamische Steigerung zur Mitte dieser viertaktigen Phrase und das allmähliche Absinken zum Ende hin, die genaue Pedalisierung und die minimalen agogischen

Nuancen. Und das alles in einem zarten, klanglich runden Piano! Manches daran bleibt zwar dem persönlichen Geschmack überlassen, das meiste aber sind musikalische Gesetzmäßigkeiten, die wir erfüllen müssen, damit es richtig und schön klingt. Es ist minutiöse Feinarbeit, die viel Geduld erfordert.

Gemeinhin gelten solche Stellen oder Lieder als »leicht«. Und in dem Sinne, dass sie jeder Pianist vom Blatt spielen kann, sind sie es ja auch. Aber man merkt sehr rasch, ob er sich danach auch weiter mit ihnen beschäftigt, sich Gedanken über Phrasierungen und Klangfarben gemacht hat. Ich habe es mir zur Gewohnheit gemacht, das meiste »Leichte« mit Fingersätzen zu versehen, so dass ich dadurch gezwungen bin, mich länger damit zu beschäftigen, als es ohnehin absolut notwendig wäre. Wann immer ich im Unterricht beim Pianisten ein ganz »jungfräuliches« Notenblatt sehe, auf dem es keinen einzigen Eintrag gibt, bin ich automatisch misstrauisch. Und leider fast immer zu Recht.

Das Üben an technisch schwierigen Stellen erfordert eine andere Art von Geduld, die für mich eher sportlichen Charakter hat. Um ehrlich zu sein, langweilt es mich manchmal schrecklich, an schnellen Passagen, großen Sprüngen und Ähnlichem so lange zu üben, bis es zumindest einigermaßen sicher ist, aber daran führt kein Weg vorbei. Wichtig ist, dabei auch seinen Verstand zu benutzen, das heißt zu analysieren, wo die Probleme liegen. Denn automatisches, gedankenloses Üben führt oft eher dazu, Fehler immer tiefer einzugraben statt sie zu beseitigen. Richtig frustrierend wird es aber, wenn man plötzlich sogenannte technisch schwere Lieder in einer neuen Tonart spielen muss, denn es sind praktisch ganz »neue« Lieder, angefangen bei den Fingersätzen, die alle nicht mehr passen.

Nun gibt es das meiste des gängigen Repertoires in verschiedenen Tonarten gedruckt, die *Winterreise* zum Beispiel in vier verschiedenen Stimmlagen. Aber seit einiger Zeit kann man jede gewünschte Tonart mit Computern relativ leicht herstellen lassen. Sänger finden oft mit dem größten Geschick eine ihnen angenehme, aber technisch für uns Klavierspieler sehr unbequeme Tonart, die man natürlich auch noch nie zuvor gespielt hat. Es hat wenig Sinn, dagegen zu argumentieren; der Sänger muss sich wohlfühlen und hat jedes Recht, die Tonart zu bestimmen. Und so wächst das studierte Repertoire im Nu auf das Doppelte oder Dreifache.

Dass man beim Einstudieren eines neuen Liedrepertoires auch immer die Gesangsstimme und den Text im Auge sowie nach Möglichkeit im inneren Ohr hat, versteht sich eigentlich von selbst. Die Phrasierung richtet sich ja weitgehend nach dem Text, die Lage der Singstimme ist aus Balancegründen stets zu beachten, eine größere Anzahl von Konsonanten (wie *Irrlichts Spiel)* zu berücksichtigen, man überlegt Atemstellen und macht sich Gedanken über mögliche Tempi. Ich studiere also das Lied ganz ähnlich wie der Sänger ein, nur kommt eben noch der Klavierpart hinzu. Manche meiner Kollegen sind auch durchaus imstande, den Gesangspart ganz passabel mitzusingen, bei mir ist es mehr ein tiefes Mitbrummen, das ich dann leider auch im Konzert oder – schlimmer noch – bei Aufnahmen oft nicht mehr ganz abstellen kann. Nicht immer zur Freude der Sänger, des Aufnahmeleiters oder auch der Zuhörer in den ersten Reihen des Konzertsaals.

DIE ARBEIT MIT DEM SÄNGER

Nur selten wird der angehende Begleiter das Glück haben, auf einen Partner zu treffen, zu dem er respektvoll aufschauen und von dem er viel lernen kann. Ein Glück, das ich mit Seefried und Prey gehabt habe. Die ersten musikalischen Begegnungen werden viel eher mit jungen Sängern stattfinden, die genauso am Anfang stehen wie man selbst. Dann macht die beiderseitige Unerfahrenheit die Probenarbeit oft mühsam, und nicht selten führt sie zu den hitzigsten Diskussionen. Meist aber wird das alles durch das aufregende Gefühl belohnt, gemeinsam Neuland zu betreten und darin die wunderbarsten Entdeckungen zu machen.

Wir begegnen ein Leben lang den verschiedenartigsten Sängerpersönlichkeiten. In den ersten Jahren werden das neben den Alterskollegen auch nicht so junge, mittelmäßige, musikalisch oder stimmlich schwache Sänger sein. Die für den Anfänger unter Umständen karrierebestimmende Frage ist aber nicht so sehr, wie er musikalisch, sondern wie er menschlich mit diesen Sängern auskommt. Ich kann mich an einige Fälle in meinen ersten Jahren erinnern, bei denen mir eine innere Stimme deutlich vernehmbar sagte: »Nichts wie weg hier!« Aber solange ich mir das eben nicht leisten konnte, habe ich versucht, das Beste daraus zu machen. Besonders, wenn solche Begegnungen damit verbunden sind, Konzerte oder Aufnahmen spielen zu können, muss man schon ein großer Idealist sein, um auf die dargebotenen Chancen zu verzichten. Schwächere Charaktere wie ich ergreifen sie aber mit beiden Händen, denn wir wollen ja spielen, und der Weg dorthin führt den jungen Begleiter eben oft auch durch Niederungen; für manches »Sitzenbleiben« schäme ich mich heute ein wenig; aber aus allem lernt man!

Die erste Probe mit einem neuen Partner kann von entscheidender Bedeutung sein. Ein schlechter Eindruck lässt sich nicht so leicht korrigieren. Vielleicht fallen deshalb bei Erstbegegnungen auch meist Sätze wie nach einem Ritual: »Ich bin leider nicht dazu gekommen, mich richtig vorzubereiten«, »Ich habe heute keine Stimme«, »Ich bin etwas nervös«, »Seien Sie bitte nachsichtig mit mir«, und vieles mehr. Selbst bei routinierten Sängern und Pianisten fehlen diese Sprüche selten.

Zu Beginn der Probenarbeit mit einem neuen Sänger versuche ich, ihn genau einzuschätzen. Es ist wichtig, möglichst rasch zu erkennen, ob der Sänger ein musikalisches Konzept hat; ob er in seiner Intonation und rhythmisch sicher ist; ob er mehr vom Text her gestaltet oder eher ein »Schönsänger« ist, dem der Klang seiner Stimme weit mehr bedeutet als die Worte; inwieweit er Kritik verträgt oder schnell verletzt ist; ob er stets alles bestimmen will oder auch einmal nachgibt, ja, ob er mir eigentlich wirklich zuhört! Wem diese letzte Bemerkung zu sarkastisch klingt, dem muss ich versichern, dass es selbst berühmte Sänger gibt, die erstaunlich wenig darauf achten, was sich am Klavier abspielt. Sie singen ihren Part und lassen sich auch von rhythmisch oder harmonisch kompliziertem Geschehen nicht im mindesten irritieren, ganz einfach, weil sie kaum zuhören. Welch ein musikalischer Genuss hingegen, mit einem »wissenden« Sänger zu arbeiten! Seine Synkopen oder Triolen singt er bewusst »gegen« das Klavier, und manchen seiner Töne hört man deutlich an, dass sie im vollen Wissen um harmonische Zusammenhänge und Reibungen gesungen sind.

Die meisten bedeutenden Sänger sind überraschend bescheiden und von erfrischender Natürlichkeit, so dass es eine wahre Freude ist, mit ihnen zu arbeiten. Viele kommen perfekt studiert zu den Proben und haben eine ganz bestimmte Vorstellung von einem Lied. Manche können unerbittlich sein, bis sie zufriedengestellt sind. Ich erinnere mich an eine Probe des *Erlkönigs* von Loewe, in der Prey die ersten beiden Seiten unermüdlich wiederholen wollte. Etwa zehn Minuten lang kritisierte er die Dynamik, das Tempo, den Rhythmus, den Klang, die Balance der beiden Hände, die Pedalisierung – einfach alles. Aber es war deutlich zu spüren, dass es ihm um das Stück ging und nicht um die Tatsache, dass er mich damit quälte. So war ich geduldig und mit demselben Feuereifer bei der Sache wie er. Und letztlich hat sich die Plackerei sicher gelohnt.

Bei den ersten Proben wird sich der Anfänger etwas zurückhaltend zeigen, er wird vor allem einem erfahrenen Sänger nicht ungefragt musikalische oder gar stimmliche Ratschläge geben, aber gleichzeitig auch versuchen, seine ganze musikalische Potenz ins Spiel zu bringen und nicht duckmäuserisch sein. Ich habe erst mit der Zeit (und mit der Hilfe einiger bedeutender Sänger) gelernt, dass man nicht »aus Vorsicht« eine halbherzige Dynamik, eine nichtssagende Artikulation sowie Tempi wählen soll, die unentschlossen irgendwo in der Mitte aller Möglichkeiten liegen. Im Bemühen, alles »richtig« zu machen und zu gefallen, gibt man in Wahrheit ein langweiliges, blasses Bild von der Musik und von sich selbst. Hingegen wird eine genaue musikalische Vorstellung, mit Überzeugung vorgetragen, einer Probe wesentlich mehr nützen. Und sie gibt dem Sänger, auch wenn er vielleicht ganz andere Ideen hat, eine viel bessere Möglichkeit einzuhaken und seine Wünsche vorzubringen, denn zumindest hat er genau verstanden, was sein Partner sagen will. Sänger, die gute Musiker und auch verträgliche Menschen sind, werden in der Regel auf kleine musikalische Änderungen eingehen, ohne viel Worte darüber zu verlieren. Sie machen Kammermusik und hören wie ein Geiger oder Klarinettist auf den Partner, reagieren auf ihn und lassen sich von ihm inspirieren. Es ist manchmal fast lächerlich, wenn in Proben über Winzigkeiten debattiert wird, denn im Konzert ist ohnehin nichts mehr ganz genauso wie in der Probe. Zum Teil unbewusst passen wir uns akustischen Verhältnissen an. Tempi werden zum Beispiel in einem sehr großen Saal meist etwas langsamer. Wir reagieren auf ein konzentriertes Publikum anders als auf ein unruhiges. Und manche Sänger sagen ja sogar: »Bitte nichts in die Noten einschreiben, im Konzert mache ich es wahrscheinlich wieder anders!«

In einem Punkt hat auch der junge Begleiter immer das Recht, ungefragt seine Meinung zu äußern: In einer normalen, entspannten Probenatmosphäre halte ich es für unsere Pflicht, auf Fehler hinzuweisen. Ein falscher Ton, ein falscher Rhythmus, ein falscher Text bleibt falsch, auch wenn er aus der berühmtesten Sängerkehle kommt. Zur Ehre der Sänger sei aber gesagt, dass so gut wie alle den eindeutig festgelegten Willen des Komponisten respektieren. Tonhöhen oder Rhythmen sind keine Frage der Auslegung oder Interpretation. Dennoch gibt es Situationen, in denen man besser den Mund hält. Dazu zähle ich die Generalprobe knapp vor dem Konzert und überhaupt jede Probe mit einem sehr nervösen Sänger, der gerade mit Stimmproblemen oder ganz anderen Sorgen zu kämpfen hat. Im Normalfall aber sollte eine sachliche Kritik in ruhigem Ton kein Problem sein. Peter Schreier sagte mir bei der ersten Probe eines Beethoven-Programms, das er schon unzählige Male gesungen hatte: »Ich habe eine Bitte: Unterbrechen Sie mich bei jedem falschen Wort und jedem falschen Rhythmus!«

Aber es gibt auch andere: »Schumann wäre sicher glücklich, mich singen zu hören – egal, ob ich hier einen Achtel- oder Viertelauftakt singe.« – »Ich singe hier eben ›forte‹, auch wenn Schubert ›piano‹ schreibt. Das muss man nicht alles so todernst nehmen.« – »Wenn die Leute mich singen hören können, müssen sie solche Irrtümer eben in Kauf nehmen.« – Aussprüche von drei prominenten Sängern als Antwort auf kritische Bemerkungen von mir während der Probe. Solchen Sängern gegenüber ständig auf genauen Rhythmen, auf langen oder kurzen Auftakten zu beharren, wird die Atmosphäre empfindlich stören und schließlich nur zu einem Resultat führen: dem Ende der Zusammenarbeit. Wie weit man in solchen Fällen kompromissbereit ist, hängt von der jeweiligen Situation ab, und jeder muss das mit seinem künstlerischen Gewissen ausmachen. Natürlich wird es am Ende immer wichtiger bleiben, gute Musik zu machen, als zum Beispiel alle Punktierungen präzise auszuführen. Das Ideal aber sollte die Kombination von beidem sein. Und nebenbei: Schulmeisternde Pianisten können auch sehr nervtötend sein, und Sänger haben unter uns mimosenhaften Musikern die wahrscheinlich dünnste Haut.

Je näher das Konzert rückt, wird man sich auch ernsthaft fragen müssen, wie viele Korrekturen und Änderungen dem Sänger noch zumutbar sind. Fehler, die noch in letzter Minute besprochen werden, tauchen beim Konzert fast unvermeidlich in ihrer alten gewohnten Form wieder auf, besonders, wenn sie schon jahrelang gemacht worden sind. Gibt es aber genügend Probenzeit, dann resigniere ich auch nicht bei dem oft gehörten Spruch: »Das habe ich immer so gesungen, das kann ich jetzt nicht umlernen.« Ich bemühe mich, im Sänger den Ehrgeiz zu wecken, die Stelle nach Jahren auch einmal richtig zu singen. Manchmal gelingt es, manchmal nicht.

Es gibt weltberühmte Sänger, die einfachste Intervalle nicht treffen, Sängerinnen, die einen Bassschlüssel nicht lesen können oder nicht wissen, was »alla breve« oder »rubato« bedeutet. Oder auch bekannte Schubert-Sänger, die keine Ahnung haben, wann dieser Komponist gelebt hat. Es fällt nicht immer ganz leicht, zu ihnen »aufzuschauen«.

Freilich muss man bedenken, dass Instrumentalisten ihre Ausbildung meist schon in sehr jungen Jahren begonnen haben, am Klavier oder mit Streichinstrumenten schon im Kindesalter. Sie haben sich mit ihrem Instrument viele Stunden täglich beschäftigt, was Sängern schon aus physischen Gründen nicht möglich ist. Der Sänger, der mit siebzehn oder achtzehn Jahren zu studieren beginnt, hat meist einem gleichaltrigen Instrumentalisten, also zum Beispiel seinem Begleiter gegenüber, einen enormen musikalischen Rückstand und Nachholbedarf. Geht die sängerische Entwicklung zügig voran und schließt sich eine erfolgreiche Karriere nahtlos an das Studium an, so kann der Nachholbedarf oft erst spät gedeckt werden. Oder auch nie.

In der sängerischen Ausbildung wird selbstverständlich viel Gewicht auf saubere Intonation und auf gute Aussprache gelegt. Und trotzdem sind das oft die Schwachstellen bei Sängern. Wie weit dürfen und sollen wir bei Proben in unserer Kritik gehen?

Sprachlich fühle ich mich selbstverständlich als Autorität, wenn es sich um die deutsche Sprache handelt, und ein Nichtdeutscher wird meine Anmerkungen im Normalfall auch akzeptieren; aber selbst da gibt es Ausnahmen! Und auch durchaus namhafte deutsche Sänger, die schwer von ihrem Heimatdialekt abzubringen sind.

Genauso wie Prey sind manche Sänger beim Abhören eigener Aufnahmen über ihre schlechte Intonation regelrecht entgeistert; während des Singens war ihnen das nicht bewusst. Dementsprechend wird unsere Kritik manchmal auch mit einiger Skepsis aufgenommen. Es erfordert jedenfalls äußerstes Taktgefühl, darüber zu reden, und ständiges Nörgeln macht absolut keinen Sinn. Wie auch der Aufnahmeleiter wohl verstummte, als ihm der hochberühmte Sänger auf die Kritik, eine Stelle sei zu tief, zur Antwort gab: »Das ist nicht zu tief. Das ist Ausdruck!« Und weil er so schön ist, hier noch der Satz des englischen Begleiters Henry Bird in der Konzertpause zur Sängerin: »Junge Dame, ich habe versucht, auf den weißen Tasten zu spielen, habe dann versucht, Sie auf den schwarzen Tasten zu begleiten, aber in den Spalten kann ich einfach nicht spielen.«

Manchmal fragt ein Sänger aber: »Wie finden Sie diesen Spitzenton? Klingt nicht die ganze Stelle ein wenig angestrengt? Ich frage mich, ob ich das Lied nicht tiefer singen sollte.« Hier ist wirklich unsere ehrliche Meinung gefragt, und ich zögere nicht, sie auch zu sagen.

Viele der erfolgreichsten Sänger haben beim Singen eine tadellose Körperhaltung, sie wissen ihre Hände im Zaum zu halten, sie beherrschen ihre Mimik und lassen ihr Gesicht von den Empfindungen der Texte sprechen und nicht von stimmtechnischen Schwierigkeiten.

Für einen angehenden Sänger ist das aber alles zunächst schwer in den Griff zu bekommen. Ich finde, dass es auch zu unseren Aufgaben gehört, auf schlechte Haltung, unkontrollierte Armbewegungen und extreme Grimassen aufmerksam zu machen, denn solche Angewohnheiten sind, einmal festgefahren, kaum mehr wegzubringen. Manchmal aber gelingt es: Hermann Prey hatte in jungen Jahren die Angewohnheit, mit geschlossenen Augen zu singen. Davon war er mit einem Male »geheilt«, als ihm der Kommentar einer ahnungslosen Konzertbesucherin zugetragen wurde: »Mein Gott, wie schön singt dieser junge Mann! Zu schade, dass er blind ist!«

Wer mir bei diesen Beschreibungen einer Probe bis hierher gefolgt ist, wird sich langsam fragen, ob nur die Pianisten reden und die Sänger alles schweigend über sich ergehen lassen. So ist es natürlich nicht. Aber tatsächlich beschränken sich die Kommentare, die wir hören, oft auf »zu langsam, zu schnell, zu leise, zu laut«. Selbst Sänger, die viel auf dem Herzen haben, verzichten oft darauf, etwas zu sagen, und wir müssen versuchen, aus ihrer Mimik und Körpersprache klug zu werden. Immer wieder höre ich – besonders von jungen Gesangsstudenten – im Unterricht: »Es gefällt mir irgendetwas nicht so ganz, aber ich verstehe nichts vom Klavier, also weiß ich nicht, was ich sagen soll.« Doch schon Schubert verwendet eine Fülle blumiger Ausdrücke: »mit schwärmerischer Sehnsucht«, »mit heiliger Rührung«, »unruhig klagend«, »schmerzlich«, »mit Liebes-Affekt«. Oder Mahler: »verwegen«, »keck«, »behäbig, mit Humor«, »verträumt«, »eigenwillig«. Ganz ähnlich könnten auch Sänger gefühlte Vorstellungen beschreiben, sie können vom Pianisten Klangfarben und Spielarten einfordern, ohne auch nur die geringste Ahnung von der technischen Realisierung am Klavier zu haben. Ich habe da das Glück mit Seefried, Prey, Fassbaender oder Goerne gehabt, die völlig hemmungslos Klänge einforderten wie »hölzern«, »sandig«, »schleimig«, »wie mit Gummifingern« oder – mein schon zitierter Lieblingsausdruck – »wie wenn man mit der Faust in einen Sandsack schlägt«.

Viele Sänger haben genaue Bilder vor Augen, wenn sie singen, sie denken sich ganze Szenarien aus und lassen sozusagen einen Film vor sich ablaufen. Es kann uns sehr helfen, wenn sie davon erzählen. Und wir sollten natürlich auch versuchen, viele Anregungen aus dem Text zu bekommen, sollten ebenso vieles bildhaft sehen. Wenn ich mir die Bewegungen eines kleinen Fisches im Wasser vorstelle, werden die Sechzehntel in der *Forelle* anders, geschmeidiger, »lebendiger« klingen. Die Voraussetzung ist natürlich nicht nur, dass ich den Text kenne, ich muss auch irgendwann ein »Bächlein« und eine »Forelle« wirklich gesehen haben. Wenn man bedenkt, wie viele Lieder der Romantik von »rauschenden Bächen«, »flüsternden Wäldern« oder »klagenden Nachtigallen« erzählen, die jungen Stadtmenschen heute oft so fremd sind wie die Oberfläche des Mars, dann kann man schon etwas nachdenklich werden.

Seit langem habe ich mir angewöhnt, Anregungen und Bilder in Stichworten in die Noten zu schreiben, genauso wie all die kleinen dynamischen und agogischen Feinheiten, die zum Beispiel ein Strophenlied erfordert, um interessant und abwechslungsreich zu sein. Schon bei der zweiten Probe erweist sich das als sehr nützlich. Von Studenten bekomme ich oft zu hören: »Ach, das merke ich mir schon!« Aber bei zunehmender Beschäftigung im Berufsleben sind die Tage zwischen Proben und Konzerten des einen Programmes oft so sehr mit anderer Musik und anderen Sängern angefüllt, dass dieses »Merken« reinste Illusion bleibt. Meine Notizen haben mir die Arbeit nicht nur erleichtert, sie wurden unentbehrlich.

Manchmal begegnete ich auch dem sehr beredten intellektuellen Sänger. Er ist nicht nur musikgebildet und belesen und spricht mehrere Sprachen. Oft spielt er auch hervorragend Klavier, ist in Geschichte, Literatur und Philosophie beschlagen und diskutiert über Malerei ebenso gewandt wie über Tagespolitik. Die Arbeit mit ihm kann amüsant, lehrreich und äußerst fruchtbar sein, eine Quelle neuer Einsichten und interpretatorischer Anregungen. Aber wehe, wenn Stimmqualität und natürliche Musikalität mit all seinen Begabungen nicht einigermaßen Schritt halten! Der Sänger, sich seiner Schwächen dunkel bewusst, liebt es dann, uns in gelehrte Dispute zu verwickeln, statt zu singen; die Proben werden zerredet, jeder Übergang endlos besprochen statt ausprobiert, jede zweite Textzeile zunächst einmal gründlich analysiert, statt Musik zu machen. Das ist alles natürlich Geschmackssache; ich muss aber gestehen, dass mir dann die eher wortkargen Proben doch lieber sind, und ich empfinde sie auch als die fruchtbareren.

Vor einiger Zeit wollte ein Journalist die Themen für ein Interview im Vorfeld abstecken, und in Bezug auf das Verhältnis zwischen Sänger und Pianist stand in seiner Mail der schöne Satz: »Heute sind Sie ja

Papst, aber der fängt in der Regel ja auch nur als Ministrant an.« Das mit dem Papst ist natürlich etwas lächerlich – zumindest gäbe es dann im Unterschied zur katholischen Kirche eine ganze Schar von »Päpsten«. Aber das Bild vom Ministranten gefällt mir recht gut. Dass sich mein Verhältnis zum Sänger im Allgemeinen seit meiner Jugend stark gewandelt hat, ist nicht zu leugnen. Es wird bei einem guten Sänger immer von Respekt, Bewunderung, ja von Liebe durchdrungen sein. Aber es wird auch zumeist ein leicht schwankendes Verhältnis zwischen Geben und Nehmen, zwischen Begleiten und Bestimmen oder »Dirigieren« bleiben, ein Balanceakt, der im Idealfall ganz ausgewogen ist und zu den schönsten Resultaten führt. Ich freue mich, wenn Zuhörer glauben, es müsse endlose Proben gegeben haben, weil der Sänger und ich in einer symbiotischen Beziehung zu sein scheinen. Aber es hat weniger mit Proben zu tun als mit gegenseitigem Zuhören, mit respektvollem Nachgeben und suggestivem Bestimmen. Das Wichtigste dabei ist die oft nur rein instinktive Einschätzung des jeweiligen Partners.

Probe mit einem Sängerehepaar für das *Italienische Liederbuch* von Hugo Wolf in Hannover. Beide sind erfahrene Opernsänger, die Sopranistin hat schon viele Liederabende gesungen, unter anderem auch mit mir. Sie kommt etwas später zur Probe, und ich beginne mit dem Mann, den ich bis dahin nur privat kannte. Nach zwei Liedern strahlt er mich an und sagt begeistert: »So etwas habe ich noch nie erlebt! Ich fühle mich beim Singen mit Ihnen so getragen und geborgen, als würde ich im Fond einer bequemen Limousine sitzen. Es ist phantastisch!« Gleich darauf kommt seine Frau, und wir musizieren das erste Lied. Darauf sieht sie mich etwas verunsichert an und meint: »Ich weiß, dass Sie das alles schon hundertmal gespielt haben, ich bin dagegen fast eine Anfängerin. Aber könnten Sie mir etwas mehr Spielraum geben, die Zügel ein wenig lockerer lassen? Ich habe das Gefühl, Sie bestimmen alles und ich sitze wie in einem Käfig.« Sie war etwas verdutzt, als ihr Mann und ich einander anschauten und in schallendes Gelächter ausbrachen.

BO SKOVHUS

Der dänische Bariton Bo Skovhus gab seinen Einstand als Don Giovanni an der Wiener Volksoper mit 26 Jahren und avancierte in kürzester Zeit zu einem Publikumsliebling. Das hatte zweifellos nicht nur mit seiner Stimme zu tun, sondern auch mit seinem schauspielerischen Talent und dem in Fitnessstudios sorgsam gepflegten Aussehen. Auf Anraten des berühmten Baritons Eberhard Wächter, der sein Operndirektor war, nahm Skovhus Kontakt zu mir auf, und bald kam es zu einer Liedmatinee an der Volksoper, worüber eine Zeitungskritik mit den Worten begann: »Schläft eigentlich der Musikverein und das Konzerthaus in Wien?« Erste Liederabende in diesen beiden Häusern waren die Folge, denen sich viele Konzerte anschlossen. Am Anfang konnte ich Bo auch zu einigen kleinen Liederabenden in Österreich verhelfen und zu einer Tournee zusammen mit meiner Frau in Japan mit dem *Italienischen Liederbuch* von Hugo Wolf, er wurde ein ständiger Gast bei der *Schubertiade* in Schwarzenberg, und schließlich kam es auch zu einem Vertrag mit Sony und mehreren Liedaufnahmen. Man konnte dem lebensfrohen, immer charmant und lässig wirkenden Sänger kaum ansehen, mit welcher Akribie und Gewissenhaftigkeit er seine Vorbereitungen machte, ja vielleicht sogar seine ganze Karriere plante. Nur ganz selten habe ich einen Sänger erlebt, der so genau studiert zur ersten Probe eines neuen Repertoires kam oder sich so unermüdlich mit den vielen Strophenliedern etwa in Schuberts *Schöner Müllerin* herumschlagen konnte. Besonders in den ersten Jahren musste er sich da viel Mühe geben, denn sein Verhältnis zur deutschen Sprache konnte noch nicht sehr eng genannt werden. Das führte mitunter auch zu originellen Wortschöpfungen: Wir hatten die erste Probe zu Schumanns *Dichterliebe*. Im sechsten Lied sieht der Dichter im Dom zu Köln ein Marienbild, das ihn schmerzlich an seine Geliebte erinnert: »Die Augen, die Lippen, die Wänglein, die gleichen der Liebsten genau.« Dieses »genau« stieß Bo mit solcher Vehemenz heraus, dass es fast wie ein Schluchzen klang. »Das kannst du nicht machen, es ist übertrieben«, sagte ich zu ihm; und er entgegnete: »Aber das Herz krümpft sich doch!« Ich kann die Stelle nicht hören, ohne an dieses schöne Verbum zu denken.

Bo fuhr in Wien immer mit dem Fahrrad zur Probe, er suchte in jeder Stadt nach dem besten Fitnessstudio und war zu Recht stolz auf seinen durchtrainierten Körper. Ich glaube, etwas von diesem sportlichen Ehrgeiz steckte auch in ihm, wenn er Rollen oder Liedprogramme lernte.

Nachdem wir etwa zehn Jahre zusammengearbeitet hatten, konnte ich eines Tages einen angebotenen Konzerttermin nicht wahrnehmen und empfahl ihm meinen Freund Stefan Vladar als Ersatz. Stefan hatte sich bis dahin zwar fast ausschließlich auf seine Solokarriere und Kammermusik konzentriert, aber er nahm das Angebot gerne an, und die beiden verstanden sich auf Anhieb gut. Was darauf folgte, könnte man einen schleichenden Abnabelungsprozess nennen, denn Bo machte eine Zeitlang Liederabende abwechselnd mit uns beiden; manchmal übernahm Stefan Programme von mir, manchmal war es umgekehrt. Bo redete zwar davon, dass es faszinierend sei, wenn ein Begleiter vom Solospiel komme, aber so richtig offen wurde über die Situation nie gesprochen, und eines Tages wurde ich einfach nicht mehr für Liederabende gefragt. So etwas war mir noch nie passiert, und ich muss zugeben, dass es etwas geschmerzt hat. Aber erstaunlicherweise sind wir noch immer befreundet. Alle drei.

BERND WEIKL

Gleichermaßen anerkannt im deutschen und italienischen, aber auch im französischen und russischen Opernfach, hat Bernd Weikl sehr lange Zeit regelmäßig auf allen großen Bühnen der Welt gesungen, an der Mailänder Scala wie an der Met in New York, in Covent Garden, an der Wiener Staatsoper und nicht zuletzt 25 Jahre lang bei den Bayreuther Festspielen. Sein Hans Sachs in den *Meistersingern von Nürnberg* machte ihn international berühmt. Es war vielleicht nur logisch, dass neben einer solch großen Opernkarriere der Liedgesang zu kurz kommen musste, was Bernd Weikl selbst sehr bedauerte. Denn er war an Liedern außergewöhnlich interessiert, und in seinen Programmen gab es immer wieder auch ausgefallenere Komponisten wie Rimsky-Korsakow, Wagner, Liszt oder Loewe. So kam es nur zu einigen wenigen Liederabenden, die mir aber in ihrer Intensität in bester Erinnerung geblieben sind. Bernd war ein lebenslustiger und humorvoller Mensch, der mit seiner saftigen Stimme aus dem Vollen schöpfen konnte und sich bei Liedern von Strauss und Mahler besonders wohlfühlte. Bei Schubert hingegen kamen ihm immer wieder Bedenken, ob seine Stimme dafür nicht zu groß wäre, und ich versuchte, manchmal durchaus erfolgreich, ihm diese meiner Meinung nach falschen Zweifel auszureden. Die *Winterreise*, die wir zusammen aufgenommen haben, zählt für mich zu den schönsten Erlebnissen mit diesem großen Sänger. Ich verstand mich mit dem in Wien Geborenen und nur wenige Jahre Älteren ganz besonders gut und es tat mir sehr leid, wenn wieder einmal Pläne für weitere Liederabende großen Opernprojekten zum Opfer fielen, an denen seine Agentur aus durchschaubaren Gründen einfach mehr Interesse hatte. Möglicherweise spielten auch solche Konflikte eine Rolle bei seinem für mich ganz plötzlichen Entschluss, keine Liederabende mehr singen zu wollen. Er teilte mir das am Nachmittag eines Konzerttages in Bologna mit, und es gelang mir nicht, ihn umzustimmen. Es blieb dabei. Ich habe es sehr bedauert.

PETER SCHREIER

Bei der Verleihung des Siemens-Preises 1988 in München wollte sich Peter Schreier musikalisch bedanken und fragte an der Hochschule in München nach einem geeigneten Pianisten. So kam es zu einer ersten Begegnung, die sehr angenehm und positiv verlief, so dass mir Schreier einen Liederabend in Göttingen anbot. Ich war sehr gerührt, als ich nach dem Konzert hörte, wie Schreier seine Sekretärin bat, ein Plakat zu besorgen: »Das möchte ich gerne haben, es war mein erster Liederabend mit Helmut Deutsch!« Umso größer war dann meine Enttäuschung, dass es zu keinen weiteren Anfragen kam. Etwa ein Jahr später erzählte ich Olaf Bär davon, und der meinte: »Das hat gar nichts zu sagen. Er hat dich wahrscheinlich einfach vergessen.« Und er versprach mir, Schreier bei einer *Matthäuspassion* ein paar Wochen später von mir zu grüßen. Es schien, als hätte Olaf mit seiner Vermutung recht gehabt: Kurz nach dieser *Matthäuspassion* kamen Einladungen zu weiteren Konzerten mit Schreier, die bis zum Ende seiner Karriere auch nicht mehr abrissen.

Schreier faszinierte durch seine unvergleichliche Diktion, die ihn zum berühmtesten Evangelisten seiner Zeit machte. Seine technische Souveränität, seine absolut sichere Intonation und natürliche Gestaltung waren beeindruckend. Ein Lied wie *Mondnacht* von Schumann – von vielen wegen seiner technischen Ansprüche sehr respektiert oder sogar gefürchtet – sang Schreier, als sei es das Leichteste der Welt. Irgendeinen Anschein von Nervosität oder Lampenfieber habe ich bei ihm niemals erlebt, es gab eher manchmal gewisse Zeichen von Routine oder Spannungslosigkeit, und er gab das auch offen zu: »Mir fehlt einfach die Motivation«, sagte er oft. Er hatte bis zu unserer Begegnung schon 30 Berufsjahre als Tenor hinter sich und muss neben der Oper unglaublich viele Konzerte gesungen haben. Ein böser Witz in dieser Zeit sagte: »Schreier nimmt pro Woche acht Angebote an und überlegt sich dann, welches davon er im letzten Moment absagen wird.« Einen bestimmten Motivationsschub holte er sich regelmäßig durch den Trick, extrem wenig zu proben. Der Höhepunkt für mich war in dieser Hinsicht unsere erste *Schöne Müllerin*. Am Vormittag des Konzerttags kam Schreier vorbei und bat mich, die einzelnen Lieder gerade einmal kurz anzuspielen, um nach wenigen Takten bereits wieder abzubrechen und das nächste Lied zu verlangen. Manchmal kamen kurze Bemerkungen wie »bitte ein bisschen leichter und schneller«, aber nichts wurde geprobt. In der Mitte des Zyklus meinte er plötzlich: »Das brauchen wir doch alles gar nicht, gehen wir lieber essen!« Trotz meiner zu dieser Zeit bereits langen Erfahrung war ich im Konzert dann doch recht angespannt. Ich wusste von der Hälfte der Lieder ja nicht einmal Schreiers Wunschtempi. Aber gerade das gefiel ihm, und er war nach dem Konzert sehr zufrieden und meinte, das hätte wieder einmal so richtig Spaß gemacht. Bei einem anderen Konzert stellten wir kurz vor dem Beginn fest, dass wir ein Lied noch nie gemacht hatten, und wir wollten es wenigstens einmal durchgehen. *Ganymed* von Schubert beinhaltet einige starke Tempoänderungen, und auch das Anfangstempo ist in der Praxis extrem unterschiedlich. Aber ich schien beim Durchspielen alle Nuancen richtig erraten zu haben, es gab nirgends auch nur das kleinste Problem. Als ich nachher eine Bemerkung in diesem Sinn machte, sagte er: »Nein, ganz im Gegenteil, so habe ich es noch nie gesungen!« Und als »gelernter Begleiter« fragte ich spontan nach seinen Änderungswünschen. Er hätte keine, meinte er, es sei sehr schön, das einmal ganz anders zu machen, als er es gewohnt war. Auch in dieser Hinsicht war Schreier ein Ausnahmesänger: Eine solche Aussage kann ich mir von kaum einem anderen Sänger vorstellen.

Natürlich gab es auch mitunter »normale« Proben, in denen Schreier ein paar Tempowünsche äußerte oder Bemerkungen zur Dynamik machte, aber viel wurde nicht geredet. Sei es, dass er wirklich zufrieden war mit dem, was er von mir hörte, oder eben Abweichungen vom Gewohnten interessant und spannend fand – ich kann mich nicht an irgendwelche detaillierten Wünsche erinnern. Nur an eine Probe während einer Japan-Tournee, bei der Schreier ganz verwundert sagte: »Du spielst ja so engagiert und intensiv, als wäre es ein Konzert; es ist doch nur eine Probe!« Es schien ihm unbegreiflich, dass man sich so »unnötig«

verausgaben konnte. Ganz alte Schule war er allerdings, wenn es um die Öffnung des Flügeldeckels ging. Prey und Schreier waren die letzten Sänger, mit denen ich zu tun hatte, bei denen ein zur Gänze offener Flügeldeckel nicht infrage kam. »Ich glaube, das kommt von eurem Komplex, dass ihr keine Solisten seid«, meinte Schreier einmal lächelnd. Aber ich denke nicht, dass er das wirklich ernst gemeint hat.

2005 hatte ich die große Ehre, den allerletzten Liederabend in der langen Karriere Peter Schreiers zu begleiten. Er war 70 Jahre alt geworden, und dieses letzte Konzert war ein recht unspektakulärer Abschied im relativ kleinen Markus-Sittikus-Saal in Hohenems im Rahmen der *Schubertiade*, der Schreier seit vielen Jahren innig verbunden gewesen war. Schreier war in einer ausgesprochen guten Form, was in den letzten Jahren durchaus nicht immer der Fall gewesen war. Ich fragte ihn nach dem Konzert, ob er sich wirklich sicher sei, aufhören zu wollen. Er meinte ganz trocken, es sei genug. Mit acht Jahren war er in den Kreuzchor in Dresden eingetreten und mit zehn war er Solist im Stimmfach Alt, was viele Aufnahmen bezeugen. Sechzig Jahre lang die allmorgendliche Kontrolle, ob mit der Stimme alles in Ordnung sei – es reiche, meinte er.

Beim anschließenden Essen in großer Gesellschaft ließ Schreier ein paar Reden über sich ergehen und bedankte sich knapp und allem Anschein nach völlig ungerührt. Dass es in seinem Inneren aber wirklich auch so nüchtern aussah, bezweifle ich ein bisschen.

Für freiberufliche Menschen ist es wohl oft nicht ganz leicht, selbst den idealen Zeitpunkt für einen Ruhestand zu bestimmen. Für Musiker gilt das in ganz hohem Maße und für Sänger in noch höherem. Bei sehr prominenten Sängern mangelt es auch in späteren Jahren nicht an Angeboten, in der Oper kann man sich leichter von bestimmten Rollen verabschieden als von der Bühne; und bei Liedern wechselt man zu einem Repertoire, das einem besser liegt, oder wählt andere Tonarten, die bequemer zu singen sind. Der Verzicht auf das Musikmachen, auf Anerkennung und Applaus fällt vielen schwer. Und so verpassen nicht wenige den Moment, in dem es besser gewesen wäre aufzuhören. Bei Sängern ist der Zeitpunkt, an dem die Stimmbänder nicht mehr so recht wollen, extrem unterschiedlich. So ermüden hohe Stimmen im Allgemeinen früher, aber mehr noch ist es eine Frage der Beanspruchung durch zu viel Singen, durch zu schwierige Partien und nicht zuletzt durch mangelhafte Technik. Der berühmte schwedische Tenor Nicolai Gedda formulierte einmal: »Es gibt nur eine Sache, die den Stimmbändern Schaden zufügt: das Singen!« Man muss sich auch einmal vorstellen, wie verführerisch es für einen jungen Sänger ist, eine große dramatische Rolle angeboten zu bekommen, die er sich vielleicht selbst noch gar nicht zugetraut hätte. Aber alle Welt redet ihm zu, und am Ende sagt er Ja. Die Folgen sind oft verheerend und die Schäden irreparabel. In der Verantwortung sind Agenten, Operndirektoren und auch Dirigenten, aber der Markt ist groß, und ein Ersatz findet sich immer.

Doch selbst nach einer langen und erfolgreichen Karriere fällt es vielen Sängern äußerst schwer, wirklich Schluss zu machen, wie das Peter Schreier getan hat. Auch Dietrich Fischer-Dieskau sagte ohne jede Vorankündigung alle bereits geplanten Auftritte ab und hörte auf zu singen. Andere machen noch lange Abschiedstourneen, um diesen Zeitpunkt hinauszuzögern und sich noch einmal feiern zu lassen. Bei einem Sänger, mit dem ich einige schöne Abende machen konnte, kam der Entschluss aufzuhören ziemlich überraschend: Thomas Quasthoff.

THOMAS QUASTHOFF

Thomas Quasthoff begegnete ich recht häufig bei der *Schubertiade* und anderen Veranstaltungen, und wir fanden uns immer öfter zu guten Gesprächen zusammen, die meist viel Humor beinhalteten. Er ist ein brillanter Kopf und macht gerne scharfe Bemerkungen zu allen möglichen Themen, zur allgemeinen Weltlage, zur Politik, aber auch zum Musikbetrieb und über Kollegen. Nicht immer kann man dabei nur lachen. Mit Justus Zeyen und Charles Spencer hatte er zwei ständige Begleiter, so dass ich ziemlich überrascht war, als er mir Angebote für Liederabende machte. Es wurden aber leider nicht viele. Ein paar reizvolle Angebote wie Boston und New York habe ich durch ein Chaos in meinem Terminkalender selbst vermasselt. Bei den Proben war Thomas von unerwarteter und nahezu entwaffnender Liebenswürdigkeit. Immer wieder fragte er nach, ob mir das oder jenes gefiel, ob mir das Tempo recht sei, ob ich etwas zu kritisieren hätte. Ich konnte ihm nicht immer abnehmen, dass er das auch wirklich ernst meinte, aber vielleicht war es der Fall.

Am nachhaltigsten ist mir eine *Winterreise* im Konzerthaus in Wien in Erinnerung, bei der irgendwie alles stimmte. Es ist schwer, ein solches Gefühl sachlich zu begründen, aber man weiß einfach, dass alles gut war. Und beide, Sänger und Begleiter, spüren das auch, ohne viel darüber zu reden. Solche Momente sind es, in denen man seinen Beruf mit nichts anderem tauschen möchte.

Zusammen mit Juliane Banse, Angelika Kirchschlager, Ian Bostridge und meinem Klavierkollegen Julius Drake machten wir eine kleine Tournee mit Schumann-Quartetten, bei der sich Thomas als ausgesprochen charmanter und humorvoller Kollege zeigte, und wir viel Spaß miteinander hatten. Was ja bei solchen Besetzungen nicht immer der Fall ist!

Nach einer Aufführung des Liederzyklus *Die schöne Magelone* von Brahms in Graz, bei der Thomas auf den üblichen Erzähler verzichtet hatte, kam eine erneute Einladung für dasselbe Werk aus Hamburg, und ich schlug vor, es wieder wie üblich mit der Märchenerzählung aufzuführen und Brigitte Fassbaender als Sprecherin anzufragen. Ich hatte das zusammen mit Olaf Bär schon einmal mit ihr gemacht, und sie war für mich die ideale Geschichtenleserin in ihrer feinen Mischung aus Romantik und Humor. Sie sagte zu, und als wir uns vor dem Konzert in Hamburg trafen, fragte ich bei ihr vorsichtig an, ob sie sich vorstellen könnte, mit uns eine einfache Zugabe von Brahms zu singen. »Wo denkst du hin? Ich habe doch seit vielen Jahren nicht mehr gesungen«, war ihre brüske Antwort. Aber in der Pause kam sie zu mir in die Garderobe und sagte: »Zeig mir doch mal die Noten, bitte!« Und so hörten schließlich 2 000 Menschen in der Laeiszhalle in Hamburg die Fassbaender noch einmal singen, dreizehn Jahre nachdem sie ihre Karriere als Sängerin beendet hatte! Standing Ovations waren die Reaktion, und Thomas strahlte übers ganze Gesicht, dass diese Überraschung gelungen war! Dass es gleichzeitig auch Quasthoffs letzter Liederabend gewesen war, ahnte zu diesem Zeitpunkt noch niemand. Aber es ging ihm gesundheitlich nicht gut, und nach einem knappen Jahr des Überlegens und Abwägens entschied er sich, mit dem Singen aufzuhören. Zumindest in der klassischen Welt. Als Jazzsänger macht er bis heute weiter, als Erzähler in der *Schönen Magelone* tauschte er sozusagen die Rollen, und wir waren damit noch einige Male gemeinsam auf dem Podium.

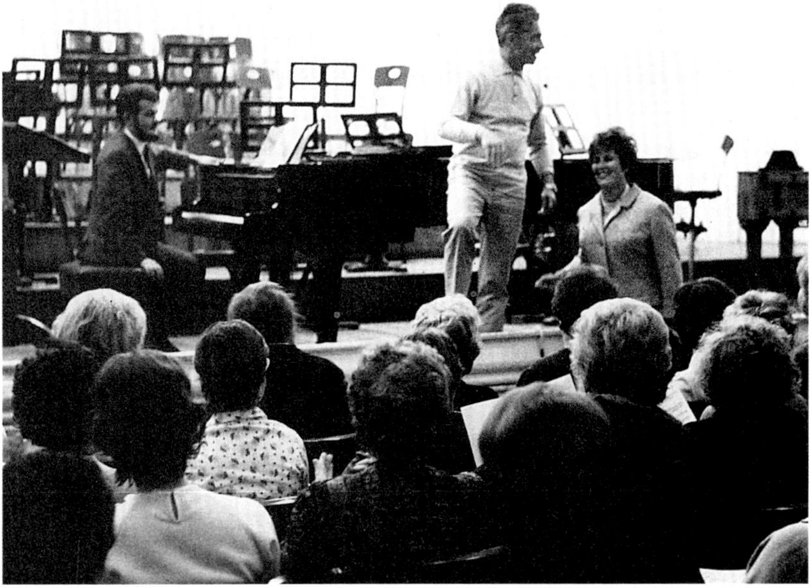

Als einspringender Pianist bei einer Probe zu Haydns »Schöpfung«.
Salzburger Festspiele 1965. Herbert von Karajan, Gundula Janowitz

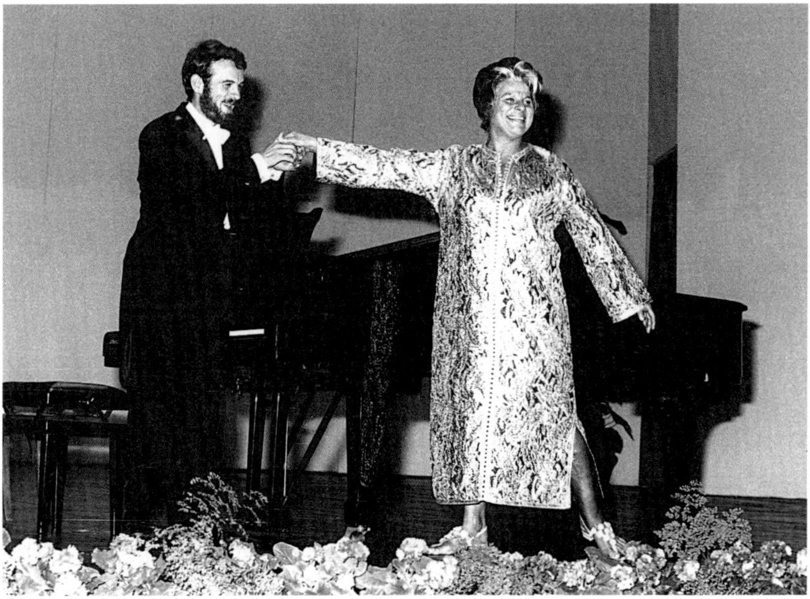

Liederabend mit Irmgard Seefried, Settimane Musicali di Stresa, August 1971

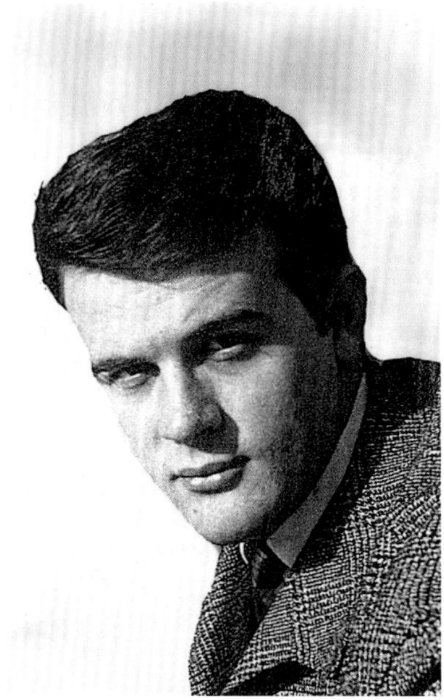

1964

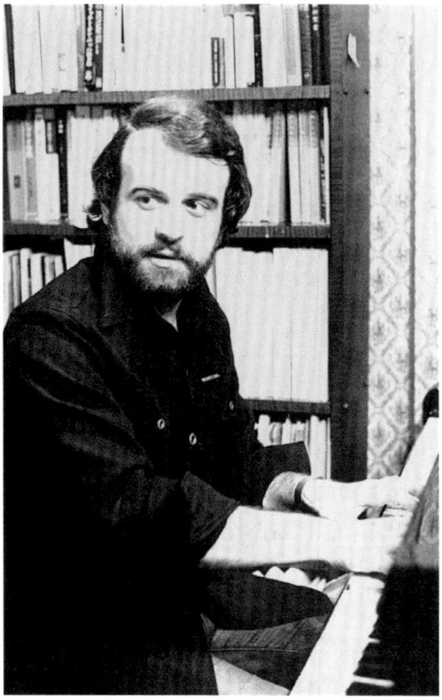

Bei einer Probe in Osaka, 1977

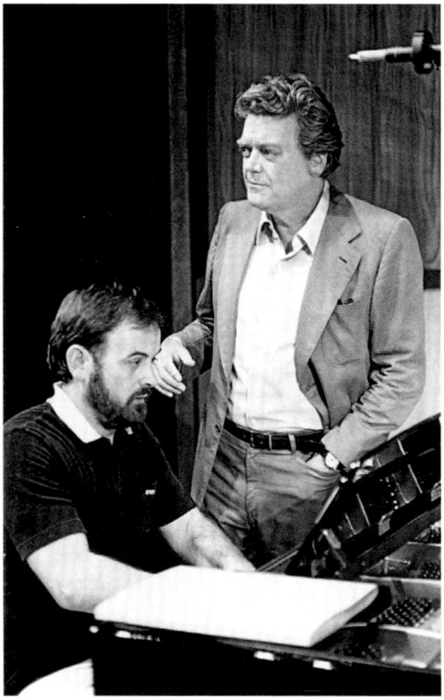

Probe zum Liederabend bei den Salzburger Festspielen, August 1982

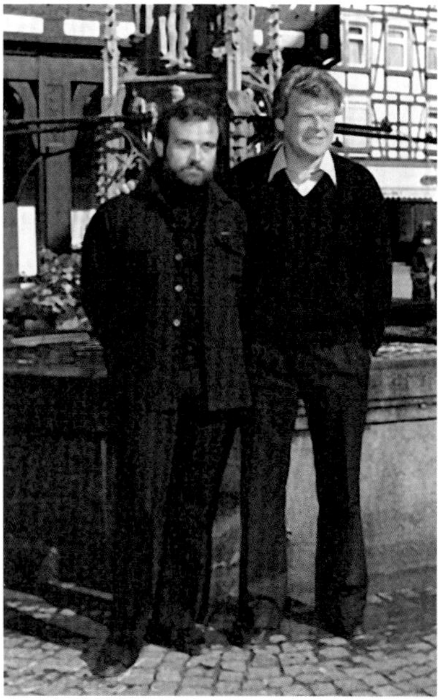

Am Marktplatz von Bad Urach anlässlich der neu gegründeten »Herbstlichen Musiktage«, 1981

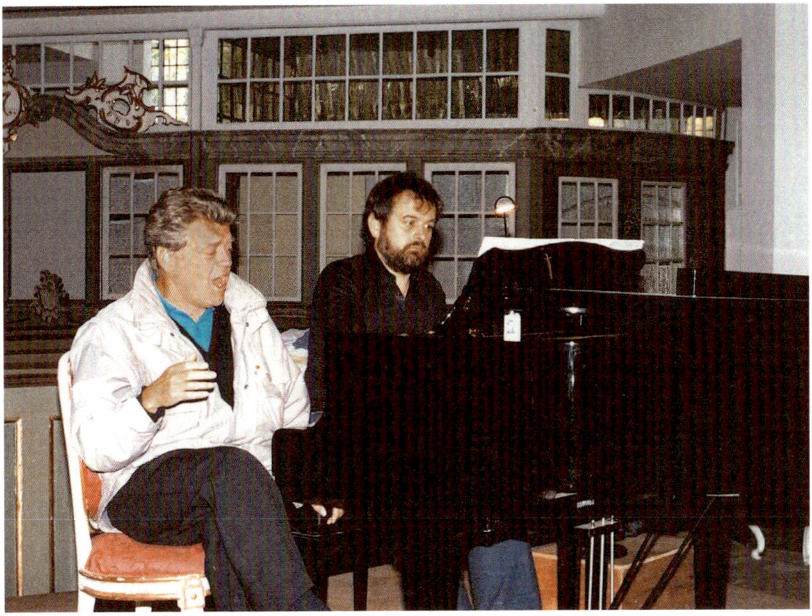

Probe mit Hermann Prey in Bad Berleburg, Juli 1984

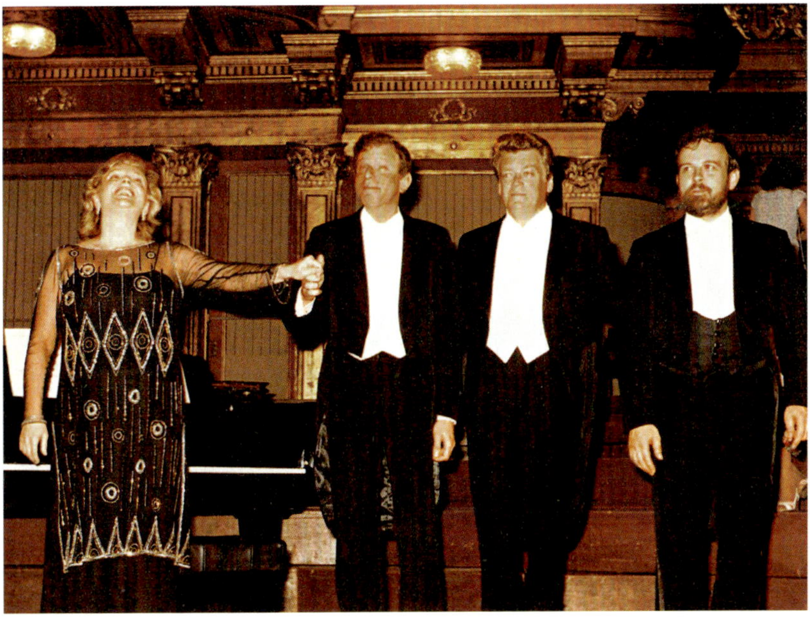

Hugo Wolfs »Italienisches Liederbuch« mit Lucia Popp, Irwin Gage und Hermann Prey, Wiener Festwochen, Mai 1982

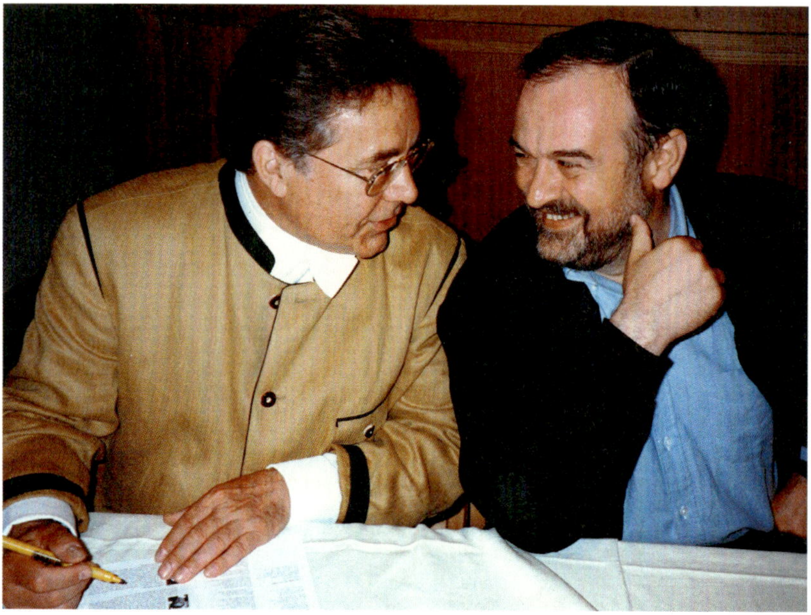

Mit Peter Schreier beim Autogramme-Geben

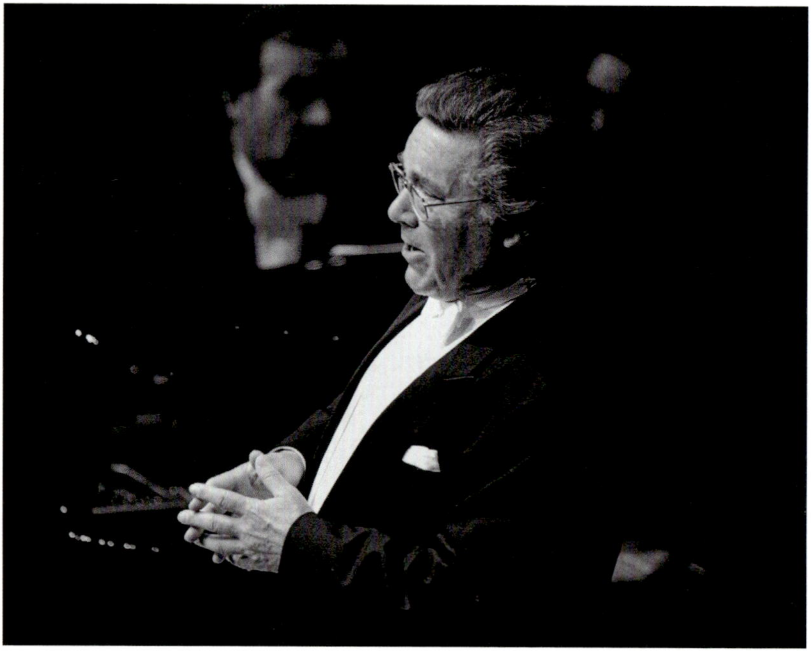

Liederabend mit Peter Schreier auf der Schubertiade in Feldkirch, Juni 1998

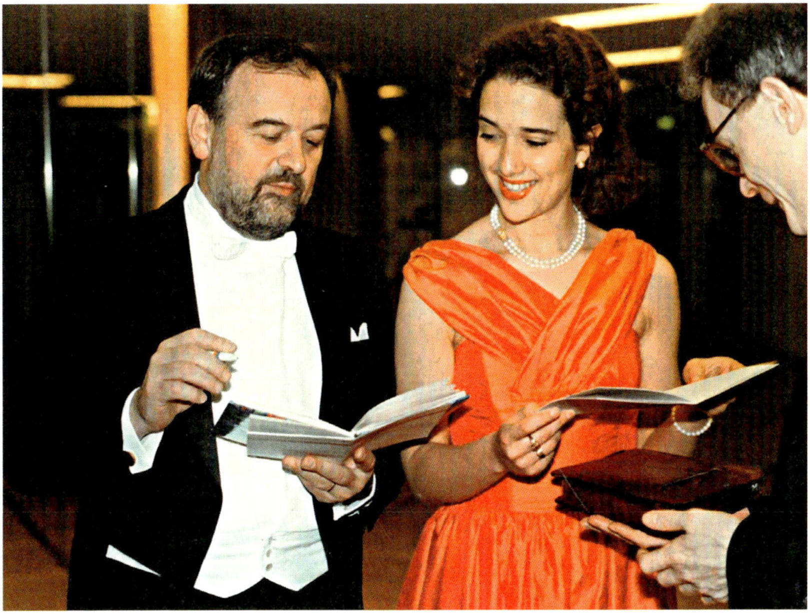

Mit Juliane Banse nach einem Konzert

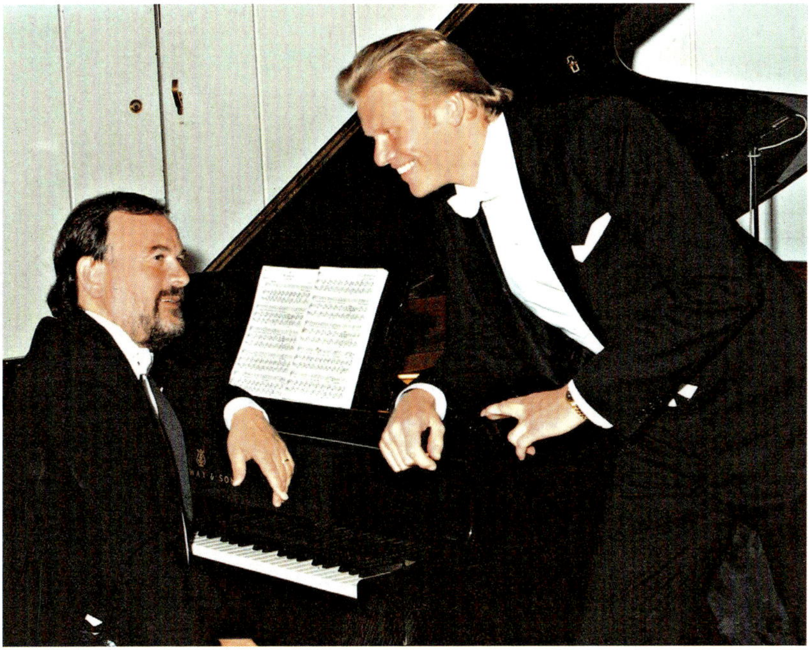

Mit Bo Skovhus vor einem Konzert im Louisiana Museum, Dänemark, August 1994

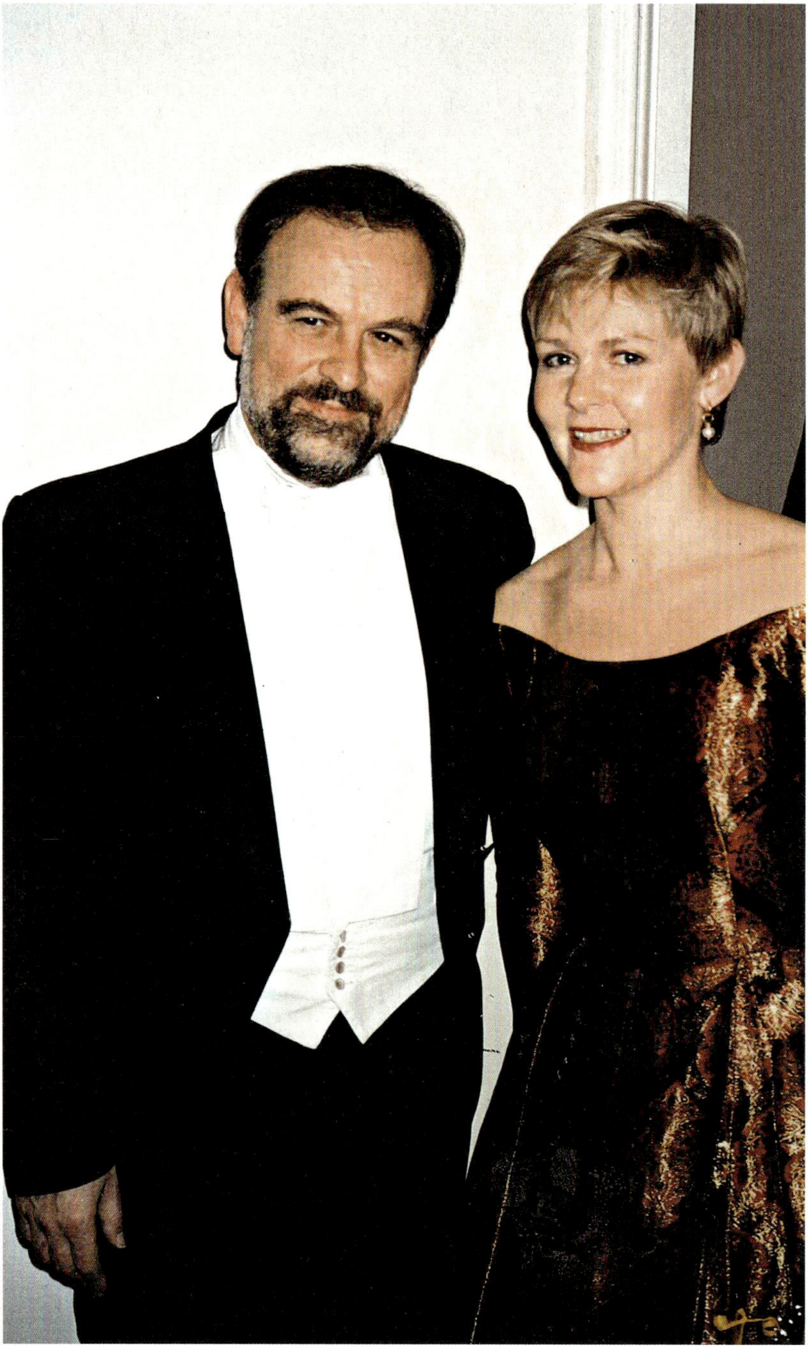

Liederabend mit Barbara Bonney, Musikverein Wien, Dezember 1995

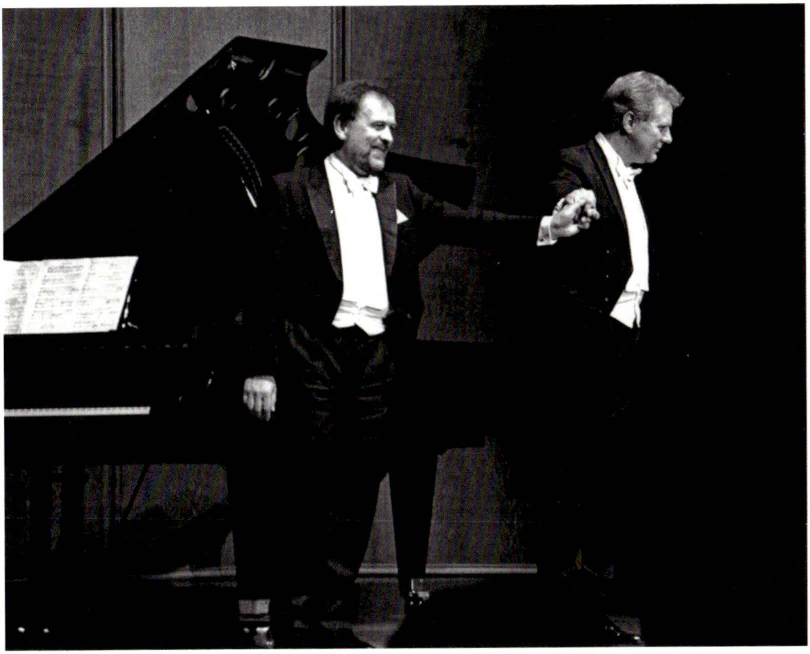

Liederabend mit Olaf Bär, Schubertiade, 1995

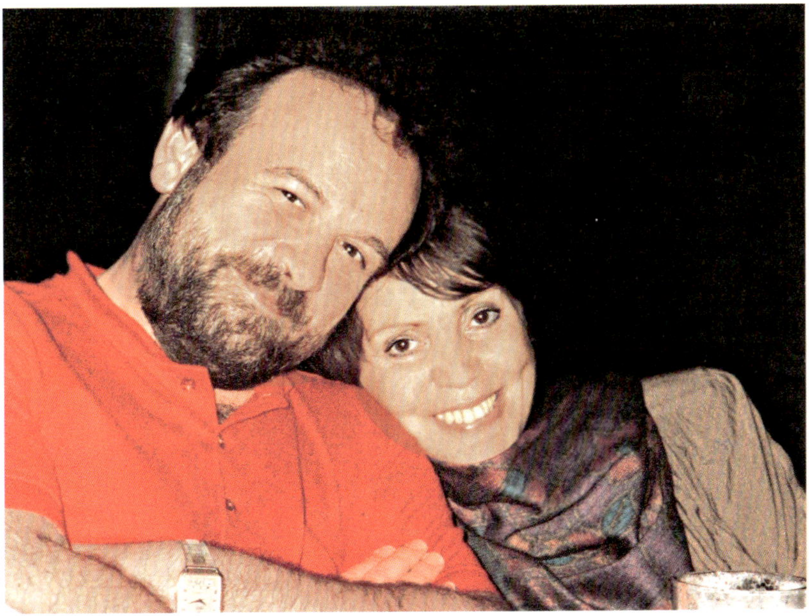

Mit Brigitte Fassbaender in Lübeck, Juli 1989

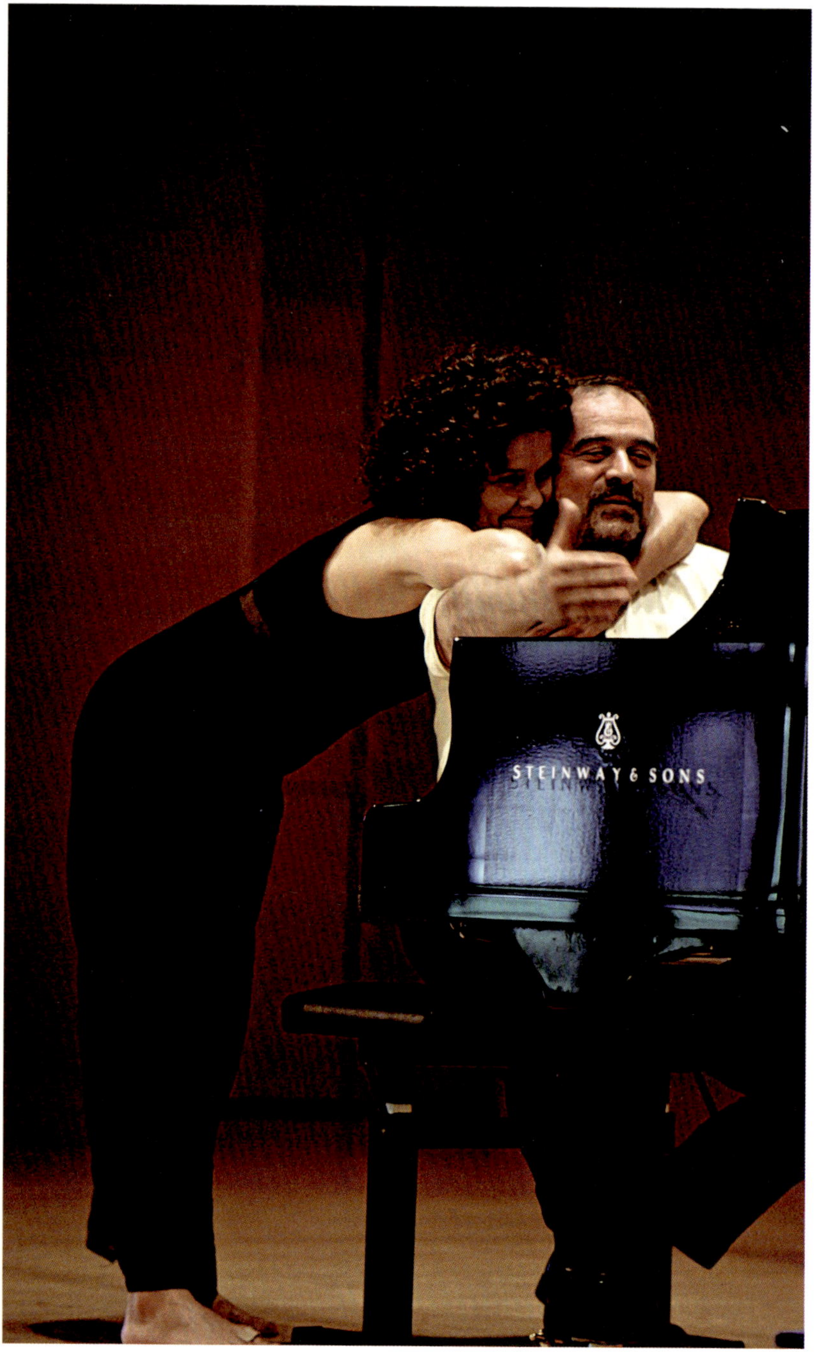

Angelika Kirchschlager auf der Probe für die Schubertiade, Schwarzenberg, Juni 2003

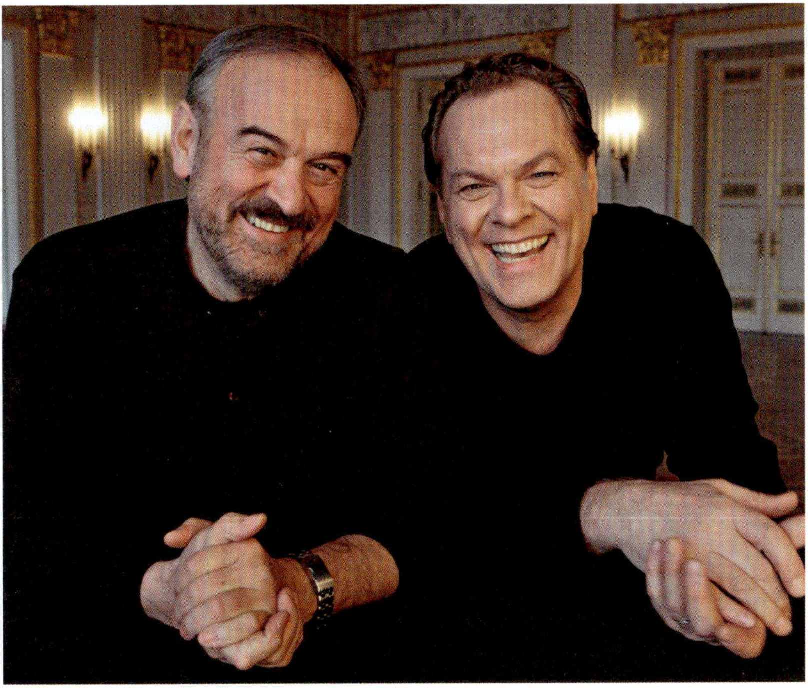

In der Bayerischen Staatsoper München mit Michael Volle, 2011

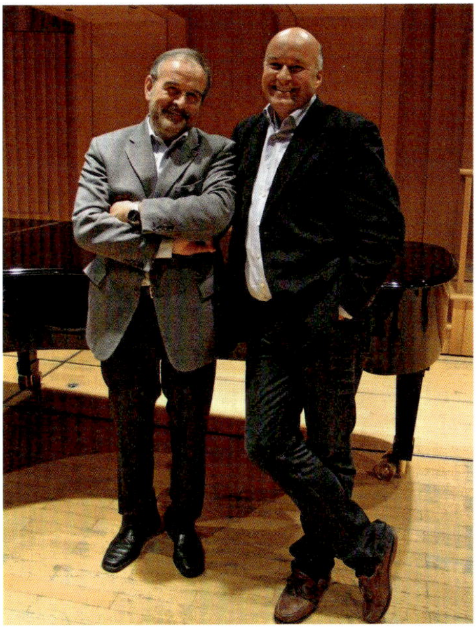

Mit Andreas Schmidt in der Hochschule für Musik und Theater München, Juni 2013

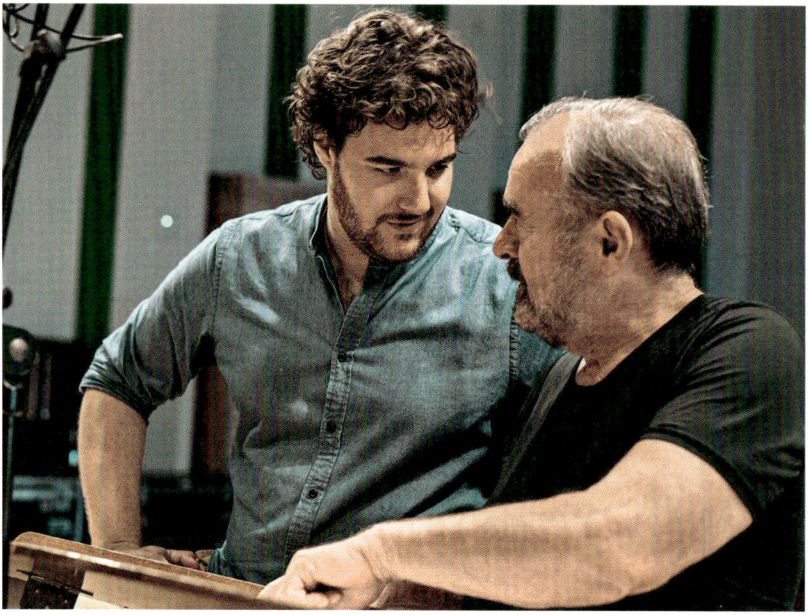

Mauro Peter bei der Aufnahme zu einer Schumann-CD in Zürich, Juni 2016

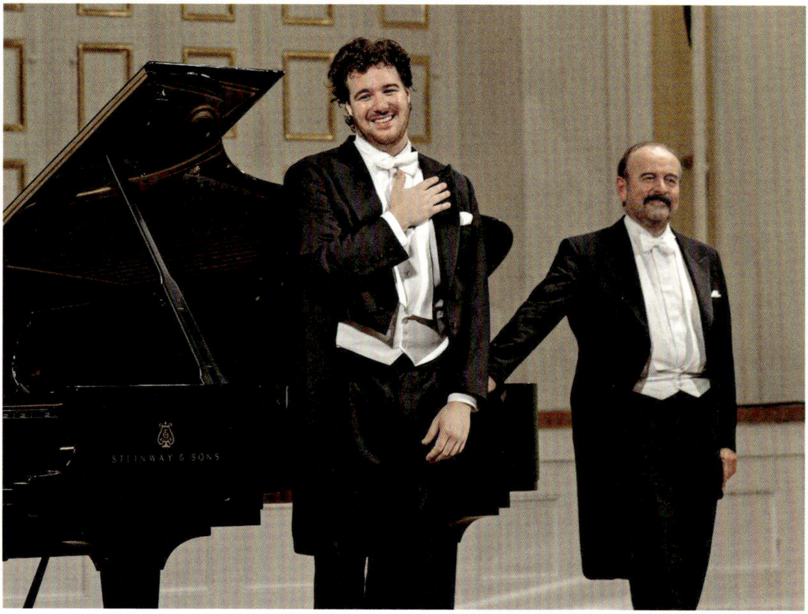

Liederabend mit Mauro Peter im Großen Saal des Mozarteums,
Salzburger Festspiele, August 2016

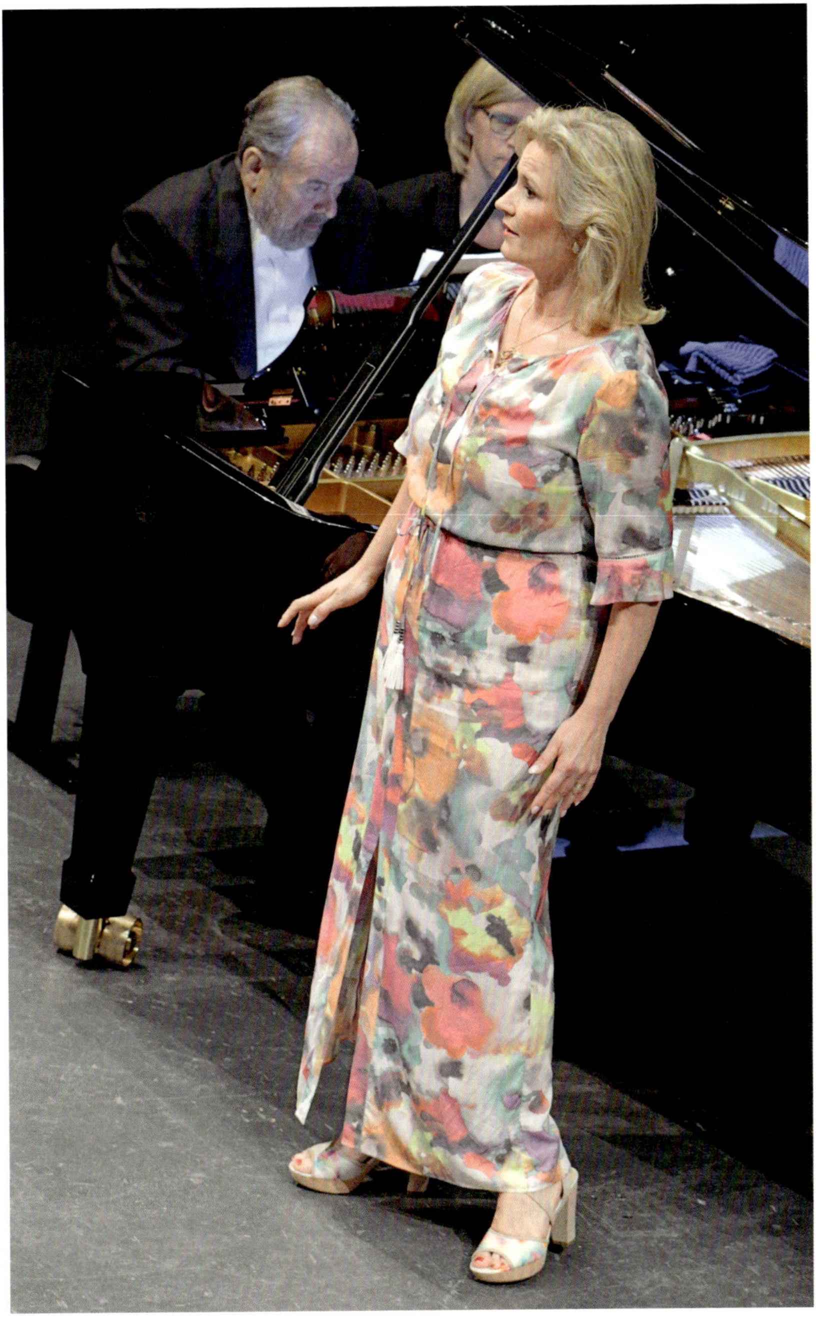

Liederabend mit Camilla Nylund, Oper Frankfurt, Juni 2017

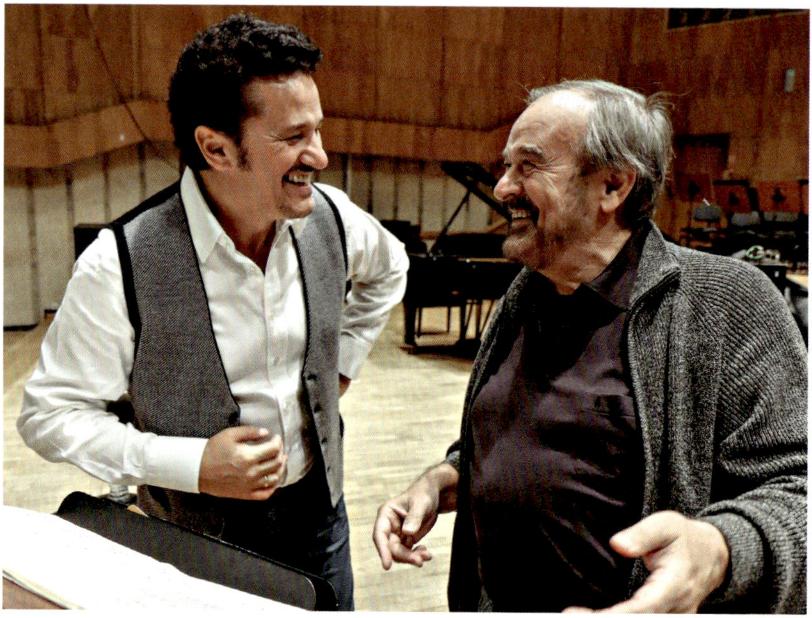

Piotr Beczała während einer CD-Aufnahme in Warschau, Oktober 2018

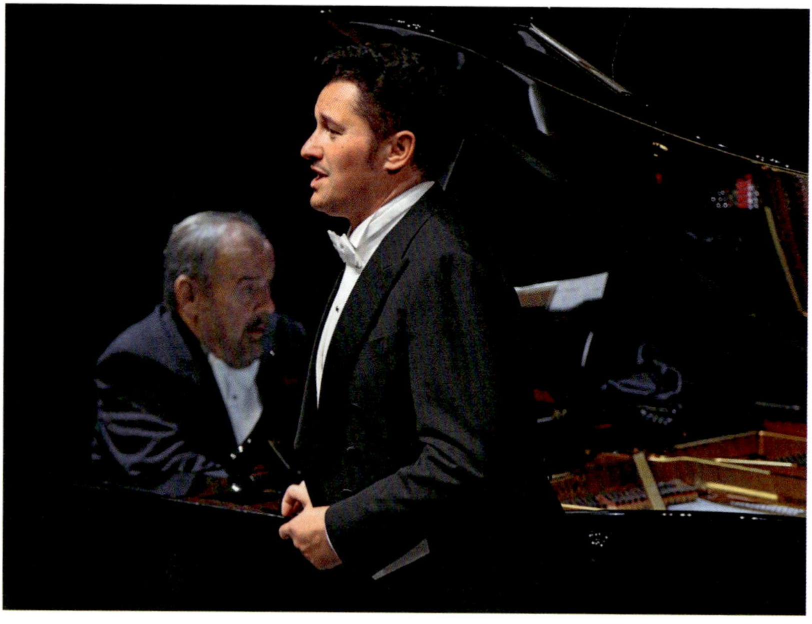

Liederabend mit Piotr Beczała in der Oper Warschau, März 2017

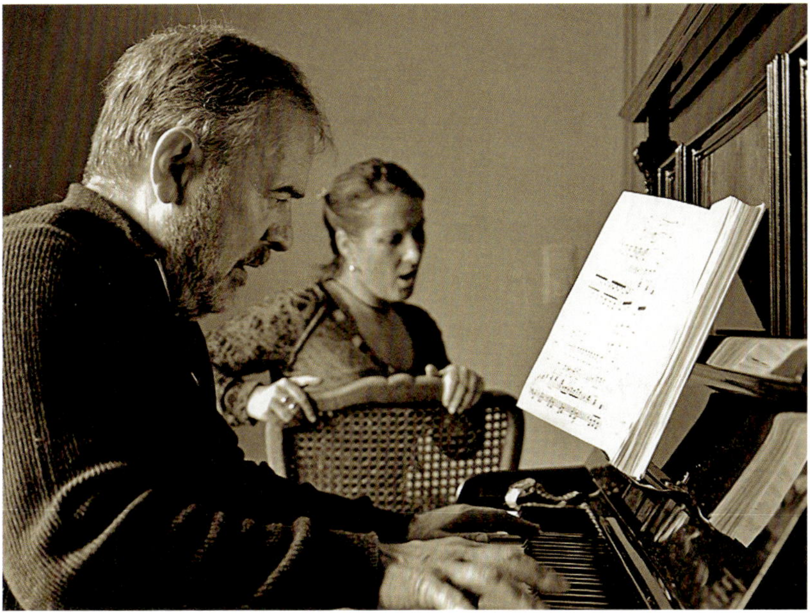

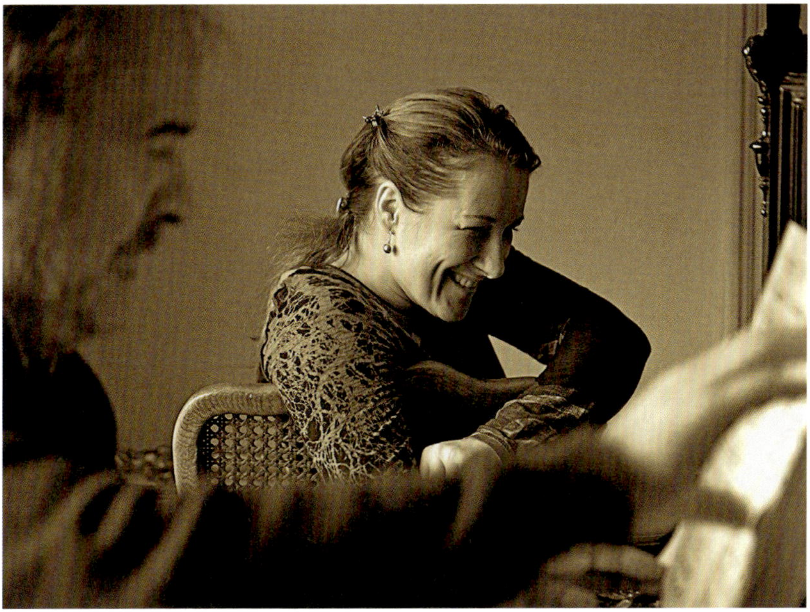

Diana Damrau beim Korrepetieren für ihr »Manon«-Debüt an der Wiener Staatsoper, Dezember 2009

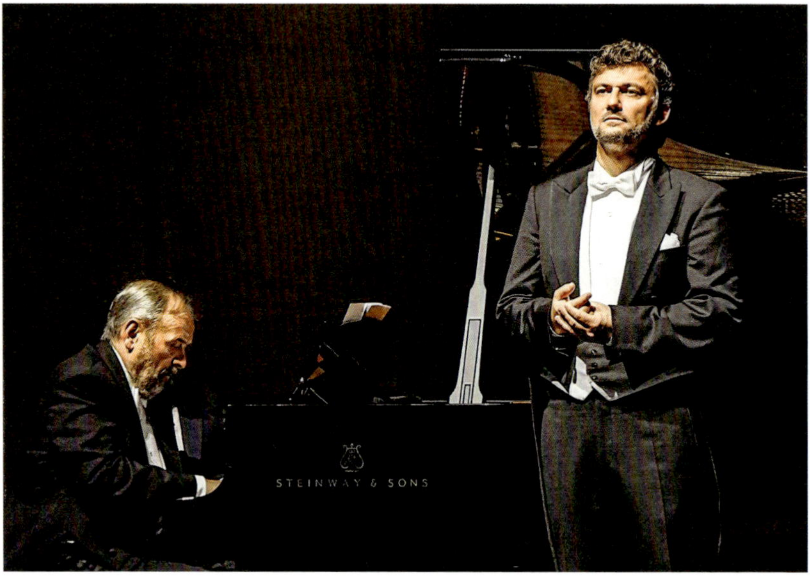

Liederabend mit Jonas Kaufmann in Guanzhou, China, November 2017

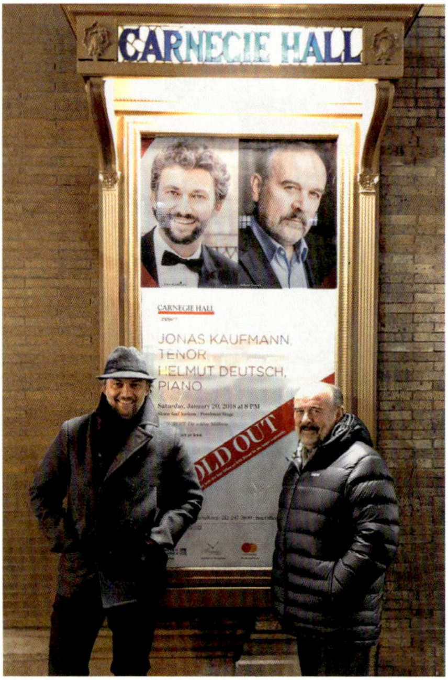

Vor der ausverkauften
Carnegie Hall,
New York, Januar 2018

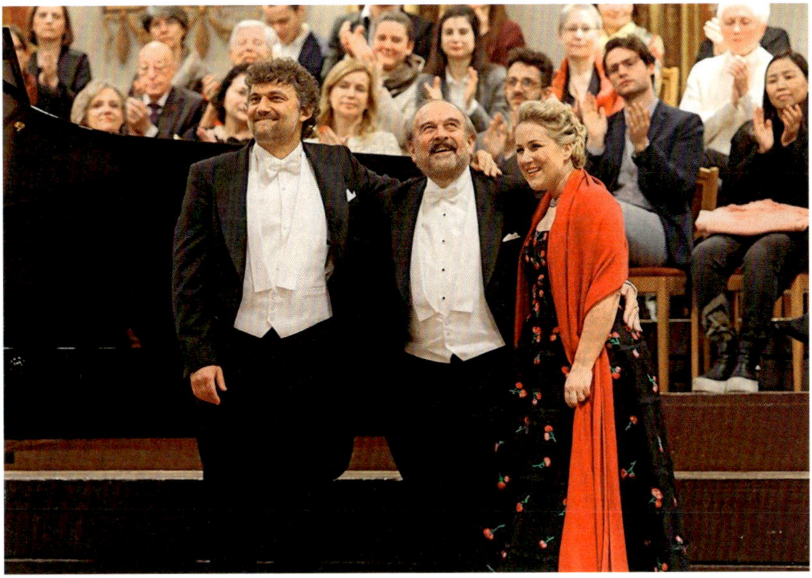

Diana Damrau und Jonas Kaufmann mit dem »Italienischen Liederbuch« im Großen Musikvereinssaal Wien, Februar 2018

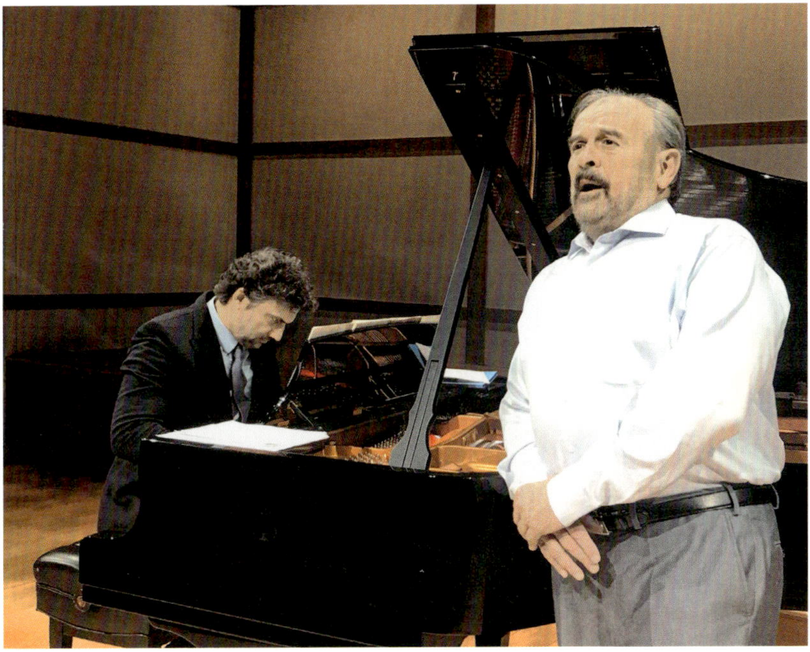

Vertauschte Rollen …, Santa Monica, USA, Januar 2018

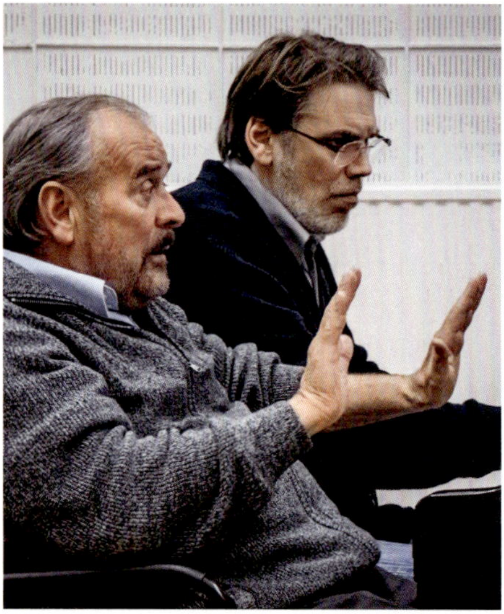

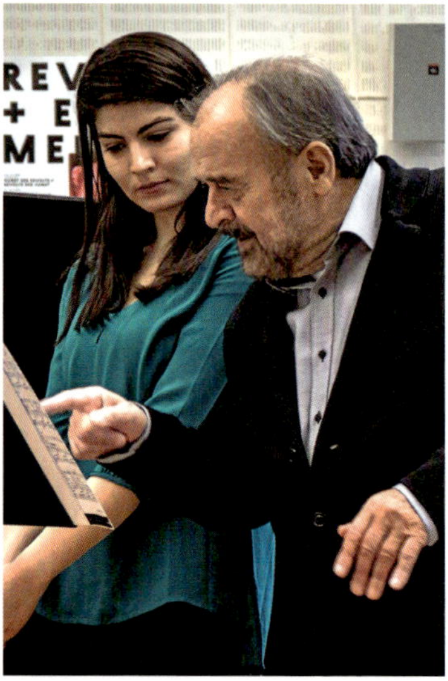

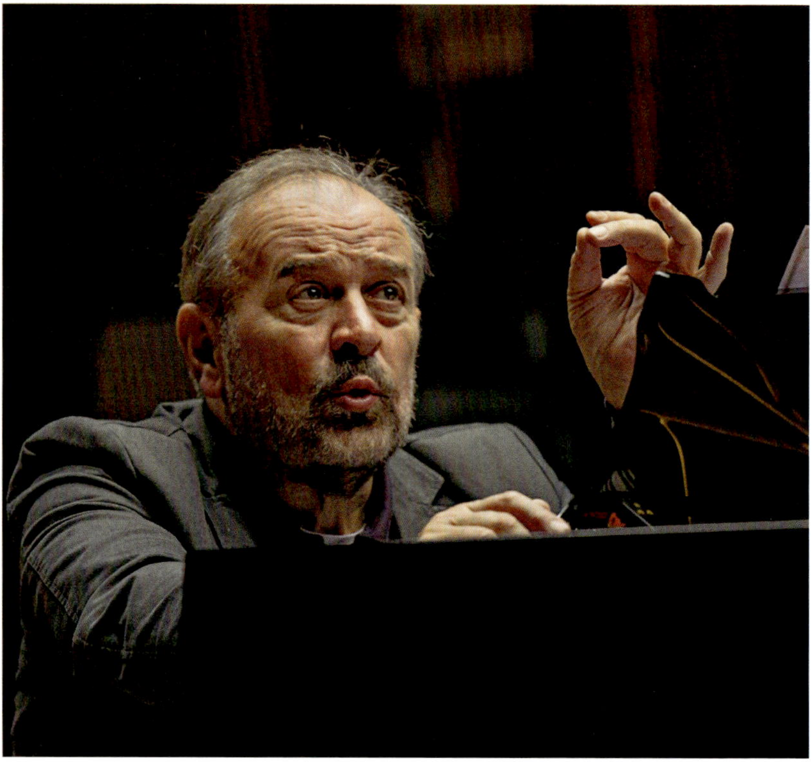

Unterricht in Liedgestaltung an der Hochschule für Musik und darstellende Kunst, Frankfurt am Main, 2016 (Hilko Dumno, Klavier; Andrea Cueva Molnar, Gesang)

UNTERRICHT

Die Jahre von 1967 bis 1979 an der Hochschule für Musik in Wien (der heutigen Universität) waren zum Teil weniger Unterrichts- als Lehrjahre für mich selbst. Zwar hatte ich entsprechende Studienabschlüsse, konnte einigermaßen Klavier spielen und den Gesangsstudenten dabei helfen, die ärgsten Fehler auszumerzen, aber meine Repertoirekenntnisse waren erbärmlich dünn. Besonders in der ersten Zeit, in der ich ausschließlich Oper korrepetierte, musste ich selbst beim Standardrepertoire nach den üblichen Tempi fragen, was mich natürlich selbst ziemlich beschämte. Und wie es ja oft der Fall ist, versuchte ich meine Unsicherheit mit ausgesprochener Strenge und Distanziertheit zu bemänteln. Dass ich – von meiner Tätigkeit in der Opernabteilung ohnehin nicht besonders angetan – mit meinen anfangs 21 Jahren oft um vieles jünger war als die Studenten, tat noch sein Übriges. Selbst für damalige Verhältnisse hielt ich sehr großen Abstand zu den Studenten und hatte bald einen gewissen Ruf als überstrenger, sarkastischer und wohl auch etwas arroganter Lehrer. Das schräge Altersverhältnis normalisierte sich mit den Jahren, und der nach drei Jahren endlich erreichte Wechsel zu Lied und Oratorium brachte mir nicht nur mehr Freude, sondern vor allem mehr Selbstsicherheit, auch wenn meine Kenntnisse selbst auf diesen Gebieten noch sehr bescheiden waren. Es gab ungeheuer viel zu lernen, aber das gibt es heute, ein halbes Jahrhundert später, immer noch. Selbstverständlich war mein Repertoireschwerpunkt immer das deutsche Lied, aber daneben gibt es ja so viel anderes! Meine große Liebe gilt neben dem deutschen vor allem dem russischen Repertoire, aber unzählige Lieder auf Spanisch, Französisch, Polnisch, Italienisch, Englisch, Japanisch, Dänisch oder Schwedisch und in noch viel mehr Sprachen haben mich durch all die Jahre begleitet, und man muss froh sein, wenn man wenigstens einen groben Überblick über das meiste bekommen hat. In meinen Münchener Hochschuljahren hatte einmal eine japanische Studentin die letzte Stunde und schickte sich danach an, den Flügel zuzumachen, wie das in Japan so üblich ist. Ich unterbrach sie und sagte, ich würde noch bleiben, um neue Lieder zu lernen. »Haben Sie noch nicht alles gespielt, was es gibt?«, fragte sie staunend.

Ich hatte in meinem Studium Begegnungen mit einigen sehr bedeutenden Wegbereitern der historischen Aufführungspraxis wie Josef Mertin oder René Clemencic, aber auch Unterricht bei Robert Schollum, der mich oft mit neuester musikwissenschaftlicher Literatur versorgte. Bei meiner Korrepetitionsarbeit für die Lied- und Oratoriumsklassen älterer Sänger gab es dadurch auch manchmal Konflikte. Eines Tages wollte mich Anton Dermota sprechen, für dessen Klasse ich unter anderem auch arbeitete. Dermota war von Bruno Walter an die Wiener Staatsoper engagiert worden, gehörte zum legendären Mozart-Ensemble der Fünfzigerjahre und war lange Zeit der führende lyrische Tenor der Wiener Oper mit einer großen internationalen Karriere gewesen. Er fragte mich, warum ich denn die Rezitative in Haydns *Schöpfung* ganz unrhythmisch, nach dem Wortsinn betont, singen lasse. »Weil ich es so gelernt und auch jede Menge darüber gelesen habe«, antwortete ich. »Wollen Sie damit sagen, dass ich das unter so vielen berühmten Dirigenten falsch gesungen habe?«, fragte er. Und tapfer erwiderte ich: »Ich glaube, ja!« Aber er schüttelte nur ungläubig den Kopf, und ich durfte wieder gehen.

Die Kündigung an der Musikhochschule, zu der mich Leonard Hokanson schließlich doch erfolgreich überredet hatte, brachte mir zunächst viel Freizeit. Dass ich gleich im darauffolgenden Jahr den ersten Liederabend mit Prey bekam, war zwar purer Zufall, aber auch eine zeitlich glückliche Fügung; so konnte ich mich in den ersten Jahren sehr intensiv auf die Vorbereitungen für Preys Programme konzentrieren.

1986 erhielt ich eine Anfrage der Musikhochschule München, ob ich bereit wäre, dort ein paar Stunden zu unterrichten. Die siebenjährige Pause vom Unterrichten hatte mir gutgetan, ich hatte weitere Erfahrungen gesammelt, fühlte mich auch ein wenig geschmeichelt, gefragt worden zu sein, und mein Wohnort Augsburg lag in bequemer Nähe zu München. Nach wenigen Jahren wurde eine Professur »Liedgestaltung« für mich geschaffen, die es davor nicht gegeben hatte. Neben dieser Professur gab es zwei Dozenten und einige Lehrbeauftragte; die Liedabteilung der Münchener Hochschule war damit die größte in Deutschland, wie unser Rektor immer wieder stolz anmerkte. Ich unterrichtete Duos, also Sänger und Pianisten zusammen. Die

Pianisten hatten natürlich ihren Klavierlehrer, die Sänger neben dem Gesangslehrer noch ihren Korrepetitor und Sprecherzieher; sie sollten daher nach einigen gemeinsamen Proben bestens vorbereitet zu mir in den Unterricht kommen. In einigen Fällen funktionierte das sogar recht gut, aber wirklich glücklich war ich mit dem allgemeinen Niveau selten, auch wenn ich mir als Professor ohnehin meist die besten Studenten aussuchen konnte. Es liegt nicht zuletzt am bürokratischen System, dass Musikhochschulen keine Elite, sondern meist nur Durchschnitt ausbilden. Die Deputate der Lehrer müssen gefüllt sein, der Unterrichtsanspruch jedes Studenten ist, unabhängig von seiner Begabung, natürlich gleich, und bei Prüfungen wird im Allgemeinen sehr milde geurteilt, sozusagen »im Zweifel für den Angeklagten«. Besonders bei Sängern scheint immer wieder Panik aufzukommen, dass man eine außergewöhnliche Begabung nicht gleich erkennen würde, denn die stimmliche Entwicklung braucht eben unterschiedlich viel Zeit. So werden junge Menschen oft viele Jahre lang mitgeschleppt, bis endlich auch wirklich jedem klar ist, dass alle Hoffnungen vergeblich waren. Und man hat ihnen damit ein großes Stück ihrer Jugend gestohlen.

Ob die Frage bei einem Interview für eine Münchener Zeitung naiv oder provokant war, kann ich nicht sagen: »Ein Diplom mit Auszeichnung in diesem Hause bedeutet schon, dass man es als Musiker geschafft hat«, wollte die Journalistin von mir wissen. Ich musste lachen: »Nein, keineswegs! Es gibt auch erfolgreiche Absolventen, die nachher als Nachtwächter arbeiten«, sagte ich. Natürlich wurde genau dieser Satz zur Überschrift des Interviews, und ich bekam prompt meine Schwierigkeiten am Hause.

Viele unterrichtende Musiker, die es in ihrer eigenen Karriere weit gebracht haben, träumen von einer Art Eliteschule, in der es nur Studierende auf höchstem Niveau gibt. Aber es ist eine Phantasie, die sich im Rahmen einer staatlichen Hochschule, die von öffentlichen Geldern finanziert wird, wohl nicht realisieren lässt. Schließlich müssen ja auch Chorsänger, Solisten an kleinen Opernhäusern und nicht zuletzt Lehrer für unzählige Musikschulen ausgebildet werden. Und das sind zweifellos wichtige Aufgaben, die auch viel Freude machen können, wenn man nicht gleich jeden Gesangsstudenten mit Plácido Domingo oder Anna Netrebko vergleicht.

Die Anpassung vieler Musiklehranstalten in Europa an das Hochschul- und Universitätssystem hat dazu geführt, dass die Unterrichtsperioden drastisch verkürzt und von vielen Ferienwochen unterbrochen sind. Neben Weihnachts- und Pfingstferien gibt es einen Monat Semester- und drei Monate Sommerferien, Zeiten, die in anderen Studienfächern zumindest teilweise dem Lernen dienen sollten. In einem Musikstudium aber, bei dem es vor allem in den ersten Jahren um den Erwerb des technischen Rüstzeugs geht, sind diese langen Unterbrechungen eher fatal. Und selbst die bequemsten oder faulsten Studenten beginnen, sich nach Unterweisungen und Kontrolle zu sehnen. Meiner Meinung nach erklärt das die seit Jahrzehnten ständig wachsende Anzahl von sogenannten »Meisterkursen«. Und die bieten noch dazu auch oft die Möglichkeit, mit einem bekannten Musiker auf Tuchfühlung zu gehen.

Meisterkurse oder »Masterclasses«, wie sie in unserer amerikanisierten Welt genannt werden, können sehr unterschiedliche Längen haben, von ein, zwei Tagen bis zu zwei Wochen oder sogar mehr. Ich halte sie für sinnvoll und unter Umständen sehr bereichernd, sofern es in erster Linie um interpretatorische Fragen geht. Zweifellos kann, ja soll man auch technische Probleme ansprechen und Hinweise zu möglichen Verbesserungen geben, aber in einigen wenigen Tagen grundlegende Fehler ausmerzen zu wollen, halte ich für recht problematisch. Ich mache viele Meisterkurse, und seit ich an keiner Schule mehr fest angestellt bin, werden es immer mehr. Selbstverständlich macht es am meisten Freude, wenn es bei Sängern und Pianisten kaum mehr technische Probleme gibt und alles mühelos umgesetzt werden kann, was man musikalisch vorschlägt. Und manchmal kommt es zu äußerst erfreulichen Begegnungen, bei denen man bedauert, nach einigen Tagen wieder Abschied nehmen zu müssen.

An der Münchener Musikhochschule habe ich schließlich erreichen können, dass das Liedstudium sowohl für Sänger als auch für Pianisten als Hauptstudium möglich ist. Dass dabei ein überwiegender Teil der Pianisten weiblich ist, wird uns später noch beschäftigen.

Ich weiß nicht, wie groß der Anteil an Studenten ist, die es schließlich geschafft haben, als Berufsmusiker zu leben, bei Sängern ist der Prozentsatz jedenfalls besonders niedrig. Im Laufe der 28 Jahre in München hatte ich aber doch viele schöne Begegnungen, und in einigen wenigen Fällen waren es sogar ganz herausragende Sänger und Pianisten, die ich für eine Zeitlang unter meine Fittiche nahm.

Mit der Sopranistin Juliane Banse und dem Bariton Dietrich Henschel hatte ich schon in ihren Studienjahren ein ganz besonders gutes Verhältnis, die Altistin Christa Mayer, der Bariton Christian Gerhaher und noch ein paar andere haben ihren Weg gemacht, und die beiden Tenöre Jonas Kaufmann und Mauro Peter sind allein schon aufgrund der Exklusivität für mich etwas Besonderes. Bei den Pianisten ist es neben Angelika Merkle, Fritz Schwinghammer und Jan Philip Schulze besonders Wolfram Rieger, der sich höchst erfolgreich als Liedbegleiter etablierte.

Die Mezzosopranistin Stefanie Irányi nahm einen ganz besonderen Platz unter allen meinen Studenten in München ein – und später für viele Jahre auch in meinem Leben.

Trotz der negativen Bemerkungen, die ich über den Hochschulbetrieb gemacht habe, waren es schöne Jahre in München, denen noch Unterrichtstätigkeiten in Frankfurt am Main und am Mozarteum Salzburg folgten. Von Jahr zu Jahr machte es mir mehr Freude, die Eindrücke und Erfahrungen, die ich gesammelt hatte, weiterzugeben, und vermutlich bin ich auch um einiges milder und umgänglicher im Unterricht geworden. Jedenfalls verspüre ich heute keinen Ehrgeiz mehr, als besonders streng und unnahbar zu gelten. Eine gewisse Altersmilde dürfte dabei eine bestimmte Rolle spielen. »Es ist des Lernens kein Ende«, schreibt Robert Schumann, und das gilt nicht nur für den ausübenden Musiker, sondern auch für den unterrichtenden – in mehrfacher Hinsicht. Ich unterrichte in Meisterkursen an verschiedenen Universitäten, Hochschulen, in Opernstudios und anderen Institutionen, und habe oft noch immer das Gefühl, genauso viel selbst zu lernen wie die Studierenden. Manchmal sogar etwas mehr.

Was aber bedeutet Liedunterricht eigentlich? Die genaue Erfüllung der vom Komponisten niedergeschriebenen Noten und Angaben ist selbstverständlich die notwendige Basis für Sänger und Pianisten. Aber schon hier beginnen die ersten Schwierigkeiten. Viele Komponisten haben gewisse Eigenheiten in der Art und Weise, wie sie ihre Kompositionen aufgeschrieben haben. Es gilt, diese Handschrift des Komponisten möglichst genau zu kennen. Und was meint der Komponist, wenn er schreibt, «nicht schnell« oder »leise, aber mit großem Ausdruck«? Wie ist es zu verstehen, wenn unter jeder Note ein Staccato-Punkt steht und dazu die Anweisung »mit Pedal«? Wie genau sind Notenlängen zu beachten? Darf man bei einer melodischen

Phrase einen besonderen Ton länger halten, um sie »gesanglicher« zu machen? Und: wie viel länger? Wie viele Freiheiten in der Gleichmäßigkeit einer durchlaufenden Kette von gleichen Notenwerten sind überhaupt zulässig – bei Mozart oder Schumann oder bei Richard Strauss? (Wie viel »rubato« ist also erlaubt?) Ist ein »piano« bei Mendelssohn einem »piano« bei Brahms gleichzusetzen? Wie viel weiß ich über den Klang der Klaviere zur Zeit Schuberts oder Hugo Wolfs? Über die Wirkung des Pedals am Beginn und am Ende des 19. Jahrhunderts? Wie stark darf ein Sänger bei diesem oder jenem Komponisten zwei Töne miteinander verschleifen (portamento)? Bedeutet eine Pause immer, dass man dort auch atmen darf? (Nein!)

Von all diesen zum Teil strittigen Fragen abgesehen, ist die oberste Aufgabe des Musikers zunächst einmal, all das umzusetzen, was der Komponist eindeutig festgelegt hat: Das sind nicht nur die Noten, sondern auch Legato- und Phrasierungsbögen, dynamische und agogische Zeichen, Akzente, Pedalangaben und vieles mehr. Karajan liebte es, bei Proben mit dem Singverein scheinbar ungläubig zu fragen: »Wo beginnt eigentlich das Crescendo in euren Noten?« Um nach der Antwort aus dem Chor zu sagen: »Und warum macht ihr es schon zwei Takte früher?« Und in vielen Unterrichtsjahren hatte ich leider viel zu oft Gelegenheit, leicht sarkastisch zu bemerken: »Eigentlich sitze ich nur da, um euch auf das aufmerksam zu machen, was ohnehin in den Noten steht.«

Einem etwas schlampigen Klavierstudenten machte ich einmal bei einem Schubert-Lied Vorwürfe, dass er eine Menge von Zeichen, die es ja außer den Noten noch zu beachten gilt, standhaft ignorierte: Sechzehntelpausen, Staccatopunkte, Akzente und dergleichen mehr schienen ihn nicht sonderlich zu interessieren. »Ist Ihnen eigentlich klar, welche Mühe es für den Komponisten war, all diese kleinen Hinweise zu notieren, mit einer Feder auf schlechtem Papier und vielleicht noch bei mangelhaftem Licht? Haben Sie jemals auch nur eine Notenseite abgeschrieben?« Nein, hatte er natürlich nicht. Als ich ihm erklärte, dass ich solche Mühen in meiner Studienzeit oft auf mich genommen habe, fragte er: »Warum haben Sie es denn nicht kopiert?« – »Weil es damals noch keine Kopiergeräte gegeben hat.« Er konnte es nicht fassen, und ich kam mir plötzlich uralt vor.

Es gibt eine Unmenge stilistischer Fragen, und die Antworten dazu fielen zu verschiedenen Zeiten durchaus unterschiedlich aus, von allem persönlichen Geschmack erst einmal abgesehen. Man muss nicht immer mit allen Erkenntnissen der Musikwissenschaft einverstanden sein, aber zur Kenntnis nehmen sollte man sie doch. Und im Laufe eines Menschenlebens können sich auch geschmackliche Ansichten durchaus noch einige Male ändern.

Auch die Herkunft eines Musikers kann manchmal eine bedeutende Rolle spielen, denn im Liedschaffen aller Länder sind oft viele Elemente der Volksmusik enthalten; sehr leicht erkennbar etwa bei spanischen oder slawischen Liedern, aber selbstverständlich gibt es sie auch bei deutschen. Nun ist es etwa für einen Bayern oder einen Österreicher recht einfach, ein »Gspür« für einen Ländler zu bekommen, schon einem Norddeutschen fällt das aber oft nicht ganz leicht, und umso schwieriger ist es etwa für Asiaten. Besonders in den Liedern von Schubert oder Mahler zum Beispiel gibt es diese Anklänge zuhauf.

Und nicht zuletzt: Wir haben es bei Liedern mit der Interpretation von Texten durch einen Komponisten zu tun, mit einer Auffassung also, die wir als Sänger und Pianisten sozusagen noch einmal interpretieren. Genauso, wie wir ein Gedicht in verschiedener Weise verstehen, erspüren und erleben, haben auch Komponisten oft ganz unterschiedliche Empfindungen bei bestimmten Texten gehabt. Es ist spannend zu sehen, wie gegensätzlich oft verschiedene Vertonungen derselben Gedichte ausgefallen sind. Wir müssen also versuchen, die Sichtweise des Musikers auf den Text des Dichters nachzuempfinden und uns zu eigen machen. Oft keine einfache Aufgabe!

All diese Gedanken und Fragen beschäftigen uns natürlich nicht nur im Studium, sondern im Grunde ein Leben lang.

Mit etlichen ehemaligen Studenten aus meiner Wiener und meiner Münchener Zeit habe ich einige Liederabende gemacht. Aus den verschiedensten Gründen kam es nicht zu weiteren. In fünf Fällen war dies jedoch anders.

JULIANE BANSE

Juliane begann ihre sängerische Karriere schon in jugendlichem Alter. Sie war gerade einmal zwanzig Jahre alt, und ich erinnere mich an eine frühe Unterrichtsstunde, in der ich eine etwas spitze Bemerkung über ihren Mangel an Konzentration machte. Es täte ihr leid, sagte sie, aber sie hätte am Abend davor noch eine Pamina an der Komischen Oper in Berlin gesungen und wegen der Stunde den ersten Morgenflug nach München genommen. Da blieb es dann an mir, mich zu entschuldigen! Juliane hatte zuvor Violine studiert und sich mit Ballett beschäftigt, sie war eine durch und durch versierte Musikerin, und ich glaube nicht, dass ich ihr noch viel beibringen konnte. Ich übernahm die Begleitung in ihren Unterrichtsstunden oft selbst, und wir hatten Freude daran, gemeinsam zu musizieren. Juliane macht Liederabende mit einer großen Anzahl von Pianisten, darunter auch mit zwei Studenten von mir, Wolfram Rieger und Jan Philip Schulze, unter den vielen anderen war auch ich einer. Besonders beglückend war es, sie als führende Stimme bei den *Liebesliederwalzern* oder anderen Vokalquartetten von Brahms oder Schumann zu haben, und ich erinnere mich an eine ungewöhnlich harmonische Probe bei der *Schubertiade*, bei der auch Peter Schreier und Olaf Bär dabei waren. Es wurde einfach ohne Unterbrechungen musiziert, man verstand einander, und es bedurfte keiner Worte. Ein nicht allzu häufiger Idealfall.

Eine Gesamteinspielung der Vokalwerke mit Klavier von Johannes Brahms in Berlin zog sich wegen Terminproblemen über viele Jahre hin, neben den beiden Hauptsängern Juliane Banse und Andreas Schmidt wirkten noch Christoph Prégardien, Ingeborg Danz, Iris Vermillion und Marcus Ullmann mit. Als die Box mit ihren vierzehn CDs im Jahre 2017 erschien, waren seit den ersten Aufnahmen über zwanzig Jahre vergangen, es waren also beinahe schon historische Dokumente. Juliane hat neben ihrer erstklassigen musikalischen Ausbildung auch das absolute

Gehör und kann dadurch fast mühelos die schwierigsten Lieder vom Blatt singen, angefangen von der Zweiten Wiener Schule bis hin zu Werken von zeitgenössischen Komponisten wie Aribert Reimann oder Heinz Holliger. Die meisten Sänger haben zum Beispiel bei Anton Webern die größte Mühe, überhaupt erst einmal alle Töne richtig zu treffen; für Juliane ist das eine Selbstverständlichkeit, und sie kann sich voll und ganz auf den Ausdruck, auf den Klang ihrer Stimme und auf den Text konzentrieren. Das erklärt für mich zumindest teilweise ihr Nahverhältnis zu atonaler Musik. Und mit ihr zusammen konnte sogar ich dieser Musik etwas abgewinnen, obwohl ich ihr im Allgemeinen ziemlich skeptisch gegenüberstehe. Juliane verspricht mir ja seit vielen Jahren, mir eines Tages ein zeitgenössisches Lied vorzustellen, von dem ich ganz begeistert sein werde. Leider muss ich sie immer wieder an dieses Versprechen erinnern und bezweifle langsam, dass sie jemals imstande sein wird, es auch wirklich einmal einzulösen.

Eine kleine Sache, die aber für mich großen symbolischen Wert hatte, war eine Uraufführung, die ich zusammen mit Juliane machen durfte: Man hatte im Nachlass eines Grafen Pocci in München ein Manuskript gefunden, das sich als ein unbekanntes Lied von Franz Liszt herausstellte. Es ist eine flüchtige Gelegenheitskomposition ohne besondere Bedeutung; aber dass ich jemals eine Komposition Liszts zur ersten Aufführung bringen würde, hätte ich mir niemals träumen lassen.

Juliane wirkt bei Konzerten konzentriert und entspannt, jegliche Hysterie scheint ihr fremd zu sein. Umso erschrockener war ich daher, als ich sie einmal wenige Minuten vor Konzertbeginn in ihrer benachbarten Garderobe schrille Schreie ausstoßen hörte. Sofort klopfte ich an ihre Türe, hörte ein ganz gelassenes »Ja, bitte?«, trat ein und fragte: »Juliane, was war denn das eben?« Für einen Moment schien sie gar nicht zu verstehen, und dann kam: »Ach so, ich habe bloß gerufen: ›Ich habe ANGST!!!‹« Es schien ihr eindeutig geholfen zu haben; sie war wieder die Ruhe selbst.

DIETRICH HENSCHEL

Auch Dietrich Henschel war ein Ausnahmestudent, schon allein durch sein abgeschlossenes Klavierstudium und seinen intellektuellen Zugang zur Musik. Er konnte einen Klavierpartner das Fürchten lehren, wenn er selbst am Klavier demonstrierte, wie er sich eine bestimmte Stelle vorstellte. Ich glaube, am liebsten hätte er sich oft selbst begleitet.

Bei unseren Proben und Konzerten kam mir manchmal der Gedanke, dass man vielleicht auch zu intellektuell an das Singen herangehen könnte, und es ist wohl kein Zufall, dass zu Dietrichs größten Erfolgen auf der Bühne Werke wie Henzes *Prinz von Homburg*, Busonis *Doktor Faust* oder Bergs *Wozzeck* gehören. Natürlich konnte Dietrich im Grunde alles im Liedrepertoire auf höchstem Niveau singen, aber Lieder, bei denen der Text eine herausragende Rolle spielte, gelangen ihm meiner Meinung nach am besten. So erinnere ich mich mit Freude an seine Interpretation etwas ausgefallenerer Kompositionen wie dem *Krämerspiegel* von Richard Strauss oder der *Jedermann-Monologe* von Frank Martin. Besonders glücklich bin ich über eine gemeinsame CD mit Liedern von Erich Wolfgang Korngold, einem Komponisten, der nach den triumphalen Erfolgen in seiner Jugend, in erster Linie durch die Oper *Die tote Stadt*, später für lange Zeit nahezu vergessen war. Als Vierzehnjähriger komponierte er einen Zyklus von zwölf Liedern nach Gedichten von Eichendorff, der strenge Vater (und Kritiker) Julius Korngold ließ aber die Veröffentlichung von nur drei Liedern daraus zu. Die restlichen neun lagen als Manuskripte für viele Jahrzehnte unbeachtet in der Library of Congress in Washington. Es gelang uns, Kopien davon zu erhalten und die Lieder aufzunehmen. Dafür musste ich die unglaublich schwierig zu lesende Handschrift des jungen Mannes erst einmal entziffern und in eine verwendbare Reinschrift bringen. Aber die Mühe hat sich gelohnt!

Korngold gehörte ja in der Hitlerzeit zu den verfemten Komponisten, die »entartete« Musik schrieben. Und wie vielen anderen ist es ihm nicht gelungen, nach 1945 wieder an seine früheren Erfolge anzuknüpfen, ganz im Gegenteil. Zur Zeit meines Studiums in den Sechzigerjahren war er, zusammen mit anderen Opfern dieser Zeit wie Franz Schreker oder Alexander von Zemlinsky, nicht viel mehr als eine Fußnote in der Musikgeschichte. Selbst über Mahler stand in einem populären Musikführer aus den Fünfzigerjahren noch zu lesen, dass seine rein instrumentalen Symphonien wohl für immer aus den Konzertsälen verschwunden seien! Seitdem ist zwar viel geschehen, aber es gibt immer noch jede Menge zu entdecken.

JONAS KAUFMANN

Wenn man viele hundert Studenten unterrichtet hat, fällt es natürlich schwer, sich an jeden einzelnen zu erinnern, geschweige denn, sich ins Gedächtnis zu rufen, wie der erste Eindruck gewesen ist. Beim Studenten Jonas Kaufmann ist das allerdings anders. Denn 1991, beim obligaten Vorsingen für meine Liedklasse an der Hochschule für Musik und Theater in München, legte er mir Noten vor, die ich noch nie gesehen hatte. Es handelte sich zwar um ein bekanntes Lied, nämlich das *Ich grolle nicht* aus der *Dichterliebe* Robert Schumanns, aber in einer Tonart, die eine Terz höher lag als das Original. Und schon da gibt es bereits einen recht gefürchteten hohen Ton, nämlich ein A, das dann in der Transposition zum hohen C wird, also zum berühmten Spitzenton der Tenöre. Jonas sang das mit der größten Selbstverständlichkeit und ohne die geringste Mühe. So etwas zu einem Vorsingen zu bringen, kann von einer gesunden Portion Selbstbewusstsein zeugen – oder von völliger Ahnungslosigkeit. Aber so ahnungslos schien mir der junge Mann nicht zu sein, und natürlich habe ich ihn aufgenommen. Dieser ungewöhnliche Einstieg in meine Liedklasse ist aber auch das, woran ich mich von den ersten Jahren am deutlichsten erinnere. Denn Jonas war bei mir nicht gerade der eifrigste Student, er war schon früh in der Opernabteilung sehr gefragt und hatte für das Lied zu Anfang deutlich weniger Interesse. Zudem war ich von seiner Stimme, wenn man von der mühelosen Höhe einmal absah, nicht sonderlich beeindruckt. Sie war leicht und eher klein, hübsch, aber auch etwas farblos. Und dann kam er eines Tages zu einer Unterrichtsstunde, die nach seiner eigenen Schilderung zu einem Schlüsselerlebnis für ihn wurde. Er hatte keine neuen Lieder vorbereitet und entschuldigte sich dafür; ein Vorsingen mit Opernarien am nächsten Tag hätte ihn zu sehr beschäftigt. Als ich ihm darauf vorschlug, statt der Lieder doch einfach diese Arien durchzumachen, kam ich aus dem Staunen nicht heraus: Das war ja eine ganz andere Stimme! Größer, kerniger und ausdrucksvoller. Warum er denn bei den Liedern immer nur so auf Sparflamme gesungen hätte, fragte ich ihn, und Jonas meinte, er wäre überzeugt gewesen, dass Lieder so gesungen werden müssen. Wir machten dann sofort ein paar Lieder aus den letzten Stunden durch, Jonas sang wie befreit, und ich war begeistert. Jonas selbst meint heute, diese eine Stunde hätte alles geändert, und er wurde zu einem überzeugenden Repräsentanten des Liedgesangs.

Kurze Zeit darauf hätte es aber beinahe zu einem Rückschlag kommen können. Der große Hans Hotter gab in seinen späten Jahren viele Meisterklassen und fragte öfter bei mir an, ob ich ihm begabte junge Sänger schicken könnte. Eine ganz besondere Gelegenheit war eine Woche beim *Richard-Strauss-Festival* in Garmisch-Partenkirchen, für die Hotter mich wieder einmal um Sänger bat und fragte, ob ich diesmal auch als sein Pianist und Assistent kommen würde. Ich gab mir große Mühe, die besten Studenten auszuwählen, und konnte fünf wirklich gute präsentieren, vom Sopran bis zum Bass. Der Tenor war Jonas Kaufmann. Die Atmosphäre in diesem öffentlichen Kurs war wunderbar, Hotter war gut gelaunt und erzählte jede Menge Strauss-Anekdoten. Er liebte es, das Publikum zu unterhalten, und war ein sehr engagierter, aber auch strenger Lehrmeister. Schon weit in seinen Achtzigern war er immer noch ein großer Charmeur und konnte vom Sopran und von der Altistin nie genug bekommen. Immer wieder musste ich ihn sanft davon abhalten, bei den beiden Sängerinnen die Zeiten allzu sehr zu überziehen. »Na, ein Lied geht doch noch, oder?«, fragte er dann gerne mit spitzbübischem Lächeln. Er mochte auch den Bariton und war vom Bassisten ganz entzückt; Jonas aber behandelte er mit erstaunlicher Strenge, beinahe grob. Immer wieder hieß es: »Warum brüllen Sie denn so? Das ist ein Piano-Lied!« oder »Bauen Sie keine Sommerhäuser auf den hohen Tönen!« Was ihn zu dieser aggressiven Haltung gebracht hat, blieb mir ein Rätsel. Aber es war nur logisch, dass bei Jonas der Widerstand wuchs, und mit der Zeit wurde schon allein an seiner Körperhaltung klar, dass er den meisten Anweisungen Hotters nur mehr skeptisch folgte. Vor allem konnte und wollte er nicht einsehen, dass ihm jemand das volle Aussingen, das Benutzen seiner ganzen Stimme wegnehmen wollte, wovon er sich gerade erst hatte überzeugen lassen. Die beiden mochten einander einfach nicht, und das war ein bisschen schade.

Jonas war auf vielen Gebieten sehr beschlagen, interessierte sich sehr für technische Dinge, wusste alles über die damals noch recht neuen Mobiltelefone oder über Computer, und er war äußerst fachkundig bei Weinen, Kochrezepten oder bei Autos. Viele Male half er mir bei Problemen mit dem Handy oder dem Laptop, und natürlich wusste er auch jede Menge über Musik und Gesangstechnik, aber irgendwie bekam man das Gefühl, dass das Singen nicht so ganz im Mittelpunkt seines Lebens stand oder ihn zumindest nicht völlig ausfüllte. Dennoch: Mehr und mehr war ich von seiner Begabung überzeugt und arbeitete sehr gerne mit ihm. In einem der vielen Interviews, in denen ich zu Jonas Kaufmanns Anfängen gefragt wurde, bezeichnete ich ihn einmal als ziemlichen »Luftikus« in jenen Tagen, was bei einigen Leuten Empörung hervorrief. Jonas selbst aber lachte nur darüber und meinte: »Du hast ja gar keine Ahnung! In meinem Kofferraum waren immer Badehose, Surfbrett und Tennisschläger.« Er wusste eben Studium und Freizeitvergnügen gut zu kombinieren.

Mit eben dieser Idee machte ich 1993 ein Experiment in der Toskana. Ich lud eine Handvoll Studenten für zwei Wochen in eine angemietete Villa ein, wo wir zusammen arbeiten, aber auch Spaß haben wollten. Das Experiment missglückte gründlich, weil der Spaß – sprich: die nächtlichen Gelage – schnell so sehr Oberhand gewann, dass an ernsthaftes Arbeiten nur selten zu denken war.

Immerhin gab es aber dann auch ein paar Auftrittsmöglichkeiten in den Städtchen der Umgebung, wo spätabends auf der Piazza ein buntes Programm dargeboten werden sollte. Es war erstaunlich, wie alle plötzlich eifrig zu proben und zu üben begannen, um sich bei diesen improvisierten Konzertchen möglichst gut zu präsentieren. Nur Jonas blieb völlig gelassen und begnügte sich mit einer kurzen Verständigungsprobe, denn er sah diese Auftritte genau als das, was sie eben waren: eine kleine Abendunterhaltung für eine Handvoll Touristen und nicht mehr.

Gelassenheit ist aber eine Eigenschaft, die Jonas Kaufmann aus meiner Sicht immer ausgezeichnet hat. Egal, ob es der kleine Rathaussaal in Heidelberg oder ein Liederabend auf der Bühne der Met war – immer wirkte er konzentriert und ernsthaft, aber locker, ohne jede erkennbare Nervosität. Und das ist bis heute so geblieben, obwohl ihm jetzt schon allein die große Erwartungshaltung des Publikums genug Druck machen könnte.

Im Laufe der Zeit war ich von Jonas immer überzeugter und empfahl ihn schließlich an Christian Lange, den Sekretär von Hermann Prey, der nebenbei auch als Agent arbeitete. Bei den *Herbstlichen Musiktagen* in Bad Urach, die Lange zusammen mit Prey leitete, kam es dann auch zu ersten gemeinsamen Konzerten mit mir. Ich versuchte es auch anderswo, zum Beispiel in Graz, wo ich das Vertrauen der Intendantin Uta Werner genoss; und eines Tages bekamen wir tatsächlich einen Liederabend-Termin. Leider wurde Jonas krank und musste absagen. Wir bekamen einen neuen Termin, und Jonas wurde wieder krank. Also eine erneute Absage, aber kein drittes Terminangebot mehr, sondern nur den trockenen Satz von Frau Werner: »Den Namen Kaufmann möchte ich jetzt ein paar Jahre lang nicht mehr hören!« Dieser Wunsch dürfte nicht in Erfüllung gegangen sein.

Ein paarmal kam es in dieser Zeit um das Jahr 2000 aber doch zu Liederabenden. Meist wurde um populäre Programme gebeten, denn sonst würde man ja die Spielstätte nicht füllen können. So machten wir ein Programm mit der *Dichterliebe* in der Bergkirche Klaus an der Pyhrnbahn (100 Plätze) oder die *Winterreise* in der Dorfkirche von Schleching im Chiemgau (200 Plätze). Jonas war in dieser Zeit um die dreißig, er war im Ensemble der Züricher Oper und hatte schon an der Scala, in Paris und London, in Chicago, in Japan und bei den Salzburger Festspielen gesungen. Aber er hatte immer noch keinen »Namen«. Es gelang dann zwar auch ein Debüt bei der *Schubertiade*, das aber keineswegs zu einer sofortigen Wiedereinladung führte. Und schließlich gab es eine kleine Tournee in Japan auf Einladung meiner Frau, wobei Jonas mit ihr Duette sang, aber auch einen Sololiederabend in Tokyo bekam. Auf dem Programm stand die *Schöne Müllerin*, und auf der langen Autofahrt zum Saal stellten wir fest, dass wir nie über mögliche Zugaben gesprochen hatten. Die sind nach der *Müllerin* zwar nicht unbedingt gewünscht, aber auch nicht so ausgeschlossen wie nach einer *Winterreise*. Ich machte ein paar Vorschläge, aber

Jonas antwortete stets: »Kenn ich, aber kann ich nicht«. Eines dieser Lieder war die *Forelle*, ich murmelte ihm Zeile für Zeile vor, und als wir beim Saal ankamen, konnte er das Lied.

Ein paar Jahre lang hatte ich eine gute Verbindung mit der Intendantin des *Bad Kissinger Sommers*, Kari Kahl-Wolfsjäger, die mich immer wieder nach neuen Sängern fragte. Natürlich war auch sie an »Namen« interessiert und schlug zum Beispiel sofort ein, als ich einmal die Sopranistin Eva Lind erwähnte, die nur wenig Liederfahrung aufweisen konnte. Beim Namen Jonas Kaufmann kam das schon gewohnte »Nie gehört, wer ist das?«, aber es gelang mir schließlich, sie zu überreden. 2001 hatten wir einen Abend mit Schumann und Strauss, und dank einer Aufnahme kann ich auch heute nach all den Jahren feststellen, dass es ein wirklich gutes Konzert gewesen ist. Gleichwohl, nach dem Konzert meinte Frau Kahl-Wolfsjäger zu mir: »Mein Lieber, so jemanden bringen Sie mir bitte nie wieder!« Jahre später hat sie sich dann allerdings vergeblich bemüht, Jonas für Konzerte zu gewinnen.

Auch die Chefin der Plattenfirma Harmonia Mundi, Eva Coutaz, war nach einer Einspielung von Strauss-Liedern, der ersten Solo-CD von Jonas Kaufmann, an einer weiteren Zusammenarbeit nicht interessiert. »Unter Liedinterpretation stelle ich mir etwas anderes vor«, sagte sie zu mir.

Auch wenn das aus meiner Sicht unfassbare Fehleinschätzungen waren, zeigt es deutlich, dass Jonas von Anfang an sehr polarisierte, und das tut er noch heute, trotz seiner unzweifelhaften Stellung als einer der begehrtesten Sänger der Gegenwart.

Im selben Sommer 2001 kam es auch zum ersten Liederabend beim *Edinburgh Festival* mit glänzender Presse und Begeisterung der Veranstalter, so dass es in den Folgejahren viele weitere Konzerte gab. Zu dieser Zeit hatte sich Jonas stimmlich und künstlerisch bereits enorm entwickelt, es war nicht mehr allzu schwer, eine wirklich außerordentliche Karriere vorauszusehen. Und es waren ja auch nur mehr ein paar Jahre bis zu seinem triumphalen Debüt als Alfredo an der Met, nach dem viele meinten, »a star is born«. Der Medienwirbel, der dann auch um diese Zeit vehement einsetzte, kam aber selbst für Jonas überraschend. In jedem Plattengeschäft hing ein Poster von seiner neuesten Aufnahme, jedes wichtige Musikmagazin hatte ihn wenigstens einmal auf dem Titelbild. Und plötzlich ging es nicht mehr darum, Angebote für Liederabende zu bekommen, sondern auszuwählen, was interessant und terminlich überhaupt möglich war. Denn Jonas war bald an allen wichtigen Opernhäusern der Welt ein gefragter Mann, und Liederabende »zwischendurch« zu machen, ist keine leichte Aufgabe, allein schon durch die Fülle an Texten, die zu bewältigen ist. Zu meinem und vieler anderer Menschen Glück ist aber Jonas am Lied sehr interessiert, und wenn er es auch meist nur zwischendurch machen kann, so ganz gewiss nicht »nebenbei«. In den letzten Jahren gab es viele unvergessliche Höhepunkte: zum Beispiel eine Reihe von Liederabenden an der Bayerischen Staatsoper, Konzerte in den großen Sälen des Wiener Musikvereins und Konzerthauses, an der Wiener Staatsoper, in der Berliner Philharmonie, an der Mailänder Scala, der Pariser Oper, im Palau de la Música in Barcelona, in der Suntory Hall in Tokyo und der Carnegie Hall in New York, in Moskau und Sankt Petersburg. Oder den ersten Liederabend nach mehr als zwanzig Jahren auf der Bühne der Metropolitan Opera von New York vor 3800 Zuhörern, wo erstaunlicherweise trotz der enormen Dimensionen eine Art intimer Atmosphäre entstehen konnte. Besonders schön aber war es immer, wenn es zu mehreren Liederabenden in Folge gekommen ist. Etwa die drei Konzerte 2016 in Südamerika, wo sich Jonas im berühmten Teatro Colón von Buenos Aires zu sieben Arien-Zugaben hinreißen ließ. Man fühlt sich als Pianist bei *Celeste Aida* oder *Nessun dorma* normalerweise als unzulänglicher Orchesterersatz und nicht so wirklich wohl. Ein Trompetensolo oder ein flirrendes Streichertremolo ist auf dem Klavier eben nur sehr beschränkt darstellbar. Mit einem Sänger wie Jonas Kaufmann allerdings macht es trotzdem Freude, und wenn man dann beim Applaus die völlig verzückten Gesichter im Publikum sieht, ist man einfach glücklich, dabei zu sein. Ein anderes Erlebnis dieser Art gab es in der Philharmonie von Budapest, wo Jonas eine Arie aus der *Gräfin Mariza* der anwesenden Yvonne Kálmán, der Tochter des Komponisten, widmete. Als er dann bei der Wiederholung des Refrains den am Abend davor gelernten ungarischen Text sang, brach das Haus schier zusammen.

Zu mehr als drei, vier Liederabenden in Folge kommt es nur selten, und so war ich 2014 gespannt, wie eine Tournee mit neun Aufführungen der *Winterreise* verlaufen würde. Eine meiner

Meinung nach mehr psychische als physische Herausforderung, denn die Gefahr, dass bei so vielen Wiederholungen die Spannung nachlässt, ist groß. Aber davon konnte bei Jonas keine Rede sein, die Konzerte blieben im positivsten Sinne aufregend und waren, wie einige Zuhörer versicherten, auch höchst unterschiedlich. Und eben das macht ja Liederabende so einzigartig: Auch wenn alles geprobt und viele Male aufgeführt ist, kann sich bei einem Konzert immer Neues, Unerwartetes ergeben, spontan von einem der beiden Musiker in der »Poesie des Augenblicks« angeboten, vom anderen aufgenommen und zurückgegeben.

Wenn aus einem ehemaligen Studenten ein Sänger-Partner wird, gibt es manchmal eine kurze Phase der Umstellung. Auch Jonas hatte damit zu Anfang kleine Probleme und formulierte bei den ersten Proben Sätze wie: »Könntest du dir eventuell vorstellen, das etwas schneller zu machen?« »Wäre es vielleicht möglich, mir hier etwas mehr Zeit zum Atmen zu geben?« Ich musste fast lachen und bat ihn, mit dem Höflichkeitszirkus aufzuhören. Das ist nun zwanzig Jahre her, und wir haben keine formellen Probleme mehr im Umgang miteinander. Bei Proben wird nicht sehr viel gesprochen, wir verstehen einander zumeist ohne Worte, und allzu viele Proben brauchen wir auch nicht. Das liegt zum einen daran, dass Jonas als Sänger für mich »leicht zu lesen« ist; das heißt, dass ich aus seiner Körpersprache, aus seinem Atem und natürlich aufgrund der vielen Jahre des gemeinsamen Musizierens vieles voraussehen kann. Zum anderen aber hört Jonas scharf zu und reagiert auf kleinste Nuancen so schnell, als wären sie abgesprochen. Die Harmonie zwischen uns, die so auffallend oft von Zuhörern und von der Kritik erwähnt wird, liegt also am wenigsten in vielen Proben begründet.

Die dynamischen Mittel, die Jonas zur Verfügung stehen, scheinen nahezu unbegrenzt zu sein, und er nutzt sie extrem aus. Ich kenne keinen anderen Sänger, der so viel Freude daran hat, unendlich zart zu singen, und am Ende eines bestimmten Schubert-Liedes haben wir sogar Spaß daran, einander im Pianissimo Konkurrenz zu machen und zu übertreffen. Meist »gewinnt« Jonas. Aber wenn seine strahlende Höhe bei manchen Strauss-Liedern so richtig aufblüht, geht mir genauso das Herz auf, ja, vielleicht sogar noch ein bisschen mehr.

An eine Eigenschaft des Sängers Kaufmann habe ich mich allerdings in all den vielen Jahren nicht so ganz gewöhnen können: seinen schier unendlichen Atem. An manchen Stellen, wo man als erfahrener Begleiter eine Spur beschleunigt, weil die meisten Sänger sonst Probleme bekämen, pfeift mich Jonas sofort zurück: »Bitte nicht schneller werden!« Und manchmal bitte ich ihn sogar zu atmen, weil ich allein vom Zuhören fast zu ersticken glaube. Aber Jonas meint, es sei oft anstrengender zu atmen, als es nicht zu tun. Und verblüfft mich immer wieder mit endlos langen Phrasen.

All dies zielt aber nicht auf Effekt, und ich möchte behaupten, dass Jonas ein völlig uneitler Sänger ist, soweit das jedenfalls für einen Tenor seines Kalibers überhaupt möglich ist. Den Willen des Komponisten zu erfüllen, alle Angaben möglichst genau zu beachten, steht für ihn an oberster Stelle. Er ist fasziniert, wenn er Manuskripte mit den oft ungenauen oder sogar verfälschten Druckausgaben vergleichen kann, und gestattet sich keine Freiheiten, um irgendwelche fragwürdigen Effekte zu erzielen. Die von manchen Sängern postulierte Haltung, dass es bei Liederabenden um eine »objektive« Darstellung von Gefühlen geht, teilt Jonas ganz und gar nicht. Er ist der Dichter in der *Dichterliebe*, der Wanderer in der *Winterreise* oder Petrarca in den Sonetten Liszts. Sein Engagement wirkt selbst aus größter Nähe so stark und echt, dass man manchmal zweifeln könnte, ob er überhaupt noch einen Gedanken an technische Dinge haben kann. Und trotzdem gibt es eine spürbare starke Verbindung zu seinem Partner am Klavier. Niemals habe ich bei unseren gemeinsamen Konzerten das Gefühl, einen Star bei seinen triumphalen Auftritten zu begleiten, sondern spüre eine Art kameradschaftlicher Herzlichkeit. Die ist dann beim Applaus oft so groß, dass sie mich manchmal nahezu verlegen macht. Dass wir, nebenbei bemerkt, in all den vielen Jahren niemals Streit, ja nicht einmal ernsthafte Diskussionen hatten, finde ich für jegliche Art von Beziehung ziemlich bemerkenswert.

Wenn man auch nur wenige Tage mit Jonas Kaufmann verbringt, bekommt man mit, welche ungeheure Fülle an Anfragen, Bitten, Vorschlägen täglich auf ihn niederprasselt, wie viele Entscheidungen ständig von ihm verlangt werden. Trotz einer Reihe von Helfern, vom Agenten bis zur Privatsekretärin, bleibt letztlich so vieles an ihm hängen, dass man Verständnis dafür bekommt, ja, bekommen muss, dass es von Jonas manchmal tagelang keine Antworten auf dringliche Fragen gibt, und er öfter Entscheidungen vor sich herschiebt, solange es nur irgendwie geht. Dabei kann es sich um ganz triviale Dinge handeln wie die Kleidungsfrage für ein bestimmtes Konzert oder die Entscheidung für ein Liederabend-Programm oder für Reisedaten – meist ist es ratsam, sich in Geduld zu üben.

Bis auf ganz wenige Ausnahmen macht Jonas alle Liederabende mit mir, er hält mir nun über viele Jahre die Treue. Bei einem Altersunterschied von 24 Jahren finde ich es nur natürlich, dass wir über eine Nachfolge für mich reden. Aber Jonas will davon nichts wissen und winkt gleich ab, wenn ich damit anfange. So bleibt mir nur zu hoffen, dass wir noch ein paar gemeinsame Jahre haben werden.

STEFANIE IRÁNYI

Im Chiemgau aufgewachsen, hatte sie eine starke Affinität zur bayerischen Volksmusik, war Mitglied der Singakademie und entschloss sich schließlich zu einem Studium an der Musikhochschule in München. Dort hatte sie dann mit zwei Gesangsprofessorinnen so viel Pech, dass sie viele Male kurz davor war, das Studium abzubrechen und etwas ganz anderes zu machen. Ich war jedoch von ihrer musikalischen Begabung und ihrem stimmlichen Potential so fest überzeugt, dass ich sie immer wieder dazu überreden konnte, weiterzumachen. Aber erst nach ihrem Abschluss an der Hochschule fand sie Lehrer, die sie stimmlich wirklich weiterbrachten. Musikalisch musste man ihr nicht viel beibringen; sie ist eine Erzmusikantin mit einem fabelhaften Sinn für stilistische Feinheiten, für rhythmische Präzision und eine makellose Intonation. Der Traum von einer Ensemblesängerin! Stefanie singt ganz aus der Tiefe ihres Herzens, alle Künstelei ist ihr fremd; das Aufwachsen mit Dreigesang und »Stubenmusi« in ihrer bayerischen Heimat hat bei ihr reiche Früchte hervorgebracht.

Steffi gewann den prestigeträchtigen Schumann-Wettbewerb in Zwickau und debütierte als Opernsängerin in ganz jungen Jahren in Menottis *Der Konsul* in Turin. Zahlreiche Engagements an italienischen Opernhäusern folgten. Als Konzertsängerin, etwa in den großen Bach-Werken, in Beethovens *Missa solemnis*, im Verdi-*Requiem* oder in den Symphonien Mahlers, führten sie ihre Engagements durch ganz Europa und bis Japan und Australien. Ich freue mich sehr über ihre Erfolge, und oft denke ich mit einiger Belustigung an eine ihrer Lehrerinnen in München, die ihr jede Möglichkeit zu einer erfolgreichen Karriere abgesprochen hatte.

Liederabende mit mir gibt es leider nicht so oft, wie ich es mir wünschen würde. Dass ihr Lebenspartner, der Dirigent Asher Fisch, ein hervorragender Pianist ist, spielt dabei eine gewisse Rolle. Manchmal aber macht er mir Platz, und dann habe ich das Vergnügen mit einer wunderbaren Liedsängerin.

MAURO PETER

Eigentlich sollte ich nach 25 Jahren Musikhochschule in München in Pension, in Rente, in den »wohlverdienten Ruhestand« gehen oder wie auch immer all diese hässlichen Begriffe lauten. Ich war dem Gedanken auch gar nicht so abgeneigt, jedoch gab es einen Rektor, der mich nicht gehen lassen wollte und mir eine Menge Optionen für eine Verlängerung meiner Professur in Aussicht stellte, die er dann aber alle doch nicht einhalten konnte. Ich bin trotzdem geblieben, und daran war nicht zuletzt ein Student schuld, den ich nicht verlassen wollte. Vielleicht habe ich auch einfach meinen Kollegen am Haus diesen hochbegabten jungen Mann nicht gegönnt, ich wollte ihn selbst weiter betreuen. Und ich muss sagen, es hat sich gelohnt!

Mauro Peter aus Luzern war eine der erfreulichsten Begegnungen in diesen vielen Jahren in München. Hochmusikalisch, mit einer schön timbrierten warmen Tenorstimme beschenkt; wissbegierig und fleißig, aber nicht streberhaft; mit einem gesunden Selbstbewusstsein ausgestattet, aber nicht arrogant; humorvoll, aber auch durchaus ernsthaft, wenn nötig. Er machte sehr rasch große Fortschritte und 2012 konnte ich den Chef der *Schubertiade* überzeugen, dass es sich lohnen würde, Mauro zu engagieren. Wir machten eine *Schöne Müllerin* in Hohenems, der zweiten Spielstätte der *Schubertiade*, ein Abend, der gut verlief. Im September gab es eine kurzfristige Absage von Anja Harteros, und Mauro Peter konnte einspringen. Zufällig hatte ich die Nummer des Handys, das er für das *Young Singers Project* von den Salzburger Festspielen bekommen hatte, und man konnte ihn bei der Abschlussfeier der Festspiele erreichen, gerade noch rechtzeitig, bevor er zu viel »gefeiert« hatte. Das Konzert verlief ausnehmend gut, und ich werde nie Mauros verdutztes Gesicht vergessen, als sich der ganze Saal von den Sitzen erhob, um ihn zu würdigen. Eine bei der *Schubertiade* nicht gerade alltägliche Reaktion des kenntnisreichen und verwöhnten Publikums! Bis 2018 hat Mauro fünfzehn

Liederabende bei der *Schubertiade* gesungen, eine rekordverdächtige Anzahl. Es folgten Einladungen zu Liederabenden in Wien, London, Zürich, Madrid, Frankfurt, Berlin und zu den Salzburger Festspielen, er sang bereits an vielen der bedeutendsten Opernhäuser Europas, und drei CDs mit Liedern von Schubert und Schumann liegen auch schon vor.

Es ist eine sehr schöne, klug und maßvoll angelegte Karriere, bei der ich große Freude daran habe, von Anfang an dabei gewesen zu sein. Mauro bleibt in der Oper in erster Linie bewusst bei Mozart-Rollen und hat im Lied in kurzer Zeit ein enorm großes Repertoire erworben. Seine Ruhe und Gelassenheit bei den Konzerten ist erstaunlich, denn Mauro ist nicht kühl und sachlich, sondern gibt sich ganz dem Singen und den damit verbundenen Emotionen hin. Er ist ein durchaus lebenslustiger junger Mann, der neben gutem Essen und Trinken auch vieles andere genießt, sich für verschiedene Sportarten begeistert, seinen Beruf aber ganz bewusst in den Mittelpunkt seines Lebens gestellt hat und ernsthaft an seiner Karriere weiterarbeitet. Vielleicht ist das der Grund, dass mir die mehr als vierzig Jahre Altersunterschied zwischen uns nur sehr selten in den Sinn kommen.

VON KLAVIEREN UND FLÜGELN

Es ist die ständige Problematik eines beruflichen Klavierspielers: Zwar müssen wir unser Instrument nicht mitschleppen, aber wir haben bei jedem Konzert ein anderes. Kaum vorstellbar, dass sich zum Beispiel ein Klarinettist mit solchen Gegebenheiten abfinden würde, ganz zu schweigen von einem Cellisten oder Geiger! Uns Klavierspielern aber bleibt nichts anderes als die Hoffnung, ein gutes Instrument vorzufinden oder im Idealfall sogar eine Auswahl unter mehreren treffen zu können. Was aber ist ein »gutes Instrument«? Der ideale Konzertflügel muss »brüllen können wie ein Löwe und flüstern wie eine Libelle«, schreibt Alfred Brendel. Solche Wunder begegnen einem auch tatsächlich dann und wann, aber es ist vielleicht ein Instrument unter hundert. Nur große Konzerthäuser haben mehrere Flügel zur Auswahl, die unterschiedlich auf die weite Bandbreite der Erfordernisse bei einem zarten Schubert-Lied bis zu der gewaltigen Klangfülle bei Rachmaninow- oder Bartók-Konzerten eingerichtet sind. In vielen Fällen aber muss ein einziges Instrument diesen Gegensätzen gerecht werden. Ein guter, verständnisvoller Klaviertechniker kann uns da sehr behilflich sein, vor allem, wenn es darum geht, einen »brüllenden Löwen« zu etwas zarteren Tönen zu überreden. Immer bin ich sehr erleichtert, wenn ich auf einen Klaviertechniker treffe, der mich schon lange kennt und bereitwillig sein ganzes Können zum Einsatz bringt. Seine erste Aufgabe ist es natürlich, für eine tadellose Stimmung zu sorgen. Aber danach geht es um den Klang, was mir fast noch wichtiger ist. Es ist ein reines Geduldsspiel, denn das sogenannte »Intonieren«, also das Präparieren der Hammerköpfe für die Gleichmäßigkeit des Anschlags, ist eine wahre Sisyphus-Arbeit; zwar gehört sie wie das Stimmen zu den Pflichtaufgaben des Technikers im Konzertleben, aber viele drücken sich ganz gerne davor. Ob aus Bequemlichkeit oder Zeitmangel, wie sie oft behaupten, lässt sich schwer einschätzen. Für den Laien ist es wohl kaum vorstellbar, wie unterschiedlich sogar fabrikneue Instrumente derselben Bauart klingen können, umso mehr natürlich Flügel, die schon jahrelang im täglichen Gebrauch sind. In jedem Konzert werden die kleinen filzbeschichteten Hammerköpfe ungleichmäßig beansprucht, eine manchmal wilde Mischung von harten und weichen Tönen ist die Folge. Ein ambitionierter Klaviertechniker aber kann ein Instrument in ein, zwei Stunden so positiv verändern, dass es kaum wiederzuerkennen ist. Man möchte ihn am liebsten dafür umarmen!

Paganini wurde angeblich recht unwirsch, wenn man ihm nach einem Konzert sagte, die Geige habe so wunderbar geklungen. Er hielt sich dann das Instrument ans Ohr und sagte trocken: »Ich höre nichts!« Natürlich ist es letztlich ausschlaggebend, was unsere Finger tun. Aber das Wohlgefühl, auf einem der Wunderflügel im Sinne von Alfred Brendel spielen zu können, ist einfach unbeschreiblich. Alles klingt gut, alles geht um so vieles leichter, man spielt mit gesteigertem Selbstvertrauen und schon allein dadurch um einiges besser.

Ich habe Konzerte auf allen Arten von Flügeln gespielt. Es gab einige großartige, die man am liebsten sofort eingepackt und mitgenommen hätte, es gab viele gute und mittelmäßige und ein paar wirklich schlechte. Die Erinnerung an zwei von ihnen überstrahlt alles – leider im negativen Sinn.

Ein Liederabend mit Bernd Weikl in der Oper von Rom. Mir wurde gesagt, dass ich am Vormittag üben könne, und ich betrete die Bühne, bestaune den gewaltigen Zuschauerraum, setze mich an den Flügel und beginne zu spielen. Nach kaum einer Minute höre ich damit auf, frage mich nach dem Betriebsbüro durch und erkundige mich in meinem schwachen Italienisch, wann denn der Klavierstimmer kommt. Der Flügel ist nämlich völlig verstimmt. »L'accordatore?«, sagt der freundliche Herr kopfschüttelnd. Der käme nur zweimal im Jahr, und heute sei Sonntag, da wäre einfach gar nichts zu machen. Es war mit Sicherheit die verstimmteste *Winterreise* meines Lebens!

Zu einem Konzert mit Hermann Prey in San Francisco kam ich zwei Stunden vor Beginn in den Saal und verließ den Flügel womöglich noch schneller als in Rom. Ich sagte dem Inspizienten, es müsse ein Irrtum vorliegen, das könne unmöglich das Instrument für das Konzert sein. Der Inspizient zuckte mit den Achseln und meinte, das sollte ich mit der Dame von der Agentur klären, sie müsse jeden Moment kommen. Die Agentin fragte dann routinemäßig, ob alles in Ordnung sei, was ich vehement verneinte. Aber als ich begann, mit allen mir zur Verfügung stehenden Ausdrücken über den miserablen Flügel zu schimpfen, der selbst für ein gewöhnliches Wirtshaus zu schlecht sei, zog sie die Augenbrauen hoch und teilte mir im arrogantesten Tonfall mit, dass dieser Flügel eben von einer Tournee mit Claudio Arrau zurückgekommen sei, und »Arrau was very satisfied with the piano«. Ich konnte nur etwas hilflos stammeln, dass ich das einfach nicht glauben könne, aber die Dame ließ mich gar nicht ausreden: »Es gibt ohnehin keine andere Wahl, Sie werden auf diesem Instrument spielen müssen.« Prey, der wenig später kam, zeigte sich verständnisvoll und meinte: »Mach, was du kannst, ich werde versuchen, nicht hinzuhören!« Irgendwann war auch dieses schreckliche Konzert zu Ende, und auf der Seitenbühne stand die Dame der Agentur, wand sich vor Verlegenheit, stotterte Entschuldigungen und verriet schließlich, dass beim Klaviertransport zwei Flügel irrtümlich vertauscht worden waren. »Mein« Instrument war von einer Rockband gekommen.

DER KONZERTTAG

Mit leichtem Schmunzeln denke ich an meine ersten Berufsjahre. Schon viele Tage vor den wenigen Konzerten der Saison erfasste mich nervöse Unruhe, und ich geriet oft in Panik, weil ich zu spät begonnen hatte, mich für das neue Programm vorzubereiten. Und neu war ja damals nahezu alles! »Wenigstens noch einen weiteren Tag«, habe ich mir oft gewünscht, und allmählich gelernt, dass dieser vergebliche Wunsch bei einem neuen Programm fast immer auftaucht; man gewöhnt sich daran. Im Laufe der Jahre wird das gespielte Repertoire immer umfangreicher, die Wiederholungen häufen sich, und heute ist mir ein großer Teil der Programme ziemlich vertraut. Was nicht bedeutet, dass ich daran nichts mehr zu üben habe! Nach Möglichkeit versuche ich, auf dem Konzertflügel schon am Vortag oder am Vormittag des Konzerts zu spielen und den Klaviertechniker zu treffen. Denn Wünsche gibt es fast immer. Sänger verirren sich am Vormittag eher selten in den Saal; die meisten ziehen einen ruhigen Tagesablauf vor, und ich sehe sie erst am Abend. Ein bis zwei Stunden vor Konzertbeginn bin ich wieder im Saal, die Lichteinstellungen werden gemacht und die Position des Flügels bestimmt. Die heute vor allem in Europa übliche leichte Schrägstellung fördert den Kontakt zwischen Sänger und Pianisten, erschwert aber dem Publikum einen Einblick in die Mimik des Begleiters. Ich glaube jedoch nicht, dass das unbedingt als Nachteil gesehen werden muss. Fast jeder Sänger will »die Akustik testen«, was nicht viel bringt, weil der leere Saal völlig anders klingt als mit Publikum. Es ist kaum mehr als ein Ritual. Manche möchten den Saal in absolutes Dunkel getaucht haben, andere wieder möglichst viel vom Publikum sehen. Ich wünsche mir sehr viel Licht auf den Noten, weil das meiner Konzentration hilft, und alle diese Einstellungen können unwahrscheinlich lange dauern, weil man selbst in Sälen, in denen es regelmäßig Liederabende gibt, immer wieder »bei null« beginnt, als wäre es das erste Konzert dieser Art. Bei einem Konzert in der großartigen Orchestra Hall in Chicago flog mir einmal ein Notenblatt in elegantem Bogen davon, und ich musste das Lied auswendig zu Ende spielen. Seitdem habe ich großen Respekt vor Klimaanlagen und bitte darum, sie beim Konzertbeginn auszuschalten. Ich kontrolliere noch einmal die Klavierbank, denn Stimmer haben sie meist für sich extrem hochgestellt und vergessen gerne, sie wieder auf die ursprüngliche Position zu bringen. Dann ist Publikumseinlass.

Die halbe Stunde bis zum Konzertbeginn vergeht schnell. Manche Sänger wollen in ihrer Nervosität eine bestimmte Stelle nochmals durchmachen, sie bitten darum, dass man ihnen im Notfall soufflieren oder manche Einsätze geben wird. Möglichst viel Gelassenheit ausstrahlend, versichere ich, dass alles gut gehen wird. »Bist du denn gar nicht nervös?«, fuhr mich einmal Brigitte Fassbaender vor einem Konzert an. Es war in Wien, wir hatten ein neues Programm, und ich war innerlich alles andere als ruhig. Aber im Laufe der Jahre habe ich gelernt, das eigene Lampenfieber zu verbergen und größte Zuversicht zu zeigen. Ich erzähle meinem Sänger in diesen Minuten auch nicht, dass ich schlecht geschlafen, einen fürchterlichen Steuerbescheid erhalten oder Krach zuhause gehabt habe. Soweit wie möglich gehe ich meinem Partner vor dem Konzert aus dem Weg, wenn er mich nicht braucht. Ich kontrolliere meine Noten und verhalte mich ruhig, unterlasse auch das nochmalige Durchspielen heikler Stellen, das nichts bringt und oft nur verunsichert. »Noch zehn Minuten bis zum Beginn«, kommt aus dem Lautsprecher und bald darauf: »Bitte zur Bühne!«

DAS KONZERT

Sänger und Begleiter »bespucken« einander gegenseitig – natürlich nur symbolisch, aber unbedingt auf die linke Schulter (sonst wirkt es ja nicht!) – und gehen danach auf das Podium. Gemeinsam, ohne den Respektabstand, der früher einmal üblich gewesen ist. Den halte ich aus gutem Grund nur hinter einer Sängerin, wenn ich Angst habe, auf ihr langes Kleid zu steigen. Der Applaus ist meist lange genug, um meine Noten zu platzieren und aufzuschlagen; die Sitzhöhe habe ich ja schon vorher geprüft. Es ist nicht sonderlich angenehm für den Sänger, auf seinen in den Noten blätternden oder an seinem Stuhl herumwerkelnden Partner warten zu müssen! Das von mir immer als etwas herablassend empfundene Zunicken des Sängers zu Beginn ist weitgehend aus der Mode gekommen, und ich erkenne allein aus der Körperhaltung, dass der Sänger bereit ist anzufangen. Nur selten muss ich einen Sänger bitten, nicht einen Meter vor dem Flügel zu stehen und mir den Rücken, also sozusagen die kalte Schulter, zu zeigen. Aber immer wieder mache ich als Zuhörer diese Erfahrung, besonders bei Studenten. Es ist mir unverständlich, dass die Pianisten nicht dagegen protestieren. Es geht nicht nur darum, dass ich gerne das Gesicht, vor allem den Mund meines Sängers sehen möchte. Ich finde es auch wichtig, dass der Sänger die Bewegungen des Pianisten im Gesichtsfeld hat. Wie auch in jeder anderen Kammermusik kommunizieren wir bewusst und unbewusst unendlich viel über die Körpersprache, nicht nur agogische und dynamische Nuancen, sondern auch viele Details des Ausdrucks. Und diese Kommunikation sollte gegenseitig sein, es ist eben ein ständiges Geben und Nehmen. Bei nicht wenigen Liedanfängen muss der Impuls vom Pianisten kommen, wenn der Sänger unmittelbar nach einem einzigen Klavierakkord einzusetzen hat. Ohne guten Sichtkontakt ist das nicht möglich. Das deutliche Einsatzgeben durch den Pianisten hat aber damit nichts zu tun und ist schrecklich. Man kann es manchmal bei Pianisten beobachten, die diese Angewohnheit durch langjähriges Korrepetieren angenommen haben, womöglich noch in Verbindung mit einer leichten Verlangsamung des

Tempos vor jedem Einsatz. Ich versuche nach Möglichkeit, nicht an meinen Noten zu kleben, und schaue den Sänger bewusst oft an, versuche ihm das Gefühl zu geben, dass ich stets bei ihm bin und er (fast) alles machen kann, was er will. Kleine Pannen passieren recht häufig, manche Einsätze kommen zu früh oder zu spät, oder Worte werden verwechselt. Schlimmer ist es, wenn in einem gewaltigen Sprung ganze Teile des Liedes ausgelassen werden und man schnell herausfinden muss, wo der Sänger »gelandet« ist. Gerald Moore nennt die dazu notwendige Orientierungsfähigkeit des Begleiters »die Geographie eines Liedes kennen«, und es ist nützlich, einige dieser gefährlichen »Weggabelungen« gut studiert zu haben. Im Allgemeinen ist aber das Auffangen und Vertuschen von solchen Entgleisungen weit weniger schwierig, als man denken könnte, sofern man genügend konzentriert ist. Wichtig ist, dass sich der Pianist bei alledem nichts anmerken lässt, und das habe ich in meinen ersten Jahren erst einmal lernen müssen. Wenn dann nicht einmal der Sänger selbst bemerkt hat, dass etwas »passiert« ist, bin ich höchst zufrieden. Abgesehen von solchen kleineren und größeren Pannen kann sich in einem Konzert immer Unvorhergesehenes ereignen: Der Sänger atmet plötzlich an ganz anderen Stellen als in der Probe, er hält sich nicht an ein geprobtes und im Klaviervorspiel gezeigtes Tempo, ist deutlich schneller oder langsamer. Oder er überrascht seinen Pianisten mit einem noch nie so gehörten Pianissimo eines Spitzentons. Stimmt also der oft zitierte Spruch »Auf dem Podium hat der Sänger immer recht«? In gewissen Grenzen möchte ich das durchaus bejahen. Denn natürlich gebe ich nach, wenn er bei einer bestimmten Phrase das Tempo verlangsamt, egal, ob er es aus technischen oder musikalischen Gründen tut. Oder ich versuche, das Tempo unmerklich zu beschleunigen, wenn ich spüre, dass der Atem knapp wird. Solange es sich bei all dem um Nuancen handelt, ist das ganz normal und bedarf keiner Worte. Geht es aber darüber hinaus, muss man sich zusammensetzen, darüber reden, die Ursachen ergründen und die betreffenden Lieder neuerlich proben. Und bei der Probe hat keineswegs »der Sänger immer recht«!

Über das ständige Husten im Publikum wurde schon so viel geschrieben und geredet; es ist offenbar nicht möglich, dieses Ärgernis abzustellen. Schlimm für den Liedbegleiter ist es aber, dass sich all das Räuspern und Husten – ebenso wie das Blättern im Programm – immer dann lautstark entfaltet, nachdem der Sänger seinen letzten Ton gesungen hat; egal, ob darauf bloß noch ein Akkord oder ein längeres Nachspiel folgt. In einer Liedgruppe und mehr noch in einem Zyklus bin ich zwischen den einzelnen Liedern nicht mehr bereit, das Verebben der Geräusche abzuwarten. Ich spiele einfach weiter, und wenn es ein leises Lied ist, spiele ich noch leiser als gewöhnlich. Ich war einmal Zeuge einer *Winterreise* mit Thomas Hampson und Wolfram Rieger, in der jedes Mal gewartet wurde, bis alles absolut still war. Die Pausen wurden aber dadurch nicht etwa kürzer, sondern immer länger; es entstanden wahre Orgien an Husten, so dass es am Ende kein Zyklus mehr war, sondern eine Folge von 24 einzelnen Liedern ohne Zusammenhang. Ich glaube, dass meine »Methode« den besseren Effekt hat.

Die Applausfreudigkeit des Publikums steht natürlich in direktem Zusammenhang mit der Popularität der Künstler, in zweiter Linie wohl auch mit der Leistung. Aber die regionalen Unterschiede überraschen den Musiker immer wieder. Das eher kühle skandinavische Publikum steht in Kontrast zu den »Bravi« schreienden Italienern, die etwas reservierten Londoner halten sich beim Auftrittsapplaus mehr zurück als die herzlicheren Wiener. Unvergesslich ist mir mein erster Auftritt im Concertgebouw in Amsterdam, als sich am Ende des Konzerts der ganze Saal zu Standing Ovations erhob, eine Ehre, die Musikern nur ausnahmsweise zuteil wird. Erst die Erklärung von befreundeten Holländern, dass das die ganz normale Reaktion des niederländischen Publikums auf ein gutes Konzert ist, brachte uns wieder auf die Erde.

Selbst nach einem recht gelassen und locker gegebenen Konzert ist man bei Zugaben oft noch um eine Spur entspannter, und manche Sänger, zum Beispiel Jonas Kaufmann, geben mit größtem Vergnügen Zugabe um Zugabe. Andere, wie Brigitte Fassbaender oder Peter Schreier, hatten weniger Freude daran; nach zwei, drei Liedern war für sie Schluss, da konnten die Leute klatschen, wie sie wollten.

Manchmal wird mir an Kleinigkeiten im Konzert bewusst, dass ich einer alten Generation von Begleitern angehöre. Immer noch warte ich beim Einsetzen des Applauses auf einen Blick des Sängers, bevor ich aufstehe; ganz automatisch trete ich auch sofort wieder zwei Schritte zurück, wie ich es in meiner Jugend gelernt habe. All dies scheint schon längst ausgestorben zu sein, und das ist gut so. Es gibt auch keine Sänger mehr, die wie Hermann Prey beim Applaus zu ihrem Begleiter sagen: »Ich gehe jetzt alleine hinaus!« Das ist gerade dreißig Jahre her, aber damals empfand ich es noch als ganz normal.

NOTENWENDER

Ein einziges Mal erlebte ich einen Liederabend, bei dem der Pianist das ganze Konzert ohne Noten spielte. Zusätzlich erstaunlich war noch die Tatsache, dass der berühmte Mann am Flügel seinen Weltruhm auf einem anderen Instrument erlangt hatte: es war Mstislaw Rostropowitsch, einer der bedeutendsten Cellisten der Geschichte, der seine Frau Galina Wischnewskaja begleitete.

So sehr ich diese Bravourleistung bestaunte – es kam mir nie in den Sinn, dem nachzueifern. Zwar spiele ich einige Lieder bei Zugaben ganz gerne auswendig, aber einen ganzen Abend, etwa eine *Winterreise* ohne Noten zu spielen, fände ich einfach zu riskant, auch wenn ich solche hunderte Male gespielten Werke vermutlich in kurzer Zeit sicher auswendig beherrschen würde. Wenn alles glattgeht – gut. Aber was tun, wenn der Sänger einmal zwei Takte überspringt, zu früh oder zu spät einsetzt? Hätte ich dann wirklich die nötigen Nerven und die Übersicht, wenn ich keine Noten vor mir habe? Ich bezweifle es.

Tatsächlich habe ich gerade noch eine Zeit erlebt, in der der hilfreiche Notenwender mit einem ganzen Stoß von Notenbänden mit auf das Podium kam, und man in einer einzigen Liedgruppe aus mehreren Bänden spielte. Auf einer Reise mit verschiedenen Programmen musste man unter Umständen einen kleinen Koffer voll Noten mitschleppen. Seit den Siebzigerjahren des 20. Jahrhunderts ist es damit vorbei; Musiker in aller Welt spielen und singen vielfach aus Kopien, obwohl der Rechtsstand nach wie vor unverändert geblieben ist: Das Kopieren von Noten ist in der Regel verboten und kann mit Freiheitsstrafen bis zu drei Jahren bestraft werden. Ein erstaunlicher Tatbestand von weltweiter Gesetzesmissachtung!

Es ist vielleicht nicht besonders charmant, wenn ich sage, dass Notenwender ein oft unvermeidliches Übel darstellen und man sie im Grunde nur in zwei Gruppen einteilen kann: in gute und schlechte. Aber schon Gerald Moore formulierte erbarmungslos: »Ein guter Umblätterer ist ein Segen, ein schlechter ein Fluch.« Über den guten gibt es eigentlich nur zu sagen, dass man ihn kaum bemerkt: lautlos und schnell blättert er im exakt richtigen Augenblick und ist ansonsten so gut wie unsichtbar. Der schlechte hat jedoch vielerlei Möglichkeiten zur Entfaltung. Es beginnt mit unpassender Kleidung: Erstaunlich viele junge Menschen machen sich darüber offenbar keine Gedanken und finden es ganz in Ordnung, neben einem Mann im Frack in Jeans und Sandalen zu sitzen. Sie stehen an den leisesten Stellen geräuschvoll auf und setzen sich ebenso geräuschvoll wieder hin; sie versuchen mit der rechten Hand das untere Seitenende zu ergreifen (statt mit der linken das obere), wobei sie dem Pianisten entweder die Noten oder die Tasten oder beides verdecken; sie summen oder dirigieren ein bisschen mit oder zeigen sonstwie ihre Anteilnahme. Oder sie schütteln bedenklich den Kopf, weil eine Klavierpassage oder ein Tempo nicht nach ihrem Geschmack gewesen ist. Am »liebsten« sind mir aber die Umblätterer, die gleich am Beginn der rechten, zu wendenden Notenseite dem Pianisten gebannt ins Gesicht statt in die Noten schauen. Sie warten voll Spannung auf den Ansatz des ausgemachten Kopfnickens, so dass sich der Pianist bemühen muss, steif wie eine Statue zu sitzen, um nur ja keine missverständliche Bewegung zu machen. Jeder Musiker liest in den Noten seiner gerade gespielten Musik voraus; der Notenwender, der mit dem Blättern bis zur letzten Note des letzten Taktes wartet, als würde er ein Buch lesen, ist daher zu spät. »Ich soll also immer einen Takt vor Seitenende blättern?«, fragt der lernwillige Aspirant. Leider funktioniert das nicht nach einem so einfachen Schema; das Vorauslesen des Pianisten ist sehr unterschiedlich und hängt von vielen Faktoren ab: vom Tempo des Stücks, von der Komplexität des Notensatzes und vor allem von der Vertrautheit des Spielers mit dem Notenbild. Spielt man ein kompliziertes Stück zum ersten Mal, »klebt« man wesentlich intensiver an den Noten als bei einer einfachen Begleitfigur, die sich viele Male wiederholt. Der ideale Notenwender wird diese Unterschiede aber spüren und braucht das Kopfnicken nur mehr als Bestätigung.

Wer jetzt glaubt, dass ich zu viel Getöse um eine Lappalie mache, dem sei versichert, dass ich hier versucht habe, mich auf das Wichtigste zu beschränken. Nur noch am Rande seien ein paar weitere Störmöglichkeiten erwähnt: der Notenwender, der mit seinem offenen Jackett die untere Hälfte der Tasten zeitweise unbenutzbar macht, der zwei Seiten auf einmal erwischt, der mit zu großem Schwung blättert und dabei die Noten entweder zerreißt oder gar auf die Klaviatur befördert, oder die Notenwenderin, die ihr linkes Handgelenk mit einer großen Anzahl von Armreifen schmückt und dadurch jedes Blättern mit leisem Geklingel begleitet. All das sind keine böswilligen Erfindungen, sondern recht leidvoll und oft erlebte Erfahrungen aus vielen Jahrzehnten. Ich mache daher immer einen kurzen Test, selbst wenn mir versichert wird, dass sie oder er das schon oft gemacht hat. Zweimal habe ich vor Konzerten in großen Musikschulen die Notenwenderin wegen offensichtlicher Unfähigkeit wieder weggeschickt und nachher erfahren, dass es sich um Klavierprofessorinnen des Hauses gehandelt hatte.

Zum Abschluss sei noch der großen Anzahl an Notenwendern gedacht, die im Bemühen um vermeintliche »Diskretion« und »Unauffälligkeit« in einem Soloauftritt das Konzertpodium erst lange hinter den Künstlern betreten und sich dann möglichst weit vom Pianisten entfernt niederlassen, so dass jeder Blättervorgang zu einem mittleren Spaziergang gerät. Und auch der Notenwender, der sich nach vollbrachter Leistung zusammen mit den Künstlern verbeugt, ist keine Erfindung, sondern tatsächlich schon mehrfach passiert.

Bei der *Schubertiade* wollte einmal eine Notenwenderin schon bei der Probe am Tag vor dem Konzert dabei sein; das würde sie im Konzert entspannter machen. Ich hatte nichts dagegen. Nach der Probe sagte sie voller Bewunderung: »Das ist ja ganz unglaublich, wie gut Sie die Texte auswendig kennen!« – »Wie kommen Sie darauf?«, fragte ich. Weil ich doch mehrfach dem Sänger Textfehler korrigiert hätte! »Aber ich habe doch die Noten vor mir liegen«, meinte ich. Darauf sie, ganz verblüfft: »Und da können Sie die Texte mitlesen, während Sie spielen? Unglaublich!«

NACH DEM KONZERT

Einer meiner hoffnungsvollsten Klavierstudenten in der Liedklasse in München hatte bei einem Wettbewerb die Gewinnerin im Abschlusskonzert begleitet. Ich ging nach hinten, um beiden zu gratulieren, und sah zunächst die Sängerin, umringt von ein paar Dutzend Konzertbesuchern. Der Pianist stand abseits, allein und sichtlich enttäuscht und frustriert. Ich gratulierte ihm und lobte sein wunderbares Spiel, aber dann sagte ich ihm unverblümt meine Meinung: »Wenn Sie diesen Beruf wirklich anstreben, werden Sie sich an solche Situationen gewöhnen müssen. Es werden immer viel mehr Menschen zum Sänger kommen, aber diejenigen, die dann auch zu Ihnen wollen, werden nicht die Schlechtesten sein ...« Ich weiß nicht, inwieweit ich ihn mit solchen Sprüchen aufmuntern konnte, und ich muss gestehen, dass ich mich nicht so ganz in seine Seelenlage versetzen konnte. Zwar kann ich nicht leugnen, dass ich mir in meinen ersten Jahren etwa mit Hermann Prey in ähnlichen Situationen auch manchmal etwas verloren vorkam. Aber ganz ehrlich: Ich hätte nicht mit ihm tauschen wollen! Und wenn ich einmal – mehr oder minder gezwungenermaßen – anderthalb Stunden neben Jonas Kaufmann sitze und brav meine Unterschriften abliefere, bewundere ich ihn maßlos: Nach einem anstrengenden Konzert beantwortet er geduldig alle nur denkbaren Fragen: zu seinen nächsten Auftritten, zu seiner Familie, zu seiner Meinung über die Regie der *Carmen* in der Stadt X und ob ihm die in Y nicht doch besser gefallen hätte. Und das alles mit dem freundlichsten Lächeln, auch für die unzähligen Fotos, natürlich meist Selfies mit den Autogrammjägern zusammen. Ich weiß: »Das gehört zum Job«, hat mir schon Prey immer gepredigt. Aber ich versuche, dem zu entkommen, wann immer ich kann. Ich bin nicht menschenscheu; ich unterhalte mich gerne mit interessanten Leuten und beantworte auch ihre Fragen, aber nicht in dieser Atmosphäre, sondern nachher in einem Restaurant, wo es dann auch nicht mehr als höchstens ein Dutzend Personen sein sollten.

Die rechten Worte für die Künstler zu finden nach einem Konzert, das nicht besonders gefallen hat, fällt mir schwer. Aber es ist noch weitaus schwieriger, etwas halbwegs Vernünftiges zu sagen, wenn es einem ungemein gefallen, wenn etwas ganz tief berührt hat. Da klingen alle Worte schal und abgedroschen. Viel mehr als »Danke!« vermag ich meist nicht zu sagen. Vielleicht lassen sich manche der beliebten Sätze, die man nach einem Konzert zu hören bekommt, auf diese Weise erklären. Mein Favorit ist eindeutig: »Wie geht es dir?« Aber auch »Du schaust gut aus« ist nicht zu verachten! Wobei diese Sätze natürlich auch bedeuten können, dass das Konzert grauenhaft gewesen ist. Aber für diesen Fall gibt es bereits einige Klassiker wie »ein schönes Kleid« oder »ein höchst interessantes Programm«!

Es ist und bleibt ein schwieriges Unterfangen, egal, ob man sein Missbehagen vertuschen oder echte Begeisterung kundgeben möchte. Wie leicht haben es dagegen die Japaner! Da gibt es ein Zauberwort, das immer passt. Die Zuhörer sagen es den Künstlern, und die wiederum verabschieden sich damit gegenseitig nach einem Konzert oder einer Vorstellung; vermutlich denkt niemand mehr an den eigentlichen Sinn, ähnlich wie bei unserem »Mahlzeit«, und alle sind zufrieden. Das Wort heißt »Otsukaresama« und bedeutet so etwas wie »Sie müssen ermüdet sein.«

BARBARA BONNEY

Die sängerische Erziehung in den Vereinigten Staaten scheint mir in manchen Punkten völlig anders zu sein als in Europa. In amerikanischen Lehrbüchern über Liedgestaltung ist erstaunlich viel von Gestik und Mimik, von Körperhaltung, Auftreten und Verbeugen, von Kleidung und Make-up oder der Programmgestaltung die Rede; Aspekte, die in Europa oft so sträflich vernachlässigt werden, wie sie mir in den USA übertrieben vorkommen. Barbara Bonney war die erste Amerikanerin, mit der ich über ein paar Jahre Liederabende gemacht habe. Obwohl sie in Kanada und in Salzburg ausgebildet wurde, war sie zumindest für mich eine typisch amerikanische Sängerin. Barbara hatte ursprünglich Cello studiert und war dementsprechend musikalisch äußerst versiert, sie war immer akribisch vorbereitet und auf Perfektion bedacht. Ihre Liedtexte lernte sie auswendig, indem sie sie viele Male erstaunlich kalligrafisch niederschrieb. Und mit ihrer glockenhellen, technisch sicher geführten Stimme konnte sie oft wahre Wunderdinge vollbringen. Ihre deutsche Aussprache war sehr gut, aber als ich doch einmal bei der Probe einen kleinen Fehler anmerkte, meinte sie etwas mitleidig: »Ach, Helmut, als Österreicher willst du mir doch nicht etwa mein Deutsch korrigieren?!« Ich habe daraufhin keine weiteren Versuche unternommen.

Ich konnte Barbara für ihre Musikalität, für ihre wunderbare Stimme, für ihre Perfektion bewundern, aber wirklich gefangen nahm sie mich nicht. Dafür wirkten viele ihrer Gesten und stimmlichen »Effekte« auf mich zu einstudiert und kontrolliert, ich bekam nicht den Eindruck, dass sie sich von der Musik oder von der Poesie wirklich berühren ließ. Und diesen Eindruck teilte sie für mich mit einigen anderen amerikanischen Sangesgrößen.

Nach einem Liederabend in Wien kam meine fünfzehnjährige Nichte ins Künstlerzimmer, gratulierte und flüsterte mir dann ins Ohr: »Die singt ja sehr schön, aber ich glaube ihr kein Wort!« Sie ließ sich also offensichtlich nicht so leicht täuschen wie der

Kritiker, der seine Besprechung desselben Abends mit folgenden Worten übertitelte: »Zauber der Natürlichkeit«.

Trotz der genannten Einschränkung erinnere ich mich gerne an eine stattliche Anzahl von Konzerten in den Neunzigerjahren, die uns zuletzt auch nach Südkorea und Japan brachten. Einer dermaßen professionellen Sängerin, die mit ihren makellosen silbrigen Höhen oft staunen ließ, begegnet man schließlich nicht alle Tage.

Beim Publikum kam Barbara hervorragend an, und das war für sie von größter Wichtigkeit. Aus ihren Programmen sind mir die *Hermit Songs* von Samuel Barber und *On This Island* von Benjamin Britten besonders lebhaft in Erinnerung. Ich habe ihre Stimme noch im Ohr, wenn ich diese Zyklen spiele.

ANGELIKA KIRCHSCHLAGER

»Die schönste Stimme Österreichs« titelte eine Wiener Zeitung nach Angelikas Debüt im *Rosenkavalier* in Graz, und die Rolle des Octavian sollte auch zu einer ihrer erfolgreichsten werden. Sie war Studentin bei Walter Berry gewesen, der sich für sie und einen zweiten Schützling, Petra-Maria Schnitzer, für einen Doppel-Liederabend im Musikverein eingesetzt hatte. Ich sollte die beiden Damen begleiten, aber Angelika bestand darauf, mir vorzusingen, obwohl ich ihr versicherte, dass es mir bestimmt Vergnügen machen würde, die »schönste Stimme Österreichs« zu begleiten. Dieses sehr informelle Vorsingen fand eines Abends in einer Garderobe des Musikvereins statt, ausgerechnet zur selben Zeit, als Christa Ludwig dort im Großen Saal ihr Abschiedskonzert gab, was ich als gutes Omen wertete. Der Liederabend wurde zu einem glänzenden Einstand, und in rascher Folge kamen Einladungen zu weiteren Konzerten in Wien, zur *Schubertiade* in Schwarzenberg, nach München, Frankfurt, Berlin, an die Mailänder Scala, nach Paris, Amsterdam, London und New York, um nur einige der wichtigsten zu nennen. Angelika wurde Ensemblemitglied der Wiener Staatsoper und zu einem erklärten Liebling des Publikums, und das nicht nur in Wien. Es kam zu Engagements an den bedeutendsten Opernhäusern der Welt und schließlich auch zu einem Plattenvertrag mit Sony; ihre erste Aufnahme enthielt Lieder von Alma und Gustav Mahler und eine weitere Ersteinspielung von gerade veröffentlichten Liedern Erich Wolfgang Korngolds. Weitere CDs mit Liedern von Hugo Wolf, Schumann und nochmals Mahler folgten.

Neben ihrer außergewöhnlich schönen, warmen Stimme war ihre Erscheinung ein ganz ausschlaggebender Teil ihres großen Erfolgs. Damit meine ich nicht nur ihr zweifellos hübsches Gesicht mit der attraktiven Haarpracht, sondern vor allem ihre völlig ungezwungene Natürlichkeit auf der Bühne. Diese Einstellung, sich vor niemandem und wegen nichts verbiegen zu wollen, konnte sogar ihre Aussprache beeinflussen. Ich machte sie einmal darauf aufmerksam, dass ihre Diktion eines bestimmten Wortes nicht den Gesetzen der Bühnensprache folgte; aber die Salzburgerin wollte es partout so aussprechen, wie sie es eben normalerweise tat, und nicht anders. Ich weiß heute nicht mehr, ob sie sich umstimmen ließ oder nicht. Auch musikalisch war ihr vieles sofort suspekt, wenn sie es nicht als natürlich empfinden konnte, und wir hatten einige kleine Streitereien über agogische Feinheiten. Im Allgemeinen aber war es eine entspannte fröhliche Partnerschaft ohne Probleme. Angelika war eine wunderbare Reisegefährtin, die stets viel zu erzählen hatte, und wir hatten auf unseren Reisen auch jede Menge Spaß. Bis ihr Sohn Felix in die Schule kam, war er bei vielen Reisen dabei und dazu noch ein Kindermädchen, oft eine Freundin von Angelika. Wenn wir zu viert in einem Restaurant saßen, amüsierten mich die nachdenklich-forschenden Blicke der anderen Gäste, die sich wohl fragten, was ein Mann mittleren Alters mit zwei attraktiven jungen Damen und einem Kind zu tun hatte.

Angelika nahm natürlich ihren Beruf ernst, und ohne Fleiß und Disziplin wäre eine solche Karriere auch gar nicht möglich gewesen. Aber manchmal spielte ein kleiner Pannenteufel doch eine etwas große Rolle in ihrer Karriere. Da wurden Termine verwechselt oder vergessen, ein weit angereister Journalist versetzt oder ein Programm vertauscht. Es konnte auch vorkommen, dass Angelika bei einem Lied nach zwei Dritteln einfach zu singen aufhörte, weil sie glaubte, dass es zu Ende sei, und ich meine Hände gerade noch in allerletzter Sekunde davon abhalten konnte, weiterzuspielen. Manchmal habe ich mich auch gefragt, ob ihre ansteckende, den verzauberten Zuhörer mitreißende Spontanität auf dem Podium mit einer ganz anderen Persönlichkeitsstruktur überhaupt vereinbar gewesen wäre. Eine Sängerin, die penible Arbeitspläne macht und jede Menge Sekundärliteratur liest, die ihr ganzes Leben dem Beruf unterordnet und schon Wochen vor einem Termin perfekt studiert ist, hätte wahrscheinlich anders gesungen. Das Sängerleben besteht zu einem sehr großen Teil aus Arbeit, aber es ist auch schön, wenn daneben eine gewisse »Leichtigkeit des Seins« spürbar bleibt.

Fast jedem Sänger passieren mitunter kleine Gedächtnisfehler, aber ein besonderer »Unfall« mit Angelika war wohl einzigartig:

Es standen Strauss-Lieder auf dem Programm, und nach zwei Liedern schaute Angelika zu mir und begann mit lauter Stimme ein Lied zu singen, das kein Klaviervorspiel hatte. Ich sah sie etwas fassungslos an und blieb bewegungslos sitzen, denn das nächste Lied war ein ganz anderes. Und es hatte ein besonders langes Vorspiel. Nach ein paar Sekunden hatte Angelika gemerkt, dass etwas nicht stimmte, brach ab und schaute verwirrt zu mir. Ich sagte leise den Titel des nächsten Liedes – *Morgen* –, und begann mit dem langen Vorspiel. Wir kamen glücklich zum Ende des Liedes, worauf Angelika sich mir wieder mit breitem Lächeln zuwandte und das vorige Lied mit noch größerer Überzeugung anstimmte. Und wieder rührte ich mich nicht, denn dieses Lied stand an diesem Abend überhaupt nicht auf dem Programm! Diesmal dauerte es etwas länger, bis Angelika die Situation erfasst hatte; dann begann sie schallend zu lachen und sagte zum Publikum: »So etwas ist mir noch nie passiert!« Das war so entwaffnend, dass ihr natürlich niemand böse sein konnte.

Besonders in den ersten Jahren durfte ich alle Liederabend-Programme für sie entwerfen, die meist auch ihre volle Zustimmung fanden. Und im Laufe der Zeit haben wir ein großes Repertoire von Mozart bis Schönberg erarbeitet. Zusammen mit Heinz Zednik und Walter Berry hatte Angelika die Lieder der sogenannten *Kremser Alben* eingespielt, eine große Sammlung von populären und zum Teil anonymen Wiener Liedern. Mit den Wiener Schrammeln machte sie wunderbare Konzerte mit diesen Liedern, bei denen ihre frische Art, ihre herzliche Wärme und ihr großartiger Humor voll zur Geltung kamen. Wenigstens als Zugaben machten auch wir manchmal Lieder dieser Art, und einige davon wie zum Beispiel *Draußen in Petersdorf* werden mir immer unvergesslich bleiben.

PROGRAMME

Franz Liszt gilt als »Erfinder« der Klavierabende im heutigen Sinn, und ab der Mitte des 19. Jahrhunderts konnten sich auch einige wenige berühmte Sänger erlauben, einen eigenen Abend zu geben, aber die Programme glichen meist einer musikalischen Gemischtwarenhandlung: *Arie Antiche* »zum Einsingen«, ein Lied von Schubert, zwei von Mendelssohn, eine Arie von Weber, zwei Lieder von Schumann, ein paar modische »Salonstücke« von heute längst vergessenen Komponisten und einige effektvolle Opernarien zum Abschluss. Programme dieser Art hielten sich teilweise bis in die Mitte des 20. Jahrhunderts, und noch in meiner Jugend gab es Opernstars, die Programme mit zwölf und mehr Komponisten anboten, darunter zum Beispiel den *Frühlingstraum* aus der *Winterreise, Ungeduld* aus der *Schönen Müllerin* oder *Ich grolle nicht* aus der *Dichterliebe.*

Wie sehr aber das genaue Gegenteil, nämlich die Aufführung eines geschlossenen Zyklus einmal schockieren konnte, lesen wir in den Schriften des berühmten Wiener Kritikers Eduard Hanslick. 1856 trat der Sänger Julius Stockhausen auf, *»und zwar mit dem einfachsten Programm der Welt. Anstatt des gewöhnlichen Sammelsuriums von Stücken, deren eines nicht zum anderen gehört, lasen wir auf dem Anschlagzettel bloß: ›Die schöne Müllerin‹, ein Liederzyklus von Franz Schubert. Die Idee ist unseres Wissens eine neue. […] Indem Stockhausen es unternahm, den ganzen aus zwanzig Nummern bestehenden Zyklus vorzutragen, gewährte er fürs erste dem Publikum eine unschätzbare Anschauung des Zusammenhangs eines Werkes, das in einigen seiner Teile allbekannt, in anderen hingegen auffallend zurückgesetzt ist. Sodann gewann der Sänger durch diesen Zusammenhang den Vorteil, das bisher nur lyrisch Vereinzelte dramatisch auffassen zu können.«*Aber als Stockhausen 1860 noch einmal denselben Zyklus sang, nahm Hanslick wieder einiges zurück und schrieb: *»Eine öftere Wiederholung scheint kaum ratsam: Die Nachteile eines solchen lyrischen Monsterkonzerts treten empfindlich hervor, sobald der Reiz der Neuheit sie nicht mehr deckt. Die Liebe des guten Müllerburschen in all ihren zwanzig Stadien ununterbrochen mitzumachen, das hat etwas Ermüdendes.«*

Auch gut dreißig Jahre später hat Hanslick seine Meinung keineswegs geändert: »*Alice Barbi gab uns Schumanns Liederkreis ›Dichterliebe‹, hatte jedoch den guten Geschmack, ihn nicht vollständig, sondern mit Hinweglassung von acht Nummern vorzutragen. Das unverkürzte Durchsingen eines sogenannten Liederzyklus hat auch dann sein Bedenkliches, wenn es sich um einen wirklichen Zyklus wie ›Die schöne Müllerin‹ oder die ›Winterreise‹ handelt. Wo dies nicht der Fall, da steigert sich die Bedenklichkeit. Das gilt von der ›Dichterliebe‹ wie auch von Schumanns Liedersammlung ›Myrthen‹ oder seinem Eichendorff'schen Liederkreis. Sie zeigen ebenso wenig eine epische oder dramatische Entwicklung, sind ebenso wenig ›Zyklen‹ im Sinne notwendigen Zusammenhangs wie die ›Magelonelieder‹ von Brahms, deren vollständiges Durchsingen auch bereits in Deutschland Mode wird, eine falsche, missverständliche Mode. Unmittelbar nach der Barbi hat Herr Gura und gleich nach diesem Herr Thiele die ›Dichterliebe‹ vollständig gesungen. Warum nicht lieber jene Lieder ausscheiden, die musikalisch unbedeutender sind und durch die Gleichartigkeit der Stimmung sich fast wie Doubletten ausnehmen? Diese leidige Vollständigkeit macht den Sänger und den Zuhörer zu Tränenweiden. Sechzehn liebeskranke Gedichte nacheinander, und gerade diese Gedichte! Für meine Empfindung sind sie peinlich durch ihr unersättliches Heraushängen des zerrissenen Herzens, des übergroßen Wehs, der bitteren Tränen, kurz des ganzen Schmerzensapparates, an den man bei Heine nie recht glauben kann.*«

Das klingt vielleicht wie die etwas extremen Ansichten eines einzelnen Herrn, aber ich bin überzeugt, dass sie die allgemeine Meinung jener Zeit widerspiegeln. Noch 1926 schreibt der Herausgeber der Wolf-Lieder, Paul Müller: »*Man hat sogar mehrfach den Versuch gemacht, das ganze ›Italienische Liederbuch‹ in Form von Wechselgesängen an einem Abend vorzutragen. Diesen Versuch halte ich für durchaus verfehlt.*« Schumanns *Kerner-Lieder* op. 35 wurden zum ersten Mal von Dietrich Fischer-Dieskau zyklisch vorgetragen; zumindest behauptet er das, nicht ohne einen Pfeil auf seinen Kollegen Hermann Prey abzuschießen, der ihm das (wie so manch anderes) »nachgemacht« habe. Diese Beispiele von Zyklen, die man erst nach langer Zeit geschlossenen aufzuführen begann, ließen sich mühelos fortsetzen. Vieles davon ist heute erfolgreicher Standard.

Auch anderes hat sich in den in den letzten Jahrzehnten drastisch verändert: Seit Christa Ludwig 1980 die *Winterreise* eingespielt hat, singt eine steigende Anzahl von Frauen nicht nur die Schubert-Zyklen oder die *Dichterliebe*, sondern auch viele »Männerlieder«, die jahrzehntelang für sie tabu gewesen sind. Nicht so hundertprozentig allerdings: Denn bis mindestens in die Achtzigerjahre wurden viele Textstellen in Liedern einfach abgeändert: Aus jedem »sie« wurde »er«, aus »Mädchen« wurde »Liebster« usw. Das alles jedoch ohne allzu viel Logik und Konsequenz. So blieben etwa die Texte von großen Dichtern eher unangetastet, während es bei Dichtern wie Schulze oder Bierbaum offenbar weniger Hemmungen gab. Aber auch die *Kindertotenlieder* von Mahler wurden immer schon von Frauen gesungen, obwohl es reine Männertexte sind. Und das war früher bei anderen Komponisten ebenso: die berühmte »schwedische Nachtigall« Jenny Lind (1820–1887) sang bereits Lieder aus der *Schönen Müllerin*, viele andere Sängerinnen wie Lotte Lehmann, Brigitte Fassbaender oder Christine Schäfer haben die *Winterreise* oder die *Dichterliebe* gesungen. Kaum jemand regt sich heute darüber noch auf, und die erwähnten Textänderungen sind so gut wie verschwunden. Weit mehr Diskussionen gibt es aber zum Beispiel, wenn Jonas Kaufmann die *Vier letzten Lieder* von Richard Strauss oder die *Wesendonck-Lieder* Richard Wagners singt, obwohl die Texte beider Zyklen absolut geschlechtsneutral sind und im Manuskript der *Vier letzten Lieder* sogar bloß »für hohe Stimme« notiert ist. Hier werden jedenfalls nur Traditionen gebrochen, aber keine Tabus. Was man vom Experiment Matthias Goernes, *Frauenliebe und -leben* von Schumann zu singen, wohl eher nicht behaupten kann.

»Wer macht eigentlich die Programme, der Sänger oder der Pianist?« ist eine oft gestellte Frage. Vieles hängt davon ab, wie gut Sänger und Pianist einander kennen und wie viel Vertrauen sie in die Urteilskraft des anderen haben. In meinen Anfängerjahren bekam ich die Programme von Sängern wie Seefried oder Prey einfach mitgeteilt, aber später wurden Programme meistens gemeinsam besprochen. Da steuern beide Seiten Ideen bei, es wird diskutiert, beschlossen und wieder verworfen, neue Lieder ausprobiert, Zeiten gestoppt, Tonarten-Folgen bedacht, stimmliche Bedenken geäußert und überlegt, ob ein Programm für ein bestimmtes Publikum zu schwierig oder zu populär sein könnte.

Von jungen Sängern werde ich oft gebeten, Programme vorzuschlagen. Es ist keine leichte Aufgabe. Heute werden Liederabende gerne nach einer programmatischen Idee zusammengestellt.

Abgesehen von abendfüllenden Zyklen beschränkt man sich auf ein paar wenige Komponisten, oft nur auf zwei oder zum Beispiel im Falle Schuberts oder Schumanns auf einen einzigen. Man stellt einen bestimmten Dichter in den Mittelpunkt oder versucht, Liedgruppen nach einem Begriff zusammenzustellen: »Blumenlieder«, »Wasserlieder«, »Wanderlieder«, Lieder nach antiken oder mythologischen Texten, Lieder einer bestimmten Epoche, einer Jahreszeit, einer einzelnen Region, Lieder der Nacht oder Lieder über den Tod und vieles mehr. Und natürlich gibt es die größte Auswahl bei Liebesliedern. Aber solche Ideen allein genügen nicht, leicht werden daraus sogenannte »Schreibtischprogramme«. Es gibt noch einiges zu bedenken.

Da ist zunächst das wichtige Anfangslied, das den »schwer zu definierenden ›Dialog‹ der Künstler mit den Hörern« (Fischer-Dieskau) einleiten soll. Es wird im Normalfall weder extrem langsam noch besonders lange sein, denn man will ja den Zuhörer »packen« und nicht gleich einschläfern. Die Verwandtschaft der Tonarten, eine abwechslungsreiche Abfolge der Tempi und nicht zuletzt ein gewisser Sinnzusammenhang der Texte sind weitere wichtige Elemente, die es zu berücksichtigen gilt. Eine Folge von Liedern in derselben Tonart oder derselben Gangart ist möglichst zu vermeiden, ebenso wie eine Reihe von Strophenliedern hintereinander. Und dennoch sind das alles nur allgemeine Regeln, die von einem großen Künstler problemlos durchbrochen werden können. Ich erinnere mich an einen Liederabend Peter Schreiers, den er mit vier extrem langsamen und leisen Schumann-Liedern begonnen hat. Er konnte das und hatte das Publikum sofort im Griff, aber zur Nachahmung würde ich es niemandem empfehlen. Brigitte Fassbaender liebte es manchmal, ein paar Lieder in derselben Tonart aufeinanderfolgen zu lassen, und in Schuberts *Schöner Müllerin* gibt es sogar einmal vier Strophenlieder hintereinander! Es gibt also keine sicheren »Rezepte« für ein gelungenes Programm, aber es lohnt sich, darüber intensiv nachzudenken.

»Warum spielen Sie keine zeitgenössische Musik?« Die Frage höre ich eigentlich nur von Journalisten, und mir gehen viele möglichen Antworten durch den Kopf. Ich versuche es zunächst mit zwei kurzen: weil sie mir nichts sagt und weil ich heute keinen Sänger als Partner habe, der sie singen möchte. Ich kenne auch kaum Menschen, die sie hören wollen. Aber vielleicht bewege ich mich ja in der falschen Gesellschaft und spiele für ein ganz spezielles Publikum. Doch mit meiner Überzeugung, dass die völlig atonale und speziell die Zwölftonmusik eine Sackgasse in der Musikgeschichte sind, bin ich nicht gerade allein. Wie viele andere Menschen wünsche ich mir von Musik ein sinnliches Erlebnis, kein intellektuelles. Wenn ich etwa Lieder oder Kammermusik von Webern gründlich studiert und aufgeführt hatte, gab mir das eine gewisse Befriedigung, vergleichbar etwa mit der erfolgreichen Fertigstellung eines Puzzles. Von Musik aber erwarte ich mehr, sonst wäre ich nicht Musiker geworden. Ich bin wohl ein hoffnungsloser Romantiker, der in Liedern wenigstens ab und zu auch Kantilenen hören möchte, nicht nur mühsam zu lernende, schwer zu singende vertrackte Intervallsprünge. Ich möchte bei der Wiederkehr eines Themas, eines Motivs eine Gänsehaut bekommen oder wenigstens ein wohliges Gefühl. Atonale Musik kann mir das nicht geben. Eine Pressemeldung im August 2018: »Berliner S-Bahn will mit atonaler Musik Kriminelle vertreiben.«

Meine distanzierte Einstellung zu den meisten Kompositionen der Gegenwart könnte sich möglicherweise ändern, würde ich mich mehr damit beschäftigen oder zumindest manche Werke öfter hören. Aber dazu fühle ich mich selten eingeladen. Auch ein spätes Streichquartett von Beethoven oder eine Mahler-Symphonie können längere Zeit manche Rätsel aufgeben, aber es gibt »Anhaltspunkte«, sie bestehen nicht nur aus Rätseln. »Musik verstehen« ist für mich ein ziemlich unsinniger Begriff; sie muss mich zunächst einmal auf irgendeine Art ansprechen. Dann bin ich auch gerne bereit, sie zu studieren und besser kennenzulernen. Sicherlich liegt es auch an meiner sehr konservativen Musikausbildung, dass ich bis heute Schwierigkeiten habe, Musik ohne tonalen Bezug etwas abzugewinnen. Ich empfinde Musik, die in mir keine Gefühle auslöst, als völlig trostlos, oft auch einfach lächerlich, und kann mit ihr einfach nichts anfangen. Es gibt eben Dinge, die für unser Gehör zu schräg sind, und auch in weiteren hundert Jahren wird sich meiner Meinung nach daran nichts ändern.

Studiert man alte Konzertprogramme oder Verlagsankündigungen, stößt man auf eine Vielzahl halb oder ganz vergessener Namen von Komponisten. Alexander von Zemlinsky, Franz Schreker und Erich Wolfgang Korngold erfahren jetzt nach einem halben Jahrhundert Vergessenheit eine Art Renaissance. Andere wie zum Beispiel Erich Zeisl oder Hans Gál warten noch darauf. Und ein Komponist wie Joseph

Marx, in meiner Studienzeit noch als großer, vielleicht sogar bedeutendster österreichischer Liedkomponist nach Hugo Wolf gefeiert, ist fünfzig Jahre später fast völlig vergessen. Selbst über Lieder von Franz Liszt schreiben manche Kritiker erstaunt von unbekannten Werken. Für mich ist es immer wieder faszinierend, die Lieder dieser Komponisten zu studieren und dabei wunderbare Entdeckungen zu machen. Zwar muss man manchmal Sänger dazu überreden, leider mehr noch die Veranstalter, aber zumindest in kleinem Maße zu solchen Wiederbelebungen beizutragen, erfüllt mich mit großer Freude und Genugtuung.

Dem Vorwurf, in einer Museumswelt zu leben, kann ich nur entgegnen, dass dieses Museum nicht nur von unfassbarer Schönheit ist, sondern so viele Schätze birgt, dass ein Menschenleben nicht ausreicht, sie alle kennenzulernen. Selbst wenn man sich im gewaltigen Reich der Musik nur auf das Lied beschränkt hat. »Ich habe mich entschlossen, Museumsdiener zu sein.« (Alfred Brendel)

ANDREAS SCHMIDT

Unser erstes Zusammentreffen war ein doppelter Einspringer: Olaf Bär hatte einen Liederabend beim *Bad Kissinger Sommer* abgesagt, und Andreas Schmidt wurde eingeladen. Dann erkrankte auch der ursprünglich geplante Geoffrey Parsons, und ich wurde gefragt, weil Schmidts ständiger Klavierpartner in zahllosen Konzerten und Aufnahmen, Rudolf Jansen, nicht frei war. Erstaunlicherweise übernahm Andreas das sehr bunt gemischte Programm ohne jede Änderung, und es wurde eine einzige Probe am Vortag des Konzerts verabredet. Andreas war bei dieser Erstbegegnung ausgesprochen liebenswürdig und sparte nicht mit netten Worten, aber dennoch war ich einigermaßen verblüfft, dass es nicht den leisesten Ansatz von Wünschen, keinen Hauch von Änderungsvorschlägen gab. Nach jedem Lied nickte Andreas zufrieden oder sagte »wunderbar« und deutete mir, weiterzumachen. Die Probe war in der kürzestmöglichen Zeit zu Ende. Ich war so überzeugt, dass wir uns an diesem sonnigen Nachmittag noch zu einem Kaffee in den schönen Kuranlagen zusammensetzen würden, dass ich von dem knappen »Also, bis morgen!« des zuvor so charmanten Sängers überrascht, ja, auch ein wenig enttäuscht war. Als ich Andreas viel später einmal erzählte, wie verwundert ich über die eilige Probe und die kühle Verabschiedung damals gewesen war, musste er lachen: »Ich wollte damals unbedingt das Endspiel in Wimbledon zwischen Steffi Graf und Navratilova im Fernsehen anschauen und habe mich geniert, das zu sagen!«

Es kam zu einigen weiteren Konzerten, darunter auch in Island, wo Andreas sehr gerne auftrat und danach für ein paar Tage die großartige Landschaft und vor allem das Fischen genoss. Bei einem Abendessen in Detmold kam er plötzlich auf die Idee, einen Plattenproduzenten in der Nähe einzuladen, um ihm die Gesamtaufnahme aller Vokalwerke von Brahms mit Klavier vorzuschlagen. Der 100. Todestag von Brahms 1997 stand bevor. Der Produzent stieg zu meiner Verblüffung sofort darauf ein. Es war ein Gespräch von wenigen Minuten gewesen, und das Ergebnis waren immerhin vierzehn CDs mit allen Liedern und Ensembles!

Andreas hat nach seinem sehr frühen Einstieg ins Sängerleben an der Deutschen Oper Berlin eine geradezu unwahrscheinlich große Anzahl an Aufnahmen gemacht; er war im besten Sinne des Wortes äußerst routiniert. Auch unseren Aufnahmeleiter Harry Tressel kannte er schon lange, die Atmosphäre im Studio war ganz locker, und nach den Aufnahmen gingen wir oft gemeinsam essen. Unvergesslich schöne heitere Abende!

Ich glaube, ich habe niemals bei Aufnahmen einen entspannteren Sänger erlebt als Andreas. Er konnte ein heikles Lied wie die *Feldeinsamkeit* ungerührt dreimal hintereinander singen, weil ein Geräusch im Saal oder eine technische Panne das erfordert hatten. Und er sang es dreimal völlig makellos, ohne den leisesten Ansatz von Nervosität oder gar Ungeduld. Das war wohl nicht alles nur die Routine, sondern auch eine glückliche Veranlagung: die absolute Gelassenheit, wie man sie bei Sängern nicht oft erlebt.

Vor den Aufnahmen wurde kaum geprobt. Wir nahmen in der Regel jedes Lied zunächst einmal auf und gingen dann zum Abhören. Danach meistens schweigend zum Studio zurück, um weitere Aufnahmen desselben Liedes zu machen. Als ich Andreas einmal fragte, warum er mir denn nicht gesagt hätte, dass meine linke Hand an einer bestimmten Stelle ganz unregelmäßig ist, sagte er grinsend: »Ich wusste ja, dass du das beim Abhören selber merken wirst; warum soll ich es denn sagen?«

Andreas wurde später mein Kollege als Gesangsprofessor an der Münchener Musikhochschule, wir machten gemeinsame Meisterkurse, saßen in Wettbewerbsjurys und haben in dieser Zeit auch noch ein paar Liederabende gemacht. Unsere wichtigste gemeinsame Tat waren aber zweifellos die Brahms-Einspielungen, über die ich sehr glücklich bin.

AUFNAHMEN

Für manche Sänger sind Aufnahmen etwas grundsätzlich anderes als ein Konzert; Publikum und Atmosphäre des Saals fehlen ihnen. Ich empfinde den Unterschied als nur gering und eher positiv. Denn mein »Publikum« ist ja in erster Linie der Sänger, an den ich auch im Konzert mein Spielen weit mehr »adressiere« als an die Zuhörer im Saal. Bei der Aufnahme aber gibt es nur den Sänger und den Pianisten im Saal, wir sind ein Team, und keine Außenwelt stört uns. In den meisten Fällen gibt es dabei auch einen weit besseren Blickkontakt zwischen Sänger und Pianist als im Konzert. Die Atmosphäre eines akustisch guten Saals oder einer schönen Kirche ist zunächst natürlich angenehmer als ein nüchternes Tonstudio. Aber diese Umwelt vergisst man im Allgemeinen schnell. Die Suche nach der idealen Position des Sängers, nach dem Standort des Flügels und der Mikrophone und nach den optimalen Toneinstellungen kann ermüdend lange dauern, manchmal ist aber auch schon nach wenigen Minuten alles zur Aufnahme bereit. Ich bemühe mich dann, gleichzeitig voll konzentriert und locker zu sein, vor allem aber nicht zu denken: »Das ist für die Ewigkeit!« Es ist ja bloß eine Art Visitenkarte, die Dokumentation einer erarbeiteten und im Idealfall auch im Konzert schon oft erprobten Interpretation. Zumindest versuche ich, mit dieser inneren Einstellung die Aufnahme zu beginnen. Oft ist schon nach kurzer Zeit das gewisse Maß an unvermeidlicher Nervosität verflogen, und ich spiele gelöster, zumindest so lange, bis ein paar schwierige, gefürchtete Stellen kommen. Es ist erstaunlich: Obwohl mit der heutigen Aufnahmetechnik nahezu alles zu flicken und zu reparieren ist, bleibt oft eine Spur von Befangenheit, die eigentlich unnötig ist. Man riskiert im Allgemeinen weit weniger, als man könnte, vermutlich, weil man das vom Konzertpodium so gewohnt ist. Das Rotlicht, das die Aufnahmebereitschaft anzeigt, behält auch nach vielen Jahren immer noch seine seltsam bedrohliche Wirkung, so dass etliche Aufnahmeteams mittlerweile darauf verzichten. Oft gibt es ja auch Sichtkontakt mittels einer Kamera, und zumindest für mich macht es einen deutlichen Unterschied, ob ich zum Spielen »kommandiert« werde oder den Zeitpunkt selbst bestimme. Kleine psychologische Spielchen mit großer Wirkung!

Der Aufnahmeleiter ist für mich von unschätzbarer Bedeutung, und für die besten von ihnen habe ich unendlichen Respekt. Wie man eine groß besetzte Oper wie *Salome* aufnehmen kann, ohne einen einzigen Fehler zu überhören, ist mir noch immer ein Rätsel, aber selbst bei der kleinen Form des Liedes ist so vieles gleichzeitig zu überwachen: eine winzige Intonationsschwäche, ein undeutlich gesprochener Konsonant, etwas leicht Rauhes in der Stimme, eine unsaubere Pedalisierung, ein unvollständiger Akkord, ein Nebengeräusch im Saal, gar nicht erst zu reden von falschen Tönen. Ich habe viele Arten von Aufnahmeleitern kennengelernt; sie können nüchtern-trocken, pedantisch, inspirierend, oberflächlich, aufbauend oder angsteinflößend sein; sie müssen auch begreifen, wie viel sie kritisieren sollen oder wann es keinen Sinn mehr macht; sie können durchaus auch musikalische Anregungen geben, sollen aber nicht belehren; sie müssen viel psychisches Feingefühl haben, endlose Wiederholungswünsche ohne Murren ertragen und irgendwann auch sagen: »Wir machen jetzt am besten eine kleine Pause!« Verkündet der Aufnahmeleiter: »Wir haben alles«, müssen wir ihm unbedingt vertrauen können. Wenn dieses Vertrauen nicht schon durch frühere Aufnahmen vorhanden ist, hört man lieber die ersten »Takes« gemeinsam ab, um einander besser kennenzulernen. Ich habe manchmal bei den ersten Abhörfassungen, die man für die Toneinstellungen am Beginn macht, bewusst falsche Töne gespielt, um zu testen, ob sie bemerkt wurden. War das nicht der Fall, wusste ich wenigstens, dass ich sehr viel selbst nachkontrollieren musste. Das ist mühsam und kostet Zeit. Leider gibt es auch Aufnahmeleiter, die nur gebannt auf den Sänger hören und für den Pianisten keinen einzigen Kommentar haben. Ich habe ein paar dieser Art erlebt, und es waren erfahrene und in der Branche bekannte Namen darunter. Im Idealfall aber hat man einen Aufnahmeleiter, der nicht nur die aufzunehmenden Werke gut studiert hat, sondern auch mit den Stärken und Schwächen der Musiker vertraut ist. Ihm entgeht absolut nichts; er spürt ein geringfügiges Nachlassen der Spannung, bemerkt eine vernachlässigte Nebenstimme im Klavier, spornt Sänger und Pianisten zu intensiverem Ausdruck, zu mehr Leidenschaft und Risikobereitschaft an oder vermag, sie zu mehr Zärtlichkeit und gelassener Ruhe zu überreden. Man macht am besten ein paar Gesamtaufnahmen eines Liedes, bevor man an die Verbesserung einzelner Details geht. Und manchmal auch noch eine ganz zuletzt im entspannten Gefühl einer »Zugabe«. Solche Aufnahmen können zu wahren Lehrstunden werden, von denen man durch das wiederholte Abhören mehr profitiert als in jedem Unterricht. Dieses Glück hatte ich unter anderen mit David Murray (EMI) und Martin Sauer (Harmonia Mundi und Teldec) bei vielen Aufnahmen.

Der zeitliche Aufwand beim Aufnehmen eines einzigen Liedes variiert je nach Länge, Schwierigkeit und der Akribie des Teams ganz beträchtlich. Von einigen Minuten bis zu etwa einer ganzen Stunde ist alles möglich. Und oft findet man nach langem Bemühen in den ersten Gesamtfassungen zumindest teilweise das beste Material. Im Durchschnitt braucht man drei oder vier Tage für die Aufnahme einer CD.

Das Abhören der ersten Schnittfassung ist für mich immer eine etwas qualvolle Aufgabe, die ich meist um Tage hinausschiebe. Aber irgendwann muss es sein, man sitzt etwas verkrampft da und hört so kritisch zu wie vermutlich später niemand mehr. Im Wissen um das oft reiche Aufnahmematerial mache ich eine Liste mit Korrekturwünschen, die manchmal erschreckend lang oder auch etwas seltener erfreulich kurz ist. Aber eine Liste gibt es immer, und wenn ich Glück habe, kann auch einiges ausgetauscht und verbessert werden. Ich weiß von Aufnahmen, bei denen diese »Nachbehandlungen« viele Tage gekostet haben, denn man kann ja heute technisch wahre Wunder vollbringen. Aber oft sind diese aus zahllosen Schnipseln zusammengebastelten Aufnahmen künstlerisch nicht sehr befriedigend. Es ist zwar alles »korrekt«, aber seltsam steril, ohne Frische und Leben. Sogenannte »Live-Mitschnitte« oder Aufnahmen, bei denen mit größeren Abschnitten gearbeitet wurde, sind nach meiner Erfahrung besser.

Wenn alle Korrekturen gemacht sind und die CD auf den Markt kommt, bekomme ich meine Belegexemplare, verschenke ein paar, stelle die anderen ins Regal und höre sie meistens nie wieder an.

GRACE BUMBRY

Zufällig kannte ich den Inspizienten, der 1966 bei den *Carmen*-Vorstellungen der Salzburger Festspiele Dienst hatte. Als er mich einlud, eine Vorstellung von seinem Dienstplatz aus zu verfolgen, sagte ich mit Begeisterung zu. Mirella Freni sang die Rolle der Micaëla, und ich werde nie vergessen, wie sie im dritten Akt vor ihrer Arie zum Inspizientenpult kam, mir ein Stück Würfelzucker in die Hand drückte und mich bat, es für später aufzubewahren. Nach der Arie kam sie zurück, beugte sich zu mir herunter und öffnete mit einer unmissverständlichen Geste ihren Mund. Mit spitzen Fingern steckte ich ihr den Würfelzucker in den Mund und muss zugeben, dass ich diese Sekunde ganz seltsamer Intimität durchaus genossen habe. Am liebsten hätte ich ihr zugeflüstert, dass ich als Chorsänger schon öfter mit ihr gemeinsam auf Konzertpodien gestanden hatte, zum Beispiel bei Verdis *Requiem* unter Karajan. Leider war das nicht der richtige Ort und Zeitpunkt für solche Offenbarungen, und es blieb auch die einzige »persönliche« Begegnung mit dieser wunderbaren Sängerin. Karajan war auch der Dirigent dieser *Carmen*-Produktion, und die Titelheldin war die erst neunundzwanzigjährige Grace Bumbry, die bereits fünf Jahre davor als *Schwarze Venus* in Bayreuth ungeheures Aufsehen erregt und damit ihren internationalen Durchbruch erlangt hatte. Dass ich jemals mit diesem Weltstar in Kontakt kommen würde, hätte ich mir mit meinen 20 Jahren damals nicht träumen lassen. Es hat auch 35 Jahre gedauert.

Und wieder war es mein alter Freund Hokanson, der mir dazu verholfen hat. Er hatte früher mit Grace Bumbry Liederabende gemacht und mich ihr empfohlen. Sie wohnte damals in Lugano, und es war selbstverständlich gar keine Frage, dass ich dorthin fahren musste, um mit ihr zu proben. Sie empfing mich sehr freundlich und blieb es auch während der Probe, war aber auf schwer zu beschreibende Weise jeder Zoll ein Star. Auf durchaus liebenswürdige, aber auch ganz leicht herablassende Art bestimmte sie alles, Diskussionen gab es keine. Sie nannte das Programm, das hauptsächlich aus deutschen Liedern bestand, *Hommage à Lotte Lehmann*, bei der sie fast ein halbes Jahrhundert zuvor in Santa Barbara studiert hatte. Diese Zeit muss sehr prägend für die Liedsängerin Bumbry gewesen sein; der Satz »die Lehmann hat das so unterrichtet« fiel recht oft, und bei manchen Liedern, mit breiten Tempi und leichtem Pathos vorgetragen, fühlte ich mich in eine andere Epoche versetzt. Ihre Stimme war noch unglaublich frisch, und mit ihrer technischen Souveränität und ihrem langen Atem konnte sie Jahrzehnte jüngere Kolleginnen durchaus erblassen lassen. Die Höhepunkte ihrer Programme waren für mich immer die Spirituals; zum einen, weil ich niemals zuvor die Gelegenheit gehabt hatte, solche so authentisch gesungenen Stücke zu begleiten, zum andern, weil Grace Bumbry nach meiner Ansicht darin wirklich konkurrenzlos war. Und natürlich war ich glücklich, auf diesem für mich so fremden Terrain überhaupt mithalten zu können. Leider teilte Grace meine Begeisterung für diese Lieder keineswegs, und wenn ich manchmal bat, ein, zwei Spirituals wenigstens als Zugaben zu singen, meinte sie: »Ach, nicht schon wieder!« Offensichtlich hatte sie das einfach zu oft gesungen. Hingegen sang sie gerne als dritte oder vierte Zugabe die *Seguidilla* der *Carmen* und zog dabei – verführerisch und scheinbar alterslos – noch einmal alle Register ihrer großen Kunst. Das Publikum lag ihr zu Füßen.

Wir hatten Konzerte unter anderem in New York, London, Wien und Paris, wo auch ein Film über das Konzert entstand. Ihr zweiter Liederabend in Wien, 2007 im Konzerthaus, war bedauerlicherweise ihr offizieller Abschied vom Konzertpodium. Sie war inzwischen 70 Jahre alt, dachte aber noch nicht ernsthaft an den Ruhestand. Nur mit den Liederabenden war es vorbei. Sechs Jahre später trat sie noch einmal in Tschaikowskys *Pique Dame* an der Wiener Staatsoper auf! Die erstaunliche Karriere einer erstaunlichen Frau.

MATTHIAS GOERNE

Die Erinnerungen an Matthias Goerne sind äußerst vielschichtig. Eine erste Einladung zu einem Liederabend war 2006 aus heiterem Himmel gekommen, und wir verstanden uns auf Anhieb sehr gut. Nach einem der ersten Konzerte waren wir essen gegangen und saßen dann in der lauen römischen Sommernacht bis zum Morgengrauen mit einer Flasche Wein auf den Stufen vor dem Hotel und plauderten. (Es werden wohl eher zwei Flaschen gewesen sein.) Matthias konnte unwahrscheinlich liebenswürdig sein, von geradezu bezwingendem Charme, und er war ein hingebungsvoller Vater für seine damals etwa zwölfjährige Tochter. Andererseits spielte er auch recht gerne den »Chef«, und das nicht nur Menschen gegenüber, die ihm seiner Ansicht nach auf irgendeine Weise »untergeordnet« erschienen, sondern auch vor seinem Partner am Klavier. Aber da war die Triebfeder wohl in erster Linie sein ungemein starker Gestaltungswille. Es ging weniger um die sogenannte Perfektion, sondern um Ausdruckskraft, um Intensität und Leidenschaft. Ich habe niemals davor und danach eine solch intensive Probenarbeit erlebt, Hermann Prey vielleicht ausgenommen, an den mich vieles erinnerte. Mit Prey hatte Matthias auch gemein, dass er sich bis in die kleinsten Verästelungen hinein für den Klavierpart interessierte. Er war schier unermüdlich bei Proben, die oft viele Stunden lang dauerten, und konnte sich in manche Details regelrecht verbeißen, wobei er sich selbst dabei ebenso wenig schonte wie seinen Begleiter. Manchmal blieben mir seine Wünsche, oder besser gesagt: Forderungen, allerdings etwas unverständlich. So bestand er zum Beispiel bei einem Schubert-Lied, dessen Klavierpart aus typischen einfachen Begleitfiguren bestand, darauf, dass ich die Gestaltung bestimme, ihn also musikalisch führe. Meinen Einwand, dass ich scharf aufpassen, sozusagen an seinen Lippen hängen und auch wirklich jede Nuance in der Phrasierung vorausahnen und mitmachen werde, ließ er nicht gelten. »Du bist wieder zu passiv«, schimpfte er immer wieder, »du musst mehr gestalten!« Eine etwas verkehrte Welt in meinen Augen. Er konnte geradezu besessen an einzelnen Stellen »herumdoktern« und sie endlos wiederholen, bis ihm die Klangfarbe, die Betonung, das Timing perfekt schienen.

Als eine Art Marotte empfand ich seinen gelegentlichen Hang zu ganz extrem langsamen Tempi. Zweifellos gibt es besonders bei sehr ruhigen Liedern eine große Bandbreite an möglichen Tempi, zuweilen aber übertraf Matthias alles bisher Dagewesene. Meiner Ansicht nach hatte das dann nichts mehr mit der Musik zu tun, sondern eher mit einem gewissen sportlichen Ehrgeiz, die Ausdauer seines allerdings oft wirklich unglaublich langen Atems zu demonstrieren. Natürlich konnten diese Extremleistungen eine gewisse Wirkung auf den Zuhörer nicht verfehlen. Ich habe mich nur manchmal gefragt, ob es auch die Art von Wirkung war, die dem Komponisten vorgeschwebt haben mag.

Waren schon die Proben mit Matthias von großer Intensität und Spannung geprägt, so erhöhten sich diese Werte im Konzert ganz unglaublich. Eine derartige Hingabe, ein solches Sich-Verbrennen habe ich in diesem Maße wohl nur bei ihm erlebt. Da schien bisweilen alles um ihn herum vergessen, der Schweiß tropfte ihm von der Stirn, die Körperhaltung wirkte ohne jede Kontrolle, und das Publikum wurde kaum mehr wahrgenommen. Bei vielen Konzerten durfte der Flügeldeckel nur halb offen sein, weil Matthias seine Texte darauf ablegte. Das hatte natürlich zur Folge, dass sich der Sänger oft mehr dem Pianisten zuwandte als dem Publikum, eine Konstellation, die es sonst eigentlich nur bei Proben gibt. Ideal für ein perfektes Zusammenspiel, wenn auch vielleicht nicht unbedingt optimal für das Publikum, das er gewissermaßen links liegen ließ. War das Konzert zu Ende, galt sein erster Blick dem Pianisten, auf den er auch sofort zukam, um ihn zu umarmen; und erst dann wurde das Publikum mit einer Verbeugung bedacht. Auch das war sehr außergewöhnlich, hatte aber natürlich für den Begleiter einen gewissen sympathischen Zug.

Für Matthias Goernes zwölfteilige Schubert-Edition wurde ich eingeladen, bei zwei CDs mitzumachen. Die Aufnahmesitzungen waren ebenso wie die Proben von ganz unglaublicher Länge und gingen oft bis zur physischen und psychischen Erschöpfung. Und wie in den Proben konnte Matthias einzelne Abschnitte oder auch ein ganzes Lied unzählige Male wiederholen, bis er endlich zufrieden war. Ich glaube, ich habe in meinem ganzen Leben keinen Sänger so lange am Stück singend erlebt wie ihn.

Nach diesen Aufnahmen kamen keine Einladungen zu Konzerten mehr, die Partnerschaft mit Matthias Goerne endete ebenso unvermutet, wie sie angefangen hatte. Vor einiger Zeit fragte ihn ein gemeinsamer Bekannter, warum er denn eigentlich keine Liederabende mehr mit mir mache. Seine Antwort war: »Ach, der Helmut! Der ist so eine Primadonna!« Ausgerechnet aus seinem Munde war das eine für mich wirklich mehr als erstaunliche Feststellung!

DIE PRESSE

Mit Kritikern habe ich immer recht viel Glück gehabt. Natürlich gab es, vor allem in meiner Jugend, ein paar ordentliche Verrisse, die ja in ihrer übertriebenen Schärfe manchmal auch zum Lachen waren; aber trotzdem haben sie wehgetan, selbst wenn man zum Beispiel wusste, dass eine bestimmte erfolglose Sängerin, die Kritikerin geworden war, ihren Frust auf diese Weise ablud. Schon früh erhielt ich aber auch viel Lob, das selbst in meinen Augen zuweilen stark übertrieben war, und ich lernte, dass man beide Extreme nicht allzu ernst nehmen sollte. Am Beginn einer Karriere können Kritiken zweifellos wichtig sein. Ständige hymnische Lobpreisungen beeinflussen Agenturen und Veranstalter und geben dem Musiker wachsendes Selbstvertrauen. Ob allerdings permanent schlechte Besprechungen eine Karriere in jedem Fall wirklich verhindern können, wage ich zu bezweifeln, aber sicher machen sie den Weg nicht gerade leichter. Viele Musiker behaupten, Kritiken nicht zu lesen, aber es gibt wohl nur selten einen, der es nicht ab und zu doch tut, zumindest in den ersten Jahren. In einer langen erfolgreichen Karriere nimmt die Bedeutung der Presse ständig ab, vor allem für den »Betroffenen« selber. Insofern glaube ich den Sängern, mit denen ich heute zu tun habe, dass sie Kritiken meist tatsächlich nicht mehr lesen. Im Grunde sind es ja auch bloß äußerst subjektive Berichterstattungen für die Menschen, die im betreffenden Konzert oder in der Vorstellung nicht gewesen sind, nicht weniger, aber auch nicht mehr. Nebenbei sei jedoch erwähnt, dass es auch mehrfach Kritiken über Konzerte gegeben hat, die im letzten Moment abgesagt worden waren. Schwarze Schafe gibt es überall.

»Hast du schon gehört? Herr X hat vorgestern ein schlechtes Konzert gesungen. Ich habe es in der Zeitung gelesen.« Es ist erstaunlich, wie viele Menschen Kritiken als Tatsachenberichte verstehen, vor allem, wenn sie nur den Bericht in ihrer abonnierten Tageszeitung zu Gesicht bekommen. Die oft kurios widersprüchlichen Besprechungen zeigen ja deutlich, wie subjektiv Kritiken sein können. Wenn Hugo Wolf im *Wiener Salonblatt* einmal schreibt, dass in einem einzigen

Triangelschlag bei Liszt mehr Musik stecke als in allen Symphonien von Johannes Brahms, kann man schwerlich von Objektivität sprechen. Der seriöse Musikkritiker bemüht sich im Allgemeinen um eine sachlich begründete Beurteilung, aber die unterschiedlichsten Faktoren können ihn dabei behindern.

Jeder Musiker, der Aufnahmen gemacht hat, kennt diese Situation: Man bekommt die erste Schnittfassung einer Einspielung, die Wochen oder Monate vorher gemacht wurde. Die verschiedenen Schwierigkeiten bei den Aufnahmen noch gut in Erinnerung, hört man überkritisch zu und findet die eine oder andere Stelle ziemlich misslungen, hat dann aber trotzdem gut geschlafen und nimmt sich die Aufnahme am nächsten Tag noch einmal vor. Die »misslungenen« Stellen kommen einem nun vielleicht nicht gerade ideal, aber durchaus brauchbar vor, und manche von ihnen würde man gar nicht wiedererkennen, wären da nicht die kritischen Notizen vom Vortag. Ob man ein schnelles Tempo spritzig und temperamentvoll oder gehetzt findet, ob ein Adagio innig und beseelt oder bloß langweilig auf uns wirkt, hängt eben in hohem Maße von unserer eigenen Befindlichkeit ab; selbst so objektiv messbare Details wie die saubere Intonation eines Sängers kann innerhalb gewisser Grenzen durchaus unterschiedlich empfunden werden. Kurz, eine hundertprozentig sachlich fundierte Kritik kann es gar nicht geben. Sie hängt zumindest zu einem Teil auch davon ab, ob der Kritiker den Komponisten schätzt, welche Hörerfahrungen er mit den Werken hat, in welchem Gemütszustand er sich befunden und ob er in der letzten Nacht gut geschlafen hat.

Manchmal können Kritiker aber auch neue Erkenntnisse bringen oder konstruktive Vorschläge machen. Nach einem meiner ersten Liederabende in Wien machte ich diese Erfahrung, und das ausgerechnet mit dem eher gefürchteten Franz Endler, der eine sehr wohlwollende Besprechung schrieb und dabei ein paar kritische Anmerkungen machte, an die ich seitdem bei diesen Liedern immer denken muss. Über diese Rezension wäre ich glücklich gewesen, hätte da nicht in der Überschrift gestanden, »Hubert Deutsch am Flügel«. Ich war noch so jung und naiv, dass ich in der Redaktion anrief und Herrn Endler um eine Richtigstellung bat. Aber der lachte nur: »Wen interessiert denn eine Kritik ein paar Tage später noch? Ich werde es schon wieder gutmachen.« Ein paar Wochen danach gab es einen weiteren Liederabend mit einer geradezu überschwenglich positiven Kritik über mich und am Ende den Satz: »Noch einige wenige Konzerte von dieser Qualität, und niemand mehr wird den Namen Helmut Deutsch verwechseln.« Ein befreundeter Musikerkollege riet mir damals, die Kritik einzurahmen und aufzuhängen, »denn so etwas bekommst du so bald nicht mehr!«. Er hat recht behalten, auch wenn ich mich vor allem in den letzten Jahren nicht über einen Mangel an Lob beklagen kann. Mir ist völlig bewusst, dass dabei eine Art Altersbonus eine große Rolle spielt und die zuweilen verwendete Bezeichnung »Doyen« zumindest im eigentlichen Wortsinn passend ist.

Als Kuriosum möchte ich noch die letzte Kritik erwähnen, die Franz Endler vor seinem frühen Tod über mich schrieb. Bei einem Konzert im kleinen Saal des Musikvereins hatte ich erst im letzten Moment begonnen, mich umzuziehen, und bemerkte zu meinem Schrecken, dass ich die Frackhose zuhause gelassen hatte. Es blieb mir nichts anderes übrig, als mit dem Frackoberteil und meinen Jeans aufzutreten. Die waren wenigstens dunkelblau, und die attraktive Sängerin an meiner Seite zog ohnehin alle Blicke auf sich. Trotzdem hatte ich beim Auftritt ein Gefühl, das mit »äußerst unbehaglich« nur zart angedeutet ist. Franz Endler schrieb in seiner Kritik am Ende lediglich einen lapidaren Satz über mich. Als ich ihn wenige Tage später zufällig sah, ging ich auf ihn zu und sagte: »Ich möchte Ihnen zu der letzten Kritik über mich gratulieren! Sie haben viel Feingefühl bewiesen.« Er schaute verdutzt und meinte, er habe keine Ahnung mehr, was er geschrieben hätte. Ich zitierte: »Helmut Deutsch wirkte diesmal seltsam befangen. Warum eigentlich?«

Ich habe ihn aufgeklärt.

WERKTREUE UND FREIHEITEN

> *»Manche Begleiter frönen der Untugend, zwischen den einzelnen Liedern auf dem Klavier Überleitungen zu improvisieren. Gelegentlich werden sie sogar vom Sänger darum ersucht, aber es ist eine schlechte Angewohnheit. Vor allem lässt solches Geklimper den Ohren der Zuhörer nicht Zeit, sich zu erholen. Die sind ganz zufrieden, wenn sie in aller Ruhe ihr Programm durchlesen und nachsehen können, was als Nächstes kommt – ohne sich dabei die Ohren mit schummriger Klaviermusik vollsummen lassen zu müssen.«*

Liest man diese Sätze, so erhebt sich wohl die staunende Frage: Wo und wann gab es denn so etwas? Der Abschnitt ist aus Gerald Moores erstem Buch *The Unashamed Accompanist* übersetzt, das in der Mitte des 20. Jahrhunderts geschrieben wurde. Dabei handelt es sich aber keineswegs um eine Modeerscheinung jener Zeit, sondern um die letzten Ausläufer einer alten Praxis, nicht nur unter Liedbegleitern. Pianisten wie Wilhelm Backhaus (1884–1969) oder Shura Cherkassky (1909–1995) wendeten sie noch in ihren Soloabenden an. Cherkassky verband zum Beispiel die vier Chopin-Balladen mit Improvisationen, in denen er zur Tonart der nächsten Ballade modulierte.

In der Barockzeit wurden Lieder auf nur zwei Systemen notiert; das obere enthielt die Gesangsstimme, das untere den meist bezifferten Bass, über den der begleitende Cembalist seinen Part improvisierte. Er erfand auch Vor- und Nachspiele und improvisierte wohl dann und wann eine Überleitung zum nächsten Stück. Diese Art der Notation hat sich teilweise bis über die Klassik hinaus erhalten, sie findet sich häufig bei Haydn und Mozart, aber manchmal sogar auch noch bei Beethoven, Schubert oder Chopin. Was hier also wie die rechte Hand des Klavierparts aussieht, ist die Gesangsstimme, die der Pianist nicht unbedingt mitspielen muss; eher soll er mit Phantasie und Geschmack Eigenes gestalten, und das bei mehrstrophigen Liedern so abwechslungsreich wie möglich.

Langsam verändert sich das Notenbild; die Klavierbegleitung wird komplett ausgeschrieben, und schon bei Haydn gibt es mitunter ausgedehnte Vorspiele. Wo sie jedoch fehlen – und das ist noch bei einem großen Teil der Schubert-Lieder der Fall –, improvisierten die Begleiter sehr wahrscheinlich weiterhin Vorspiele in der alten Tradition, zumindest spielten sie einen einleitenden Akkord. Mit dem von Gerald Moore kritisierten »Geklimper« zwischen den Liedern aber hat das nichts zu tun. Die simple Vorwegnahme einer Begleitfigur als kurzes Vorspiel, wie sie in zahllosen Liedern vom Komponisten notiert ist, wäre eine Möglichkeit; oder bei Strophenliedern das Nachspiel als Vorspiel zu verwenden, wie es etwa bei den *Deutschen Volksliedern* von Brahms noch heute oft zu hören ist, eine andere. Sicherlich keine besonders originelle Idee, aber möglicherweise hat sich da eine alte Aufführungspraxis erhalten.

»Aufführungspraxis aus der Brahms-Zeit?« So fern uns solche Götter der Musikgeschichte wie Brahms auch erscheinen mögen: Mein Großvater studierte an der Technischen Hochschule in Wien, nur wenige hundert Meter von Brahms' Wohnhaus entfernt, und er war 24 Jahre alt, als Brahms 1897 starb. Ist die Weitergabe von musikalischen Gepflogenheiten aus dieser Zeit also nicht doch plausibel?

Gustav Mahler hat als Direktor der Wiener Hofoper angeordnet, alle Verzierungen, Kadenzen und Appoggiaturen in Mozarts Opern zu streichen, nur der »originale« Notentext sollte gesungen werden, befreit von allen eitlen Eigenmächtigkeiten der Sänger. Die gab es mit Sicherheit in großem Maße, und Mahlers Anordnungen waren zweifellos gut gemeint; aber diesem Diktat fielen auch viele weitergegebenen Traditionen und vor allem richtige Lesarten zum Opfer.

Vieles von dieser Geisteshaltung scheint sich in Wien – und nicht nur dort – mehr als ein halbes Jahrhundert gehalten zu haben, und noch zu meiner Studienzeit galt die Maxime, alles sei genau so auszuführen, wie es gedruckt ist. Das Wissen um die historische Aufführungspraxis begann sich damals erst allmählich zu verbreiten, und bis heute kommen neue Erkenntnisse dazu. Das Hinzufügen einiger Einleitungstakte oder das Ergänzen von tiefen Basstönen (die zum Beispiel auf Klavieren der Schubert-Zeit nicht vorhanden waren), sind nach meiner Ansicht recht harmlose Eingriffe im Sinne des Komponisten. In einigen großen Balladen Schuberts habe ich manchmal einzelne Teile für bestimmte Sänger transponiert, weil sie sonst nicht in der Lage gewesen wären, die Stücke zu singen. Darf man das? Wie schön wäre es, könnte man Schubert fragen: »Lassen Sie das zu? Oder wollen Sie es lieber gar nicht aufgeführt haben?« Was Johann Michael Vogl, von Schubert selbst begleitet, an kühnen Veränderungen vorgenommen hat, wissen wir zum Teil aus erhaltenen Noten des Sängers. Und 1830, zwei Jahre nach Schuberts Tod, erschien *Die Schöne Müllerin* ein zweites Mal, und zwar in der von Vogl gesungenen verzierten Version. Offenbar war die Nachfrage groß. Solche Auszierungen scheinen in letzter Zeit bei Schubert-Liedern (wieder) in Mode zu kommen. Zweifellos waren sie damals allgemein üblich, aber ob Schubert immer damit einverstanden war, wissen wir leider nicht. Vielleicht hat er diese Freiheiten bei einem berühmten Sänger wie Vogl auch einfach nur geduldet.

In bescheidenen Maßen finde ich diese Ideen oft hübsch. Aber häufiger noch erscheinen sie mir zu gewollt und übertrieben.

Verschiedenen Schilderungen nach hat Richard Strauss die Verdoppelung der Länge eines hohen Tons in seinem *Ständchen* nicht nur akzeptiert, sondern sogar selbst angeregt. Auf die Frage, warum er das beliebte Lied nicht mit dieser Alternativfassung neu drucken lasse, meinte er nur achselzuckend: »Wozu die Mühe?«

Der Pianist Paul Schilhawsky erzählte folgende Geschichte: Er hatte den berühmten Tenor Richard Tauber in einer Radiosendung mit Strauss-Liedern begleitet und begegnete kurz darauf dem Komponisten. Der meinte zu ihm: »Wenn Sie die ›Heimliche Aufforderung‹ wieder einmal mit einem so guten Sänger machen sollten, dann lassen Sie doch das lange Nachspiel weg, Sie bringen ihn ja sonst ganz um den Effekt.« Die nahezu identische Geschichte erzählt übrigens auch der Begleiter Coenraad V. Bos, und Lauritz Melchior ist der Sänger. Vielleicht hat es sich ja auch tatsächlich zweimal zugetragen. Ich bin ziemlich sicher, dass es Strauss weniger um den Effekt für Richard Tauber als vielmehr um sein Lied ging, aber die Großzügigkeit im Umgang mit seinen eigenen Liedern hat Strauss oft selbst als Begleiter bewiesen.

Ziemlich unvorstellbar, dass heute ein Pianist solche Eingriffe – oder gar »Amputationen« – wagen würde. Vielleicht aber wäre auch so mancher Komponist der Vergangenheit erstaunt, wie übervorsichtig wir mit seinen Schöpfungen umgehen.

MICHAEL VOLLE

Zwischen 1999 und 2007 gehörte Michael Volle zum Ensemble der Züricher Oper, wo er nahezu alle großen Partien seines Stimmfachs sang. Durch Jonas Kaufmann, der in diesen Jahren sehr oft in Zürich beschäftigt war, wurden wir miteinander bekannt gemacht, und Michael fragte mich in geradezu verblüffender Bescheidenheit, ob er mir ein paar Liedaufnahmen schicken dürfe. Sein mächtiger Bariton imponierte mir sofort, und bald kam es zu ersten Liederabenden, bei denen ich erlebte, wie feinfühlig Michael dieses Material auch einzusetzen wusste. Müsste ich sein Singen in einem einzigen Wort beschreiben, würde ich sagen, »Natürlichkeit«. Da gibt es keine aufgesetzten Effekte, kein Protzen mit den überreichen Mitteln seiner Stimme und schon gar kein intellektuelles Getue. Es ist ehrliches Singen mit großer emotionaler Tiefe.

Als Opernsänger wird Michael Volle neben seinem Singen auch immer wieder für seine hervorragenden schauspielerischen Leistungen bewundert. Seine beeindruckende Karriere, die man schon in seinen Vierzigern als durchaus erfolgreich bezeichnen konnte, wurde in den folgenden Jahren noch weit übertroffen. In Partien wie Scarpia in *Tosca*, Mandryka in *Arabella*, als Wozzeck und vielleicht mehr noch als Hans Sachs in den *Meistersingern* hat Michael Volle die Spitze seines Könnens erreicht und damit internationalen Ruhm erworben.

Es ist deutlich zu spüren, wie sich diese Erfahrungen in seinem Liedgesang niederschlagen: Die dramatische Wucht in Schuberts *Der Taucher*, einer Ballade von 25 Minuten Dauer, profitiert davon ebenso wie Balladen von Carl Loewe oder die großen *Rückert-Gesänge* von Richard Strauss und Gustav Mahler. Michael hasst Schubladendenken wie die Pest; er leidet ein wenig darunter, dass man ihm nicht mehr wie früher Mozart-Partien anbietet, weil er Wagner singt, und kann sich daher über ein Engagement als Papageno ungemein freuen. Deshalb beeile ich mich zu betonen, dass es natürlich auch ein Vergnügen ist, mit ihm Lieder von

Schubert und Schumann oder *Die schöne Magelone* von Johannes Brahms zu musizieren. Aber ich kann nicht verhehlen, dass ich an den oben erwähnten großen Gesängen noch mehr Freude habe.

Michael ist ein ausgesprochener Familienmensch. Er trennt sich ungern von seiner Frau und den Kindern, und die traditionellen Familientreffen mit seinen sieben Geschwistern sind ihm heilig. In diesen Tagen kann unmöglich geprobt werden, und selbst Konzerttermine werden nicht akzeptiert. Das macht es oft schwierig, Proben zu verabreden. Vor allem aber ist es sein dichter Opernplan, der nicht nur Proben erschwert, sondern auch immer wieder verhindert, dass es einmal zu einer Reihe von Liederabenden nacheinander kommen könnte. Das bedaure ich zutiefst, aber eine Änderung zu erwarten, wäre wohl reines Wunschdenken. So muss ich mich mit dem zufrieden geben, was eben möglich ist. Und das ist nicht wenig, wenn man nicht nur nach der Quantität urteilt – sondern eben das genaue Gegenteil.

DIANA DAMRAU

Die Zusammenarbeit mit Diana begann mit einigen Startschwierigkeiten. Ich war ihr von der Leiterin des Festivals *Bad Kissinger Sommer* empfohlen worden, die sie für einen Liederabend engagiert hatte. Diana kam an die Hochschule in München, um mit mir das Programm zu besprechen, und ich staunte über das enorme Repertoire dieser jungen Sängerin, die am liebsten ein Dutzend Komponisten von Mozart bis Rachmaninow auf dem Programm gehabt hätte. Ihr Enthusiasmus über buchstäblich alles, was sie mir an Liedern vorlegte, war groß und auch sehr ansteckend, so dass wir viele Stunden zusammensaßen und uns lange nicht für ein Programm entscheiden konnten. Schließlich hatten wir alles beisammen, und ich freute mich ungemein auf dieses erste Konzert. Aber Diana wurde krank, der Abend fand nicht statt. Erst einige Zeit später begegneten wir einander wieder in einem Ensembleabend mit mehreren Sängern bei der *Schubertiade*, und zwei Jahre später hatten wir, ebenfalls dort, endlich unseren ersten Liederabend. Dieses Konzert im September 2006 war etwas ganz Besonderes und bleibt mir unvergesslich. Es war ein recht bunt gemischtes Programm, das wir sehr sorgfältig geprobt hatten. Trotz aller Proben bleibt es immer unvorhersehbar, was dann beim Konzert geschieht, sowohl im positiven als auch im negativen Sinne. An diesem Abend aber stimmte einfach alles. Obwohl es unser erstes gemeinsames Konzert war, gab es die wunderbarste Übereinstimmung zwischen uns, alle Tempi, alle Übergänge stimmten einfach perfekt, wir verstanden einander wie ein altes, in vielen Auftritten eingespieltes Duo. Dementsprechend gut war die Stimmung beim anschließenden Essen, aber wir waren beide noch so erfüllt, ja geradezu berauscht von dem Erlebten, dass wir einander bis spät in die Nacht Handy-Nachrichten schrieben. Es war ein Glücksgefühl, wie ich es sonst nur in einem ganz anderen Zusammenhang gekannt hatte.

Jedes Konzert bei der *Schubertiade* wird bis heute in erstklassiger Qualität in Bild und Ton aufgezeichnet, die Plattenfirma Orfeo übernahm dann später die Aufnahme und brachte dieses Debütkonzert auf den Markt; eine schöne Bestätigung für uns, dass die Euphorie, die wir beide nach dem Konzert empfunden hatten, reale nachvollziehbare Gründe gehabt hat.

Seither gab es viele Liederabende, und beinahe jeden könnte man als weiteren Höhepunkt bezeichnen, egal, ob er an der Mailänder Scala, der Pariser Oper, den Opernhäusern von München und Zürich, in der Alten Oper Frankfurt oder im Wiener Konzerthaus stattgefunden hat. Dianas Programme sind sehr vielfältig und reichen von reinen Schubert-Abenden bis zu Liedern von Chopin (auf Polnisch!), Rachmaninow und Werken des jungen englischen Komponisten Iain Bell, der ihr sogar die Uraufführung einer für sie geschriebenen Oper in Wien verdankt. Besonders aber freue ich mich, dass ich Diana mit meiner Begeisterung für Liszt anstecken konnte; seine wunderbaren *Petrarca-Sonette* haben wir oft im Programm, und 2011 entstand eine CD, die ausschließlich diesem Genie gewidmet ist. Diana wagte auch etliche Aufführungen der *Vier letzten Lieder* von Richard Strauss mit mir, bevor sie mit Kirill Petrenko grandiose Konzerte in der originalen Orchesterfassung sang. Wenn man eines dieser Konzerte erlebt hat, kann man kaum fassen, dass es dieselbe Person ist, die so unnachahmlich *Glitter and be gay* aus *Candide* von Leonard Bernstein gesungen hat, gar nicht erst zu reden von ihren furiosen Darstellungen der *Königin der Nacht* oder der Konstanze in der *Entführung*. Etwas von der quirligen Zerbinetta (*Ariadne auf Naxos*) steckt allerdings meiner Meinung nach auch in der wirklichen Person der Diana Damrau, ein manchmal nahezu überbordendes Temperament, das kaum zu zügeln ist. Aber wozu auch? Es passt so wunderschön zu vielen der Charaktere, die sie in der Oper und im Lied verkörpert! Und Diana kann auch ganz anders sein: Die Schlichtheit, mit der sie manche Lieder von Schubert oder Schumann zu singen imstande ist, ist kaum zu übertreffen. Und wenn sie mir sagt, dass sie das ruhige, vom Leben Abschied nehmende *Im Abendrot* von Richard Strauss zu ihren Lieblingsliedern zählt, versteht man ein wenig von der immensen Bandbreite und Wandlungsfähigkeit der Sängerin, aber vielleicht auch der Person Diana Damrau.

Zweifellos ein Höhepunkt unserer Zusammenarbeit waren die zwölf Aufführungen des *Italienischen Liederbuchs* von Hugo Wolf in sieben verschiedenen Ländern im Februar 2018, gemeinsam mit Jonas Kaufmann. Es grenzte an ein kleines Wunder, dass diese Tournee durch keine Krankheit, keinen Flugausfall oder sonst noch mögliche Katastrophen beeinträchtigt wurde. Denn die Konzerte fanden jeden zweiten Tag statt, und das quer durch Europa mitten im Winter! Das Publikum in all den vielen Metropolen wie London, Paris, Berlin, Wien, Budapest und Barcelona war zweifellos in erster Linie wegen der zwei illustren Sängernamen gekommen; manche von ihnen hatten bei den Ankündigungen vielleicht gerade noch »Italienisches« gelesen und erwarteten etwas ganz anderes als Lieder von Hugo Wolf. Aber den beiden Sängern gelang es dennoch, Begeisterungsstürme auszulösen und den oft so sträflich vernachlässigten Komponisten zu ehren.

Diana und Jonas, die einander schon seit langem kannten, verstanden sich prächtig, und das nicht nur auf dem Konzertpodium. Die Stimmung und die Freude an diesen gemeinsamen Konzerten waren so gut, dass überlegt wurde, wie wir das Ganze mit einem anderen Programm wiederholen könnten. Ob das bei den prall gefüllten Terminkalendern der beiden Ausnahmesänger verwirklicht werden kann, bleibt abzuwarten. Aber man darf ja träumen.

WETTBEWERBE

»Gesangswettbewerbe dienen doch in erster Linie der Beschäftigung alter Sänger«, meinte meine Freundin Sena Jurinac manchmal lächelnd. Das war natürlich nicht ganz ernst gemeint, aber die Zeiten, in denen bei solchen Wettbewerben ausschließlich Sänger in der Jury saßen, sind schon länger vorbei. Heute gibt es auch Intendanten von Opernhäusern und Konzertveranstalter, Dirigenten, Agenten und nicht allzu selten sogar Liedbegleiter bei Gesangswettbewerben! Das hat zweifellos den Vorteil, dass die meisten Jurymitglieder mehr Bezug zu jungen Sängern haben als so mancher ältere Starsänger. Ich habe den Satz von Joan Sutherland beim *Concours Reine Elisabeth* in Brüssel noch im Ohr: »I've never sung it like that!«

Ich halte Wettbewerbe für sehr sinnvoll und nutzbringend für die Kandidaten. Nicht nur wegen der Starthilfe für die Preisträger, die sich möglichst nicht in den Geldpreisen erschöpfen, sondern Engagements zur Folge haben sollte. Es ist eine wichtige Erfahrung für junge Musiker, sich mit Gleichaltrigen zu messen und Vergleiche anzustellen, die vor allem während des Studiums oft nur auf einen kleinen Kreis beschränkt sind. Ich bin froh, in jungen Jahren als Begleiter bei Wettbewerben dabei gewesen zu sein, und die unvergleichlich spannungsgeladene Atmosphäre hinter den Kulissen miterlebt zu haben. Unerwartet freundschaftlich und kollegial ging es da meistens zu, und als offizieller Begleiter war man mittendrin und fühlte sich für zehn Tage wie auf einer Insel. Für Pianisten kann es eine sehr bereichernde Erfahrung sein mitzuarbeiten, und nicht selten kommt es zu lang anhaltenden Beziehungen. Zu beruflichen wie zu privaten.

Von der Jurybank aus betrachtet, ist alles distanzierter und sachlicher; wir sollen ja auch so objektiv wie möglich urteilen! Natürlich stehen bei Sängern die Qualität der Stimme, die Technik, die Musikalität und die Aussprache an erster Stelle. Aber wir werden auch vom Aussehen, vom Auftreten, von der Ausstrahlung eines Sängers beeinflusst, und das zu Recht, wie ich meine. Denn im »wirklichen Leben« ist es ja nicht anders: Das ganze »Paket« wird vom Zuhörer beurteilt, wenn auch mit unterschiedlicher Gewichtung, und für die Jury ist das nicht anders. Die Meinungsverschiedenheiten sind oft erstaunlich groß, weil etwa für die einen die möglichst makellose Technik, für andere eine besonders schöne Stimme oder eine überzeugende musikalische Ausstrahlung an erster Stelle stehen. Einen einhellig von allen gewünschten Sieger kann es daher nicht so leicht geben. Eine ausgewogene, sich gegenseitig ausgleichende und ergänzende Besetzung der Jury wäre dazu die wichtigste Voraussetzung, aber die ist oft nicht gegeben. So kommt es mitunter auch zu etwas fragwürdigen Entscheidungen, und das Publikum im Saal ist nur zu oft ohnehin ganz anderer Meinung als die »Profis«.

Im Vergleich zu normalen Gesangswettbewerben gibt es nicht sehr viele, die sich ausschließlich auf das Lied konzentrieren. Aus diesem Grunde habe ich gerne eine Anregung aufgegriffen, in Wien einen regelmäßig stattfindenden Liedwettbewerb zu gründen, der im September 2018 zum ersten Mal abgehalten wurde. Die von mir ausgewählte Jury setzte sich aus Sängern, Pianisten, Intendanten und Agenten zusammen, wir hatten ein hohes Niveau bei den Kandidaten aus 16 Nationen und würdige Preisträger, bei denen wir uns erfreulich einig waren.

Oft sind Musikwettbewerbe nach Komponisten, Sängern oder Instrumentalisten benannt, die in der Regel alle längst gestorben sind. Ich musste mich erst langsam mit dem Gedanken anfreunden, dass dieser Liedwettbewerb in Wien meinen Namen trägt; ich wäre selbst nie auf diese Idee gekommen. Jetzt aber freue ich mich, vor allem über die Tatsache, dass er in Zukunft regelmäßig stattfinden wird.

PIOTR BECZAŁA

Sena Jurinac erzählte mir oft von den verschiedenen Meisterklassen, die sie abhielt, und mehr als einmal sprach sie von einem außerordentlich begabten jungen polnischen Tenor: »Von dem wirst du noch hören!« Eines Tages berichtete sie ganz glücklich, dass dieser Pole am Landestheater in Linz engagiert worden war. Als ich Piotr Beczała allerdings zum ersten Mal in Salzburg begegnete, waren seine fünf (!) Lehrjahre in Linz bereits vorüber, er hatte eine internationale Karriere begonnen, die ihn zu einem der wichtigsten Repräsentanten des lyrischen Tenorfachs prägte, und er war bereits an allen großen Bühnen der Welt zuhause. Es folgten noch weitere zufällige Begegnungen, bei denen wir auch einmal über polnische Liedkomponisten sprachen, deren Namen mir völlig unbekannt waren. Piotr schickte mir Kopien von Liedern und Aufnahmen; sein Wunsch, diese Landsleute außerhalb Polens bekannt zu machen, war unverkennbar und sehr sympathisch. Unser erstes gemeinsames Konzert war allerdings keinem polnischen Komponisten gewidmet; es war *Die schöne Müllerin* bei einem Konzert der *Schubertiade*, und Piotr plagte sich redlich mit dem Zyklus. Obwohl sein Deutsch sehr gut ist, bedeuten vor allem die vielen Strophenlieder in der *Müllerin* eine gewaltige Herausforderung, selbst für einen deutschsprachigen Sänger. Danach wurde die *Müllerin* erst einmal zur Seite gelegt, und es folgten viele Konzerte mit anderen Programmen aus dem deutschen, italienischen, russischen und natürlich auch polnischen Liederschatz. Schumanns *Dichterliebe* zum Beispiel, die im Frühjahr 2017 viele Male hintereinander auf dem Programm stand, gehört jetzt genauso zum festen Repertoire von Piotr wie für mich Lieder von Stanisław Moniuszko, Karol Szymanowski und Mieczysław Karłowicz. Mittlerweile bin ich sogar imstande, diese Namen einigermaßen korrekt auszusprechen, wenn ich auch nach wie vor von der polnischen Sprache keine Ahnung habe. Piotr erklärt mir natürlich den Inhalt dieser Lieder und auch einzelne Worte, wenn sie in der Vertonung besondere Bedeutung haben. Es ist zweifellos nicht ideal, Lieder zu begleiten, deren Sprache man nicht versteht, aber es ist in vielen Fällen auch nicht ganz so absurd und abwegig, wie man vielleicht glauben könnte. Denn durch den Ausdruck eines guten Sängers, ja allein schon durch seine Körpersprache und Mimik, bekommt man viel an Emotionen mit, selbst wenn man die einzelnen Worte nicht immer versteht.

Piotr lernt sehr schnell, und das ist mittlerweile auch notwendig, weil sich manche Konzertorte wie zum Beispiel die *Schubertiade* jährlich wiederholen und ständig nach einem neuen Programm gefragt wird. So haben wir in kurzer Zeit bereits ein beachtlich großes gemeinsames Repertoire erarbeitet. Wie bei allen vielbeschäftigten Opernsängern ist die Planung unserer Proben nicht eben einfach, aber Piotr ist da sehr »sportlich«: Eine Probe am Tag nach seiner Ankunft aus den USA ist selbstverständlich genauso möglich wie zwischen zwei großen Opernvorstellungen. Da wird zwar nicht immer alles mit voller Stimme gesungen, aber es genügt, um sich zu verständigen.

Wie die meisten wirklich Großen ist Piotr ein eher bescheidener Mensch, stets verbindlich und von äußerster Liebenswürdigkeit. Es scheint ganz unvorstellbar, mit ihm Streit zu haben. Einmal erzählte er mir von seinen nicht gerade einfachen Jugendjahren, in denen er öfter per Autostopp nach Wien gefahren war, um als Straßensänger etwas Geld zu verdienen. Ich kann mir gut vorstellen, dass ihn diese Erinnerungen nie ganz losgelassen haben. Sie sind wohl mit ein Grund für die Zufriedenheit, die er ausstrahlt.

Auf Reisen ist meist Piotrs reizende Frau Kasia dabei, die ihn umsorgt und auf eine rührende Art nahezu anbetet. Sie hat ihre eigene vielversprechende Karriere als Sängerin aufgegeben und widmet sich voll und ganz ihrem Mann. Und beiden scheint es damit sehr gut zu gehen.

Ich glaube, nie zuvor habe ich einen Sänger so oft über das Essen reden gehört, selbst wenn die meisten anderen auch nicht gerade Kostverächter sind. In vielen Städten weiß Piotr unweigerlich über die besten Restaurants Bescheid und hat oft schon für den Abend irgendwo einen Tisch bestellt. Abgesehen davon kocht er auch selbst leidenschaftlich gerne. Ich probe daher sehr gerne bei ihm zuhause!

Ein Liederabend in der Nationaloper Warschaus im Frühjahr 2017 wurde mit Polens berühmtestem Sänger selbstverständlich ein umjubeltes Ereignis. Recht kurz danach, am 1. April, veröffentlichte die Nationaloper auf ihrer Website folgende Ankündigung: *»Wegen des großen Erfolges wird der Liederabend mit Piotr Beczała und Helmut Deutsch wiederholt. Nur singt diesmal Helmut Deutsch, und Piotr Beczała begleitet ihn auf dem Flügel. Der Kartenverkauf hat begonnen.«* Ich kann mir allerdings kaum vorstellen, dass jemand auf diesen Aprilscherz reingefallen ist. Und welche der beiden angekündigten Bedrohungen gravierender gewesen wäre, muss offenbleiben.

CAMILLA NYLUND

Mein viel zu früh verstorbener Freund Manfred Biebl, Arzt in Salzburg, erzählte mir immer wieder von einer attraktiven Finnin, die er als angehende Gesangsstudentin am Mozarteum kennengelernt hatte und die zu einer Freundin seiner ganzen Familie geworden war. Ich kann mir nicht so recht verzeihen, dass ich keinerlei Versuche gemacht habe, sie in dieser Zeit kennenzulernen. Es war eben bloß eine Geschichte unter den vielen, die wir einander erzählten, und sie handelte von einer Gesangsstudentin, einer von tausenden in Europa. Mein Freund Manfred hatte wenig Ahnung von Musik und sprach nur von ihrer reizenden Persönlichkeit und von ihrem fabelhaften Aussehen, nie von ihrem Singen; vielleicht hat er sie auch niemals gehört. Erst viel später erfuhr ich, was für eine Ausnahmestudentin sie am Mozarteum gewesen war. Ich maß dem jedenfalls keinerlei Bedeutung bei, aber den Namen hatte ich mir gemerkt. Viele Jahre später hörte ich Camilla in einem Brahms-*Requiem* in München und – war hingerissen! Zugegeben, nicht nur von ihrem betörend schönen Gesang. Nach dem Konzert stellte ich mich ihr vor und gratulierte, sie war überaus freundlich und hatte ganz offensichtlich bei Manfred meinen Namen ebenso oft gehört wie ich den ihren. Bald danach suchte ich eine Sopranistin für einen Duett-Abend in Genf und fragte bei Camilla an, ob sie dafür zu haben wäre. Ich war ein wenig verblüfft, dass sie zusagte, obwohl der Konzerttermin äußerst ungünstig für sie lag. Sie konnte nur am Vorabend aus Finnland nach Genf anreisen und war zudem noch hochschwanger. Das Konzert verlief gut, aber ich hatte bei diesen Brahms- und Schumann-Duetten noch keine Ahnung, was in dieser Stimme und in dieser Sängerin steckte. Es vergingen ein paar Jahre, in denen Camilla immer öfter an der Wiener Staatsoper sang, und ich versuchte, in viele Vorstellungen zu gehen. Wir waren in losem Kontakt, und eines Tages fragte sie mich für einen Liederabend in Finnland an. Seit diesem Konzert im Sommer 2015 bin ich der festen Überzeugung, dass sie die beste

Sängerin in ihrem Stimmfach ist, und das ganz besonders im Lied. Nur weiß das so gut wie niemand. Camilla hat nämlich einen sehr bekannten und erfolgreichen Agenten, der sich für das Lied nicht sonderlich interessiert und auf diesem Gebiet kaum etwas für sie tut. Und sie selbst hat eine ganz gravierende Schwäche: ihre geradezu unglaubliche Bescheidenheit! Ein von Herzen kommendes Lob bei einer Probe, Begeisterung nach einer Vorstellung kann man sich im Grunde schenken, denn es wird sofort abgewehrt: »Das war doch gar nicht so gut!« Oder, schlimmer noch: »Ach, Helmut, du übertreibst immer so!« Und nie würde sie auf die Idee kommen, einmal an geeigneter Stelle fallen zu lassen, dass sie sehr gerne Liederabende singt. »Das kann ich doch selbst nicht sagen«, meint sie. Es hat keinen Sinn, ihr zu versichern, dass viele Berufskollegen das sehr wohl tun; sie kann es einfach nicht. Und so habe ich vor einiger Zeit angefangen, als ihr »Geheimagent« zu fungieren. Es ist denkbar einfach: Bei jedem Konzertveranstalter oder Operndirektor, den ich etwas besser kenne, erwähne ich Camillas Namen – manchmal werde ich ja auch nach Vorschlägen gefragt – und bekomme dann immer den stereotypen Satz zu hören: »Camilla Nylund singt Lieder? Das wusste ich ja gar nicht!« Camilla ist eine hoch angesehene, berühmte Opernsängerin, jeder in der Branche kennt sie, und so gut wie jedes Mal erfolgt nach meinem Vorstoß eine Einladung zu einem Konzert in Wien, Köln, Budapest, Genf oder Frankfurt. Die Termin- und Honorarverhandlungen macht dann natürlich ihre Agentur, die selbstverständlich auch die Provision einstreicht. Das funktioniert.

Camilla singt die großen Strauss-Partien der Salome, Arabella, Marschallin (*Rosenkavalier*), Gräfin (*Capriccio*), Wagner-Rollen wie Elsa (*Lohengrin*), Elisabeth (*Tannhäuser*), Sieglinde (*Walküre*), die Rusalka oder die Marie (*Wozzeck*). Es erstaunt daher nicht, dass sie mühelos die dramatischsten Lieder von Strauss oder Sibelius bewältigt. Aber sie ist auch imstande, zwischen zwei *Salome*-Vorstellungen kleine Lieder mit der zartesten Mädchenstimme zu singen, so dass man glauben könnte, sie wäre in einem ganz anderen Stimmfach zuhause. Das macht sie neben ihrem wunderbaren Timbre, ihren strahlenden Höhen und ihrer Ausdruckskraft so unverwechselbar und einzigartig.

Ich gebe zu, ich habe eine große Schwäche für sie.

SÄNGER UND BEGLEITER

Ich war hocherfreut und fühlte mich geehrt, als der Bayerische Rundfunk 2013 ein Filmporträt über mich in Auftrag gab. Vom Titelvorschlag war ich allerdings weniger begeistert: »Im Schatten des Sängers« sollte der Film heißen. Freimütig muss ich bekennen, dass ich mich zumindest in den letzten Jahrzehnten niemals »im Schatten« gefühlt habe. Vielleicht war das noch bei Seefried oder Prey zeitweise der Fall, aber ganz sicher nicht mehr in den rund dreißig Jahren seither. Es hat vielleicht mit meinem Alter und der Länge meiner Karriere zu tun, mehr aber noch, wie ich glaube, mit der immer noch im Wandel begriffenen Stellung des Liedbegleiters im Musikleben. Dabei geht es neben vielen Äußerlichkeiten um die stark gestiegene Anerkennung, in erster Linie von Seiten der Sänger, aber auch der Veranstalter und des Publikums. Ein Sänger, der während des Nachspiels unter Verbeugungen vom Podium abgeht wie einst der große Fjodor Schaljapin, ist heute undenkbar. Eine Plattenfirma, die den Namen des Pianisten verschweigt oder ihn auf dem Cover nicht erwähnt, wie das noch bei manchen Aufnahmen von Fischer-Dieskau der Fall gewesen ist – unvorstellbar! Als ein privater Veranstalter in Wien in den Siebzigerjahren meinen Namen auf dem Plakat so groß drucken ließ wie den Namen des Sängers, erregte das großes Aufsehen, und ich wurde gefragt, ob ich größenwahnsinnig geworden sei. Ich möchte hier nicht missverstanden werden: Der Sänger ist für mich die Nummer eins in einem Team von zwei Künstlern. Er hat in den meisten Fällen den größeren Namen, hauptsächlich seinetwegen gehen die meisten Leute in das Konzert, sein Honorar kann also durchaus höher, sein Name größer gedruckt sein. Ich finde es jedoch nicht in Ordnung, wenn die Relationen dabei grotesk sind. Wenn also das Honorar des Pianisten nur einen kleinen Bruchteil des Gesamtbudgets ausmacht oder man seinen Namen auf dem Programm mit der Lupe suchen muss, wie es zum Beispiel derzeit die Oper Zürich macht. Aber das sind glücklicherweise Ausnahmen.

Beim Großteil des heute aufgeführten Liedrepertoires spielt der Klavierpart eine absolut gleichberechtigte Rolle, nicht selten übertrifft er an musikalischer Aussage sogar den Part des Sängers. Und jeder Sänger, der sich ernsthaft mit Liedern beschäftigt, weiß das, und dementsprechend ist das Verhältnis zwischen ihm und seinem Pianisten im Allgemeinen ein sehr kollegiales. Ausnahmen wird es immer geben.

Auf alten Aufnahmen kann man deutlich hören, dass sich auch die klangliche Balance zwischen Gesang und Klavier heute zugunsten des Letzteren verschoben hat. Auch war der völlig offene Flügeldeckel bei Liederabenden noch vor wenigen Jahrzehnten fast undenkbar. Gerald Moore kritisiert dafür Wilhelm Furtwängler als Begleiter von Elisabeth Schwarzkopf ganz heftig. Heute ist der offene Flügel die Normalität.

Gerald Moore mokiert sich über die Unterwürfigkeit seines Vorgängers Coenraad V. Bos, die dieser allen Ernstes in seinem Buch *The Well-Tempered Accompanist* predigt. Da ist von »Selbstverleugnung«, »unaufdringlicher Unterstützung« und »von sich in den Hintergrund stellen« die Rede. Gerald Moore schreibt dazu: »Bos wurde gewiss von der Primadonna einer vergangenen Ära sehr verehrt, wenn all dies seine wirkliche Einstellung war.« Aber auch seit Moores Zeiten hat sich noch viel geändert. Liedbegleiter machen Interpretationskurse und veranstalten eigene Zyklen, sie haben heute Professuren für Liedklassen an Hochschulen und sitzen als Juroren bei Gesangswettbewerben. Ihr Ansehen in der Musikszene ist deutlich weiter gestiegen. Der Begleiter kann sich heute als künstlerisch gleichwertiger Partner neben seinem Sänger fühlen, und der entscheidende Anstoß zu dieser Entwicklung kam zweifelsohne von Gerald Moore. All das erklärt vielleicht auch die unverhältnismäßig große Anzahl der international tätigen britischen Liedbegleiter.

Nicht wenige Solopianisten haben sich mit offensichtlichem Vergnügen intensiv dem Lied gewidmet; sehr illustre Namen finden sich darunter: von Swjatoslaw Richter und Alfred Brendel bis zu Christoph Eschenbach, Daniel Barenboim oder Leif Ove Andsnes. Dabei sind auch einige Frauen wie Maria João Pires oder Mitsuko Uchida. Aber keine einzige Frau hat es als Liedbegleiterin zu einer großen internationalen Karriere geschafft, eine Tatsache, die äußerst verwunderlich ist. Denn weit mehr als die Hälfte der Pianisten, die an Hochschulen das Spezialfach Liedbegleitung studieren, ist weiblich. Trotz intensiver Befragung durch Jahrzehnte ist es mir nicht gelungen, eine befriedigende Antwort für dieses seltsame Phänomen zu bekommen. Es scheint einfach keinen vernünftigen Grund zu geben, und doch ist es so.

Den im deutschen Sprachraum immer noch geläufigen Begriff »Begleiter« finden einige jüngere Kollegen entwürdigend und nennen sich »Liedpianist«. Seit den Neunzigerjahren des letzten Jahrhunderts gibt es den englischen Begriff »Accompanist« vor allem in den USA überhaupt nicht mehr, er ist einfach nicht »korrekt«. »Collaborative Pianist« mag ja recht bedeutend klingen – ich habe aber schon leichte Probleme bei der Aussprache dieser Bezeichnung und finde all diese Diskussionen und Aufregungen um ein Wort im Grunde ziemlich lächerlich. Ich liebe meinen Beruf und bezeichne mich nach wie vor als Liedbegleiter.

Der endgültige Titel des eingangs erwähnten Films über mich war übrigens *Im Schatten des Sängers?* Mit Fragezeichen!

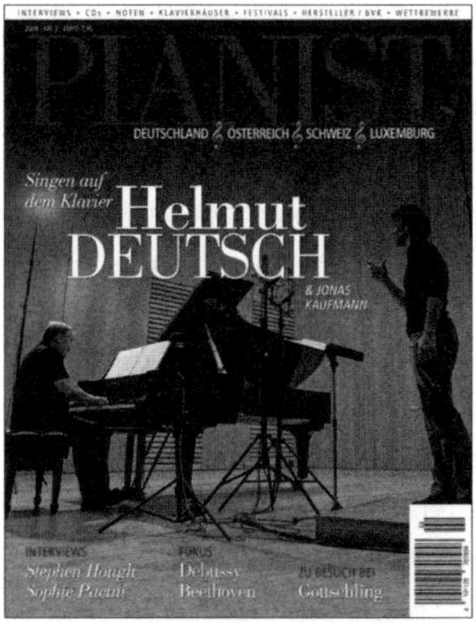

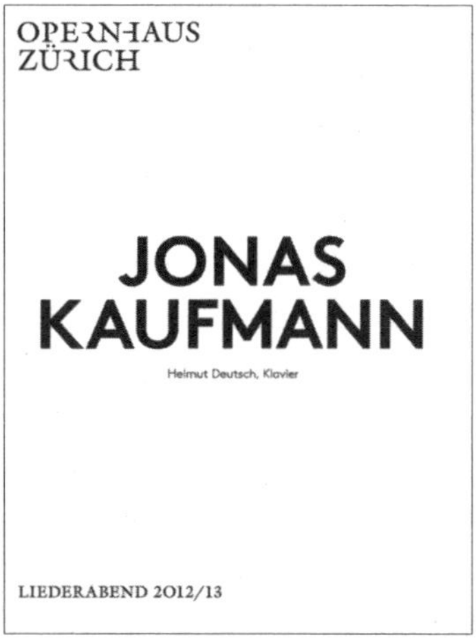

Die Größe der Namen auf dem Cover (links) sind natürlich eine witzige Persiflage. Beim Programm der Oper Zürich kann man leider nicht von Humor sprechen.

DER LIEDERABEND. VERGANGENHEIT UND ZUKUNFT

> *»Ist das deutsche Lied tot? Nein, es ist nicht tot. Rar sind lediglich die Sänger geworden, die es auch heute noch, in so unromantischer Zeit, zur Wunderblüte seines geheimnisvollen romantischen Lebens wecken können.«*

> *»Die Zeit der Liederabende soll vorbei sein? O nein, es muss nur der Sänger kommen, der Lieder singen kann und der Programm und Gestaltung vom Klischee befreit.«*

Zwei Texte aus unterschiedlichen deutschen Städten, die in jüngster Zeit verfasst sein könnten. Sie sind jedoch aus Kritiken über Liederabende des jungen Fischer-Dieskau, geschrieben 1952, also ausgerechnet zu Beginn der wohl glanzvollsten Ära, die der Liedgesang in Deutschland und Österreich je erlebt hat: Elisabeth Schwarzkopf, Hans Hotter, Irmgard Seefried, Fritz Wunderlich, Elisabeth Grümmer, Hermann Prey, Christa Ludwig, Peter Schreier, Brigitte Fassbaender – um nur einige der wichtigsten zu nennen –, sie alle haben große Opernkarrieren mit intensiver Konzerttätigkeit verbunden und wurden als Liedinterpreten weltweit gefeiert.

Erst in der Mitte des 19. Jahrhunderts beginnt das Lied nach und nach vom Salon in den Konzertsaal zu übersiedeln; Schubert und auch noch Schumann haben bei ihrer großen Fülle an Liedproduktion noch keineswegs an öffentliche Konzerte gedacht. Aber bereits gegen Ende des Jahrhunderts schreibt Hugo Wolf von einer »Liedepidemie« und Eduard Hanslick beginnt ein Essay mit den Worten: »Liederabende und kein Ende!« Er kommt darin zur Schlussfolgerung, dass die Überfülle an Liederabenden in Wien das Publikum bereits zu ermüden beginnt, der Liedgesang also auf eine Krise zusteuert. Dazu kam es aber ganz offensichtlich nicht, genauso wenig wie in der Mitte des letzten Jahrhunderts.

Dass Liederabende aber schwer zu verkaufen sind, dass das Lied eine sterbende Kunstform ist – diese Bemerkungen kenne ich seit dem Beginn meiner Berufslaufbahn. In letzter Zeit scheinen mir die Unkenrufe allerdings lauter zu werden, und vielleicht ist die Lage auch wirklich ernster als jemals zuvor.

Ein großer Teil des gängigen Liedrepertoires wurde in einer Zeit geschrieben, in der es selbstverständlich war, mit Lyrik vertraut zu sein, vielen Zuhörern waren die vertonten Gedichte bekannt. Davon sind wir heute weit entfernt, und von Schule und Elternhaus kommen nur in seltenen Fällen Anregungen dazu. Was bedeuten einem jungen Menschen heute Zeilen wie die folgenden:

Erlaube mir, feins Mädchen,
in den Garten zu gehen,
dass ich dort mag schauen,
wie die Rosen so schön.
Erlaube, sie zu brechen,
es ist die höchste Zeit …

Ist es überhaupt denkbar, dass er sie nicht nur unter einem botanischen Aspekt liest? Ich würde mich freuen, wenn ich irre, aber viele Unterrichtsstunden mit jungen Sängern haben mich skeptisch gemacht. Und das ist ja nur ein kleines Beispiel für viele andere Themenbereiche. So bin ich etwa davon überzeugt, dass der Schullehrergehilfe Franz Schubert weit mehr Wissen über griechische Mythologie hatte als so mancher Akademiker heute. Und sein Publikum, also sein Freundeskreis, natürlich ebenso. Mit dem ständigen Abbau kultureller Erziehung in unserer Zeit wird der intimen Kunstform Lied noch weit mehr geschadet als zum Beispiel der Oper, die mit prächtiger Ausstattung, Kostümen, Lichtregie und einer dramatischen Handlung schon allein oberflächlich mehr Anziehung bietet als ein Sänger, der zwei Stunden lang vor einem Flügel steht und mitunter schwer verständliche Texte singt.

Texte sollen aber nicht nur verstanden werden, sondern der Hörer muss versuchen, sich voll und ganz auf sie einzulassen. Die innige Verschmelzung von Wort und Musik macht ja das Eigentliche, das Wunderbare am Lied aus. Es ist faszinierend, wie ein Komponist mit einer besonderen Wendung der Melodie, mit einem unerwarteten Wechsel der Harmonie, mit Änderungen des Tempos oder der Dynamik eine Textstelle hervorheben kann. Er beleuchtet sie in einem bestimmten Licht und intensiviert ihre Bedeutung wie ein begnadeter

Schauspieler beim Rezitieren. Umgekehrt erhöht sich aber auch die Wirkung der Musik in der Verbindung mit einem bestimmten Wort. In dem berühmten Lied *Feldeinsamkeit* steht die Phrase »Die schönen weißen Wolken ziehn dahin durchs tiefe Blau«. Und dieses »Blau« unterlegt Brahms mit einer Harmonie, die mir auch nach hundertmaligem Hören noch immer einen wohligen Schauer beschert. Es gibt unendlich viele solcher »Stellen« im Liedrepertoire, die süchtig machen können. Die wesentliche Voraussetzung dafür ist allerdings intensives, konzentriertes Zuhören. Wenn man in großen Instrumentalwerken und mehr noch in mehrstündigen Opern seine Gedanken für wenige Minuten schweifen lässt, ist das wahrscheinlich nicht gerade das, was sich der Komponist erträumt hat. Aber vielleicht hat man immer noch viel von der Musik erfasst und kann zum Beispiel nach viereinhalb Stunden (reiner Musikdauer!) die *Meistersinger von Nürnberg* beglückt verlassen. In einem Lied aber wird das ganze Füllhorn an Emotionen, Gedanken und Bildern meist in wenigen Minuten ausgeschüttet. Es rächt sich sofort, wenn man die Konzentration auf Text und Musik auch nur für Augenblicke verliert; man hat dann bestenfalls ein hübsches Musikstück gehört, das Lied jedoch nicht wirklich erfasst und erlebt. Ganz sicher taugen Lieder also nicht zur Musikberieselung; man muss schon genau hinhören, damit sich diese Welt für einen völlig erschließt. Vielleicht finden deshalb manche Menschen Liederabende so »schwierig«.

Trotzdem sehe ich nicht schwarz. Die Freude, ja Begeisterung an Stimmen scheint ungebrochen zu sein. Dass ein Sängerstar wie Jonas Kaufmann ein Haus wie die Mailänder Scala bis auf den letzten Platz füllen kann, selbst wenn er Lieder von Liszt, Wolf, Mahler und Strauss singt, ist freilich kein Beweis für das Weiterleben der Liedkunst; aber es ist doch immerhin erfreulich. In vielen Jahren an Musikhochschulen habe ich die Erfahrung gemacht, dass sich ein Großteil der Gesangsstudenten nicht mehr zwischen Oper und Konzert entscheidet, sondern in zunehmenden Maße beides studieren will; und ebenso wächst die Zahl der Pianisten ständig, die auch Liedbegleitung studieren wollen. Zwar ist der Anteil der Liederabende bei gemischten Abonnements kleinerer Städte deutlich gesunken, aber es entstehen neue kleine Festivals, die Liederabende beinhalten, Sänger und Pianisten gründen Liedreihen, und so mancher Liedenthusiast unter den Veranstaltern und Opernintendanten setzt sich nachdrücklich für das Lied ein. Die Wigmore Hall in London veranstaltet etwa neunzig Liederabende im Jahr, und die ausschließlich dem Lied und der Kammermusik gewidmete *Schubertiade* in Österreich kommt auf eine ähnliche Zahl von Konzerten.

Es gibt verschiedenartige Versuche, Liederabende attraktiver, interessanter, anziehender zu machen. Dazu zählen Veranstaltungen mit einem Schauspieler, der ergänzende Texte liest, etwa Gedichte oder Briefe. Bei einer idealen Programmplanung kann das sehr gut funktionieren. Von »inszenierten« oder gar getanzten Liederabenden halte ich dagegen wenig, weil meiner Meinung nach die Aufmerksamkeit vom Eigentlichen zu sehr abgelenkt wird.

Liederabende gibt es auf der ganzen Welt, außerhalb Europas derzeit wohl am meisten im Fernen Osten. Und wenn man etwa in Südkorea auf das Konzertpodium kommt, ist man verblüfft über die vielen jungen Menschen im Publikum. Da wächst eine neue Generation von Liedbegeisterten heran. In Europa sind wir bei Liederabenden und Kammermusik ein deutlich höheres Durchschnittsalter gewohnt, aber das war immer so, und der Gedanke, dass uns das Liedpublikum langsam wegstirbt, ist unsinnig. Ein gewisser Teil wird allein aus Freude am Gesang und aus Liebe zu bestimmten Sängern zu Liederabenden kommen.

Es war immer eine kleine Gruppe von Menschen, die sich speziell für das Lied interessiert hat. Möglicherweise wird sie noch etwas kleiner werden, aber sie wird nicht verschwinden. Wenn man die Begeisterung erlebt und das Glück in den Augen von Zuhörern nach einem gelungenen Liederabend gesehen hat, kann man das nicht glauben.

EPILOG

Wann beendet ein Musiker seine berufliche Laufbahn? Ich muss gestehen, dass mich diese Frage seit einiger Zeit beschäftigt, auch wenn ich mir im Moment ein Leben ohne Konzerte noch schwer vorstellen kann. Es mangelt nicht an Angeboten, und die Freude auf dem Podium ist immer noch groß, sogar größer vielleicht als in jungen Jahren. Natürlich habe ich meine technischen Probleme, aber die sind durch all die vielen Jahre so ziemlich dieselben geblieben und haben nichts mit meinem Alter zu tun. Das spüre ich noch am ehesten im größer werdenden Zeitaufwand beim Erlernen eines neuen Repertoires. Sonst aber scheint sich nichts verändert zu haben, und ich bilde mir sogar ein, beim Spielen etwas mehr Ausdruckskraft zu haben als früher; eine vielleicht ganz normale Erscheinung bei einem älter gewordenen Musiker – ich meine die Einbildung! Solange mich also die wunderbaren Sänger, mit denen ich musizieren darf, weiterhin anfragen, solange sich die Anzahl der falschen Töne in einem Konzert nicht drastisch erhöht und solange ich des Kofferpackens und Reisens nicht müde werde, will ich weiterspielen. Und bin dankbar und glücklich darüber, dass es mir noch möglich ist.

Ich leb allein in meinem Himmel,
in meinem Lieben, in meinem Lied.

DIE SÄNGER

Die Liste der Sänger, mit denen ich in mehr als 50 Berufsjahren arbeiten durfte, ist lang. Mit den meisten in der folgenden Auswahl habe ich Liederabende und Aufnahmen gemacht, manchen bin ich beim Musizieren in Ensembles begegnet. Bei jedem Namen werden Erinnerungen wach; bei vielen, die in diesem Buch nicht vorkommen, gäbe es weitere Geschichten zu erzählen.

SOPRAN

Louise Alder
Juliane Banse
Barbara Bonney
Ileana Cotrubaș
Diana Damrau
Annette Dasch
Lise Davidsen
Helena Doese
Mojca Erdmann
Gabriele Fontana
Felicitas Fuchs
Sona Ghazarian
Janice Harper
Anja Harteros
Sumi Hwang
Sunhae Im
Christiane Karg
Michaela Kaune
Regina Klepper
Genia Kühmeier
Adele Leigh
Eva Lind
Tamara Milaschkina
Olivera Miljakovic
Regula Mühlemann
Inga Nielsen
Camilla Nylund
Christiane Oelze
Janet Perry
Sylvia Rhys-Thomas
Dorothea Röschmann
Katharina Ruckgaber
Yumiko Samejima
Sylvia Schwartz
Irmgard Seefried
Mitsuko Shirai
Britta Stallmeister
Hanni Steffek
Rita Streich
Dawn Upshaw
Maria Venuti
Sabina von Walther
Ruth Ziesak
Teresa Żylis-Gara

MEZZO/ALT

Ida Aldrian
Janina Baechle
Lioba Braun
Heidi Brunner
Grace Bumbry
Marie-Claude Chappuis
Roxana Constantinescu
Ingeborg Danz
Stella Doufexis
Motoko Eguchi
Brigitte Fassbaender
Bernarda Fink
Stella Grigorian
Monica Groop
Stefanie Irányi
Angelika Kirchschlager
Dorottya Láng
Margarita Lilowa
Marjana Lipovšek
Christa Mayer
Anne Sofie von Otter
Michaela Selinger
Ekaterina Semenchuk
Gabriele Sima
Violeta Urmana
Iris Vermillion
Janet Walker
Carolyn Watkinson

TENOR

Kurt Azesberger
Piotr Beczała
Bernhard Berchtold
Ian Bostridge
Christoph Genz
Rory Hammond
Werner Hollweg
Peter Jelosits
Daniel Johannsen
Jonas Kaufmann
Werner Krenn
Thomas Moser
Lothar Odinius
Mauro Peter
Jan Petryka
Christoph Prégardien
Josef Protschka
Michael Schade
Peter Schreier
Christoph Strehl
Kurt Streit
Marcus Ullmann
Klaus Florian Vogt
Endrik Wottrich

BARITON/BASS

Benjamin Appl
Olaf Bär
Gabriel Bermúdez
Björn Bürger
Adrian Eröd
Stephan Genz
Matthias Goerne
Franz Hawlata
Dietrich Henschel
Robert Holl

Matthias Hölle
Wolfgang Holzmair
Hans Hotter
Christian Immler
Konrad Jarnot
Toshimitsu Kimura
Martin Kränzle
Jochen Kupfer
Christopher Maltman
Michael Nagy
Günter Papendell
Luca Pisaroni
Florian Prey
Hermann Prey
Thomas Quasthoff
Mischa Schelomianski
Andreas Schmidt
Johannes G. Schmidt
Daniel Schmutzhard
Peter Schöne
Andrè Schuen
Egils Siliņš
Bo Skovhus
Hans Sotin
Siwoung Song
Roman Trekel
Michael Volle
Peter Weber
Bernd Weikl
Markus Werba
Oliver Widmer
Roderick Williams

DANKSAGUNG

Viele Gespräche mit Freunden, mit Sängern und Pianisten haben mir bei diesem Buch geholfen.

Besonders danken möchte ich Brigitte Sinhuber-Harenberg, die den Stein ins Rollen brachte, Jürgen Arne Bach, der mir ein sehr aufmerksamer und verständnisvoller Lektor war, und Mechthild Bartolomey, die mir viele wertvolle Ratschläge gegeben hat.

Ein ganz spezieller Dank gebührt Sarah Moosmann. Mit ihrer Hilfe konnte ich so manche technische Hürde in der Computerwelt meistern, und ihre verschiedensten Anregungen haben deutlich zur besseren Lesbarkeit des Manuskripts beigetragen.

VITA

24.12.1945	geboren in Wien
1954–1964	Ausbildung am Konservatorium der Stadt Wien in Klavier und Musiktheorie
1963	Matura am Akademischen Gymnasium in Wien
1964	Staatsprüfung in Klavierpädagogik
1965–1967	Studium von Klavier, Komposition und Korrepetition an der Akademie für Musik und darstellende Kunst in Wien
1966	Förderungspreis der Stadt Wien für Komposition
1967–1979	Unterrichtstätigkeit in Korrepetition und Liedgestaltung an der Hochschule für Musik und darstellende Kunst in Wien
1969	erster Liederabend mit Irmgard Seefried
1970	Verleihung des Professortitels
1971	erste Orient-Tournee
1974	erste Konzerte in Japan
1976	erste Schallplattenaufnahme (Wiener Sängerknaben)
1980	erster Liederabend mit Hermann Prey (Seoul) erstes Konzert bei der Schubertiade
1982	erste Liedaufnahme mit Prey erster Liederabend bei den Salzburger Festspielen (Prey)
1984	erste Liedaufnahme mit Yumiko Samejima
1986–2014	Professor für Liedgestaltung an der Hochschule für Musik, München
1988	Asien-Tournee mit Hermann Prey, *Winterreise* (11 Städte)
1989	erste Liederabende mit Brigitte Fassbaender, Olaf Bär, Peter Schreier
1991	erste Liederabende mit Bo Skovhus
1994	erster Liederabend mit Barbara Bonney

1995	erste Liederabende mit Angelika Kirchschlager
1998	ECHO Klassik für *Die schöne Müllerin* (Bo Skovhus)
2000	erste Liederabende mit Jonas Kaufmann ECHO Klassik für *When night falls* (Angelika Kirchschlager)
2002	erste Liederabende mit Grace Bumbry
2005	erster Liederabend mit Michael Volle
2006	erster Liederabend mit Diana Damrau
2007	erste Liedaufnahme mit Jonas Kaufmann (Strauss) Grammophone Award
2010	ECHO Klassik für Schumann-Lieder (Angelika Kirchschlager)
2011	Liederabend mit Jonas Kaufmann, Metropolitan Opera, New York
2012	erste Liederabende mit Mauro Peter
2012–2018	Gastprofessur Frankfurt am Main
2014	Europa-Tournee mit Jonas Kaufmann, *Winterreise* (9 Städte)
2014	Grammophone Award, *Winterreise* mit Jonas Kaufmann
2014–2017	Gastprofessur Mozarteum, Salzburg
2015	erste Liederabende mit Camilla Nylund, Piotr Beczała 100. Konzert bei der Schubertiade
2016	Südamerika-Tournee mit Jonas Kaufmann
2017	China-Tournee mit Jonas Kaufmann
2018	Europa-Tournee mit Diana Damrau und Jonas Kaufmann, *Italienisches Liederbuch* (13 Städte)

DISKOGRAPHIE (Auswahl)

Interpret: Christian Immler (Bariton)
Komponist: Gál
Inhalt: *Ausgewählte Lieder*
Produzent: Avi-Music
Jahr: 2019

Interpret: Piotr Beczała (Tenor)
Komponisten: Karłowicz, Moniuszko
Inhalt: *Lieder*
Produzent: Frederic Chopin Institut Warschau
Jahr: 2019

Interpret: Sumi Hwang (Sopran)
Komponisten: Britten, Liszt, Strauss
Inhalt: *On this Island, Petrarca-Sonette, Vier letzte Lieder*
Produzent: Deutsche Grammophon, Universal Music, Korea
Jahr: 2019

Interpreten: Diana Damrau (Sopran), Jonas Kaufmann (Tenor)
Komponist: Wolf
Inhalt: *Italienisches Liederbuch*
Produzent: ERATO
Jahr: 2018

Interpret: Peter Schreier (Tenor)
Komponisten: Mozart, Beethoven, Schubert, Schumann, Mendelssohn
Inhalt: *Liederabend 1996, Tokyo, Metropolitan Theatre*
Produzent: TOBU Recordings
Jahr: 2018

Interpreten: Juliane Banse (Sopran), Ingeborg Danz (Mezzosopran), Iris Vermillion (Mezzosopran), Christoph Prégardien (Tenor), Marcus Ullmann (Tenor), Andreas Schmidt (Bariton)
Komponist: Brahms
Inhalt: *Complete Duets & Quartets*
Produzent: cpo
Jahr: 2017

Interpreten: Katharina Ruckgaber (Sopran), Jochen Kupfer (Bariton), Peter Thalheimer (Csakan)
Komponist: Széchényi
Inhalt: *Lieder*
Produzent: Dabringhaus und Grimm
Jahr: 2017

Interpret: Mauro Peter (Tenor)
Komponist: Schumann
Inhalt: *Dichterliebe und ausgewählte Lieder*
Produzent: SONY Classical
Jahr: 2016

Interpret: Mauro Peter (Tenor)
Komponist: Schubert
Inhalt: *Goethe-Lieder*
Produzent: SONY Classical
Jahr: 2015

Interpret: Sabina von Walther (Sopran)
Komponisten: Thuille, Strauss
Inhalt: *Eine Jugendfreundschaft. Ausgewählte Lieder*
Produzent: DUX
Jahr: 2015

Interpret: Siwoung Song (Bariton)
Komponisten: Schumann, Wolf, Mozart
Inhalt: *Dichterliebe, Italienisches Liederbuch u.a.*
Produzent: Gramola
Jahr: 2015

Interpret: Jonas Kaufmann (Tenor)
Komponist: Schubert
Inhalt: *Winterreise*
Produzent: SONY Classical
Jahr: 2014

Interpret: Matthias Goerne (Bariton)
Komponist: Schubert
Inhalt: *Wanderers Nachtlied; auch auf CD: Eric Schneider (Klavier)*
Produzent: Harmonia Mundi
Jahr: 2014

Interpret: Mauro Peter (Tenor)
Komponist: Schubert
Inhalt: *Die Schöne Müllerin*
Produzent: Wigmore Hall
Jahr: 2014

Interpret: Roderick Williams (Bariton)
Komponisten: Schumann, Korngold, Mahler, Wolf
Inhalt: *Kerner-Lieder op. 35, Lieder des Abschieds op. 14, 4 Lieder, Italienisches Liederbuch (Auswahl)*
Produzent: Wigmore Hall
Jahr: 2012

Interpret: Christian Immler (Bariton)
Komponisten: Schreker, Gál, Eisler, Goldschmidt, Zemlinsky, Grosz, Korngold
Inhalt: *Modern Times*
Produzent: BR Klassik
Jahr: 2012

Interpret: Angelika Kirchschlager (Mezzosopran)
Komponist: Mahler
Inhalt: *Lieder eines fahrenden Gesellen, Rückert-Lieder, Des Knaben Wunderhorn*
Produzent: QUINTON
Jahr: 2011

Interpret: Diana Damrau (Sopran)
Komponist: Liszt
Inhalt: *Ausgewählte Lieder*
Produzent: Virgin Classics
Jahr: 2011

Interpret: Egils Silins (Bass-Bariton)
Komponisten: Schubert, Strauss
Inhalt: *Ausgewählte Lieder*
Produzent: Koncertzale »Baltais Fligelis«; AKKA/LAA
Jahr: 2011

Interpret: Michael Volle (Bariton)
Komponisten: Schubert, Reutter, Wolf, Strauss
Inhalt: *Der Taucher (Friedrich Schiller), 3 Hölderlin-Lieder, 7 Mörike-Lieder, 3 Rückert-Lieder u.a.*
Produzent: BR Klassik
Jahr: 2011

Interpreten: Angelika Kirchschlager (Mezzosopran), Annette Dasch (Sopran), Stephan Rügamer (Tenor), Franz-Josef Selig (Bass), Stella Doufexis (Mezzosopran)
Komponisten: Mahler, Schubert, Brahms, Humperdinck, Silcher, Mendelssohn, Mozart u.a.
Inhalt: *Geh aus, mein Herz: Deutsche Volkslieder II.; auch auf CD: Christian Gerhaher, Gerold Huber, Ruth Ziesak, Günther Groissböck, Eric Schneider, Michaela Kaune, Christinae Oelze, Christiane Karg u.a.*
Produzent: SONY Classical
Jahr: 2010

Interpreten: Detlef Roth (Tenor), Angelika Kirchschlager (Mezzosopran), Franz-Josef Selig (Bass), Stephan Rügamer (Tenor), Michael Barenboim Jr. (Violine), SoJung Claire Lee (Cello), Annette Dasch (Sopran), Stella Doufexis (Mezzosopran), Christiane Karg (Sopran), Klaus Florian Vogt (Tenor)
Komponisten: Silcher, Mozart, Schumann, Brahms, Schubert, Haydn, Mendelssohn u.a.
Inhalt: *Wenn ich ein Vöglein wär: Deutsche Volkslieder; auch auf CD: Christian Gerhaher, Gerold Huber, Günther Groissböck, Eric Schneider, Michaela Kaune, Windsbacher Knabenchor*
Produzent: SONY Classical
Jahr: 2010

Interpret: Angelika Kirchschlager (Mezzosopran)
Komponist: Mahler
Inhalt: *Ausgewählte Lieder; auch auf CD: Symphonie No. 6, Wiener Philharmoniker, Pierre Boulez*
Produzent: Holidays in Austria
Jahr: 2009

Interpret: Jonas Kaufmann (Tenor)
Komponist: Schubert
Inhalt: *Die Schöne Müllerin*
Produzent: DECCA
Jahr: 2009

Interprete: Angelika Kirchschlager (Mezzosopran)
Komponist: Wolf
Inhalt: *Lieder nach Gedichten von Goethe, Mörike, Eichendorff, Heine, Shakespeare und Lord Byron, Alte Weisen nach Gottfried Keller*
Produzent: SONY Classical
Jahr: 2008

Interpreten: Matthias Goerne (Bariton), Eric Schneider (Klavier)
Komponist: Schubert
Inhalt: *An mein Herz*
Produzent: Harmonia Mundi
Jahr: 2008

Interpret: Stella Grigorian (Mezzosopran)
Komponisten: Montsalvatge, Stanford, Guastavino, Nin, Obradors, Tschaikowsky, Schostakowitsch, Minkov, Delibes, Bizet, Massenet, Ravel, Rossini, Donizetti, Chiara, Bernstein
Inhalt: *Spanische Lieder*
Produzent: OEHMS Classics
Jahr: 2008

Interpreten: Angelika Kirchschlager (Mezzosopran), Tonkünstler-Orchester Niederösterreich
Komponisten: Humperdinck, Cornelius, Bach u.a.
Inhalt: *Weihnachtslieder*
Produzent: Sony Classical
Jahr: 2007

Interpret: Diana Damrau (Sopran)
Komponisten: Clara und Robert Schumann, Fanny und Felix Mendelssohn, Chopin, Liszt, Brahms
Inhalt: *aus Myrthen op. 25, ausgewählte Lieder aus Polnische Lieder op. 74, Drei Lieder nach Victor Hugo, Ausgewählte Lieder*
Produzent: ORFEO
Jahr: 2006

Interpret: Jonas Kaufmann (Tenor)
Komponist: Strauss
Inhalt: *Ausgewählte Lieder*
Produzent: Harmonia Mundi
Jahr: 2006

Interpreten: Jan Vogler (Violoncello), Angelika Kirchschlager (Mezzosopran)
Komponisten: Foster, Dvořák
Inhalt: *Lasst mich allein, Jeanie With the Light Brown Hair, Wilt Thou be Gone, Love?, Zigeunermelodien; auch auf CD: Konzert für Violoncello und Orchester h-moll op. 104 mit New York Philharmonic Orchestra und David Robertson*
Produzent: SONY Classical
Jahr: 2005

Interpret: Konrad Jarnot (Bariton)
Komponist: Strauss
Inhalt: *Vier Letzte Lieder, Vier Lieder, op. 27, Neun Lieder, op. 10*
Produzent: OEHMS Classics
Jahr: 2005

Interpret: Dietrich Henschel (Bariton)
Komponist: Schubert
Inhalt: *An den Mond*
Produzent: Harmonia Mundi
Jahr: 2004

Interpret: Konrad Jarnot (Bariton)
Komponist: Mahler
Inhalt: *Lieder eines fahrenden Gesellen, 5 Rückert-Lieder, Abschied (Lied von der Erde)*
Produzent: OEHMS Classics
Jahr: 2003

Interpret: Dietrich Henschel (Bariton)
Komponist: Korngold
Inhalt: *12 Lieder op. 5, So Gott und Papa will, 6 einfache Lieder op. 9, 4 Lieder des Abschieds op. 14 u.a.*
Produzent: Harmonia Mundi
Jahr: 2002

Interpret: Yumiko Samejima (Sopran)
Komponisten: Verschiedene japanische Komponisten
Inhalt: *Ausgewählte japanische Lieder V*
Produzent: DENON
Jahr: 2002

Interpret: Regina Klepper (Sopran)
Komponisten: Kreutzer, Hetsch, Silcher, Kauffmann, Brahms, Loewe, Hauptmann, Schumann, Strauss
Inhalt: *Romantische Lieder, Das Nachtlager in Granada (Ausschnitte)*
Produzent: UraCant
Jahr: 2000

Interpret: Yumiko Samejima (Sopran)
Komponisten: Verschiedene japanische Komponisten
Inhalt: *Ausgewählte japanische Lieder IV*
Produzent: DENON
Jahr: 2000

Interpreten: Angelika Kirchschlager (Mezzosopran), John Williams (Gitarre), Yuri Bashmet (Viola), Roger Vignoles (Klavier)
Komponisten: Verschiedene Komponisten
Inhalt: *When night falls (Schlaflieder)*
Produzent: Sony Classical
Jahr: 1999

Interpreten: Nika Millard (Sopran), Franz Bartolomey (Cello)
Komponisten: Tschaikowsky, Rachmaninow
Inhalt: *Russische Romanzen*
Produzent: Thomastik-Infeld
Jahr: 1999

Interpret: Yumiko Samejima (Sopran)
Komponisten: Verschiedene japanische Komponisten
Inhalt: *Ausgewählte japanische Lieder III*
Produzent: DENON
Jahr: 1999

Interpreten: Regina Klepper (Sopran), Martina Borst (Mezzosopran)
Komponisten: Mendelssohn, Schumann, Reger
Inhalt: *Duette*
Produzent: Capriccio
Jahr: 1999

Interpreten: Juliane Banse (Sopran), Olaf Bär (Bariton)
Komponisten: Robert und Clara Schumann
Inhalt: *Myrthen op. 25, 12 Gedichte aus F. Rückerts Liebesfrühling, op. 37*
Produzent: EMI Classics
Jahr: 1998

Interpret: Reiner Ginzel (Cello)
Komponisten: Schumann, Dietrich, Kirchner, Brahms
Inhalt: *Adagio und Allegro op. 70, Sonate C-dur op. 15, Acht Stücke op. 79, Intermezzo E-dur*
Produzent: audite
Jahr: 1998

Interpret: Bo Skovhus (Bariton)
Komponist: Schubert
Inhalt: *Die Schöne Müllerin*
Produzent: Sony Classical
Jahr: 1997

Interpret: Olaf Bär (Bariton)
Komponist: Schumann
Inhalt: *Lieder, Romanzen und Balladen*
Produzent: EMI Classics
Jahr: 1997

Interpret: Olaf Bär (Bariton)
Komponist: Brahms
Inhalt: *9 Lieder op. 6, 5 Gesänge op. 71, 5 Gesänge op. 72, 5 Lieder op. 94, Vier ernste Gesänge op. 121*
Produzent: EMI Classics
Jahr: 1997

Interpret: Olaf Bär (Bariton)
Komponist: Schoeck
Inhalt: *Wanderung im Gebirge für Bariton und Klavier*
Produzent: DENON
Jahr: 1997

Interpret: Yumiko Samejima (Sopran)
Komponisten: Verschiedene japanische Komponisten
Inhalt: *Ausgewählte japanische Lieder II*
Produzent: DENON
Jahr: 1997

Interpreten: Juliane Banse (Sopran), Iris Vermillion (Mezzosopran), Andreas Schmidt (Bariton)
Komponist: Brahms
Inhalt: *Complete Lieder Vol. 10, Deutsche Volkslieder Hefte 1–6, Volks-Kinderlieder, 5 Orphelia-Lieder, Regenlied, Mondnacht*
Produzent: Radio Berlin Brandenburg/cpo
Jahr: 1997

Interpreten: Juliane Banse (Sopran), Iris Vermillion (Mezzosopran), Andreas Schmidt (Bariton)
Komponist: Brahms
Inhalt: *Complete Lieder Vol. 9, Zigeunerlieder op. 103, Fünf Lieder op. 106, Fünf Lieder op. 107, Vier ernste Gesänge op. 121*
Produzent: Radio Berlin Brandenburg/cpo
Jahr: 1996

Interpreten: Juliane Banse (Sopran), Andreas Schmidt (Bariton)
Komponist: Brahms
Inhalt: *Complete Lieder Vol. 8, Sieben Lieder op. 95, Vier Lieder op. 96, Sechs Lieder op. 97, Fünf Lieder op. 105*
Produzent: Radio Berlin Brandenburg/cpo
Jahr: 1997

Interpreten: Juliane Banse (Sopran), Iris Vermillion (Mezzosopran), Andreas Schmidt (Bariton)
Komponist: Brahms
Inhalt: *Complete Lieder Vol. 7, Romanzen und Lieder op. 84, 1-6, Sechs Lieder op. 85, Sechs Lieder op. 86, Fünf Lieder op. 94*
Produzent: Radio Berlin Brandenburg/cpo
Jahr: 1996

Interpreten: Juliane Banse (Sopran), Andreas Schmidt (Bariton)
Komponist: Brahms
Inhalt: *Complete Lieder Vol. 6, Neun Gesänge op. 69, Vier Gesänge op. 70, Fünf Gesänge op. 71, 72*
Produzent: Radio Berlin Brandenburg/cpo
Jahr: 1996

Interpreten: Juliane Banse (Sopran), Andreas Schmidt (Bariton)
Komponist: Brahms
Inhalt: *Complete Lieder Vol. 5, Lieder und Gesänge op. 58, 59, 63*
Produzent: Radio Berlin Brandenburg/cpo
Jahr: 1996

Interpreten: Juliane Banse (Sopran), Andreas Schmidt (Bariton)
Komponist: Brahms
Inhalt: *Complete Lieder Vol. 4, Fünf Lieder op. 47, Sieben Lieder op. 48, Fünf Lieder op. 49, Lieder und Gesänge op. 57*
Produzent: Radio Berlin Brandenburg/cpo
Jahr: 1996

Interpret: Andreas Schmidt (Bariton)
Komponist: Brahms
Inhalt: *Complete Lieder Vol. 3, Die schöne Magelone, Romanzen op. 33*
Produzent: Radio Berlin Brandenburg/cpo
Jahr: 1998

Interpreten: Juliane Banse (Sopran), Andreas Schmidt (Bariton)
Komponist: Brahms
Inhalt: *Complete Lieder Vol. 2, Fünf Gedichte op. 19, Lieder und Gesänge op. 32, Vier Gesänge op. 43, Vier Lieder op. 46*
Produzent: Radio Berlin Brandenburg/cpo
Jahr: 1996

Interpreten: Juliane Banse (Sopran), Andreas Schmidt (Bariton)
Komponist: Brahms
Inhalt: *Complete Lieder Vol. 1, Gesänge op. 3, Gesänge op. 6, Gesänge op. 7, Lieder und Romanzen op. 14*
Produzent: Radio Berlin Brandenburg/cpo
Jahr: 1996

Interpret: Angelika Kirchschlager (Mezzosopran)
Komponisten: Gustav und Alma Mahler, Korngold
Inhalt: *Lieder aus der Jugendzeit, Songs of the Clowns, Ausgewählte Lieder*
Produzent: Sony Classical
Jahr: 1996

Interpreten: Dawn Upshaw (Sopran), Olaf Bär (Bariton)
Komponist: Wolf
Inhalt: *Italienisches Liederbuch*
Produzent: EMI Classics
Jahr: 1996

Interpret: Olaf Bär (Bariton)
Komponisten: Cornelius, Humperdinck, Trunk, Haas, Reger
Inhalt: *Weihnachten im deutschen Lied*
Produzent: EMI Classics
Jahr: 1996

Interpret: Olaf Bär (Bariton)
Komponisten: Kreutzer, Nicolai, Goetz, Humperdinck, Marschner
Inhalt: *Lieder deutscher Opernkomponisten*
Produzent: EMI Classics
Jahr: 1995

Interpret: Yumiko Samejima (Sopran)
Komponisten: Verschiedene japanische Komponisten
Inhalt: *Ausgewählte japanische Lieder I*
Produzent: DENON
Jahr: 1995

Interpreten: Barbara Bonney (Sopran), Anne Sofie von Otter (Mezzosopran), Kurt Streit (Tenor), Olaf Bär (Bariton), Bengt Forsberg (Klavier)
Komponisten: Brahms, Schumann
Inhalt: *Liebeslieder-Walzer, Neue Liebeslieder-Walzer, Spanische Liebeslieder*
Produzent: EMI Classics
Jahr: 1994

Interpret: Bo Skovhus (Bariton)
Komponist: Schubert
Inhalt: *Schwanengesang*
Produzent: SONY Classical
Jahr: 1994

Interpreten: Josef Protschka (Tenor), Mitsuko Shirai (Mezzosopran)
Komponist: Mozart
Inhalt: *Sämtliche Lieder; auch auf CD: Hartmut Höll (Klavier)*
Produzent: Capriccio
Jahr: 1994

Interpret: Yumiko Samejima (Sopran)
Komponist: Liszt
Inhalt: *Ausgewählte Lieder*
Produzent: DENON
Jahr: 1994

Interpret: Bernd Weikl (Bariton)
Komponist: Schubert
Inhalt: *Winterreise*
Produzent: Nightingale Classics
Jahr: 1993

Interpret: Bo Skovhus (Bariton)
Komponisten: Wolf, Korngold
Inhalt: *Eichendorff-Lieder*
Produzent: Sony Classical
Jahr: 1993

Interpret: Gerhart Hetzel (Violine)
Komponist: Brahms
Inhalt: *Sonaten für Violine und Klavier No. 1, 2, 3*
Produzent: Pony Canyon
Jahr: 1993

Interpret: Yumiko Samejima (Sopran)
Komponist: Mahler
Inhalt: *Lieder eines fahrenden Gesellen, Lieder und Gesänge aus der Jugendzeit, Des Knaben Wunderhorn, Rückert-Lieder*
Produzent: DENON
Jahr: 1993

Interpret: Josef Protschka (Tenor)
Komponist: Mendelssohn
Inhalt: *Lieder Vol. 2*
Produzent: Capriccio Digital
Jahr: 1992

Interpret: Josef Protschka (Tenor)
Komponist: Mendelssohn
Inhalt: *Lieder Vol. 1*
Produzent: Capriccio Digital
Jahr: 1991

Interpret: Re Yang Kim (Mezzosopran)
Komponisten: Schumann, Schubert, Brahms, Strauss
Inhalt: *Ausgewählte deutsche und koreanische Lieder*
Produzent: SKC
Jahr: 1991

Interpret: Yumiko Samejima (Sopran)
Komponist: Mozart
Inhalt: *Ausgewählte Lieder*
Produzent: DENON
Jahr: 1991

Interpreten: Yumiko Samejima (Sopran), Rias-Sinfonietta
Komponist: Mozart
Inhalt: *Ausgewählte Arien*
Produzent: DENON
Jahr: 1990

Interpret: Josef Protschka (Tenor)
Komponisten: Schumann, Kreutzer, Mendelssohn
Inhalt: *Dichterliebe, Wanderlieder, Heine-Lieder*
Produzent: URCANT Herbstliche Musiktage Bad Urach
Jahr: 1989

Interpret: Yumiko Samejima (Sopran)
Komponisten: Schumann, Dvořák
Inhalt: *Frauenliebe und -leben, Zigeunermelodien op. 55, 7 Lieder*
Produzent: DENON
Jahr: 1989

Interpret: Yumiko Samejima (Sopran)
Komponist: Ichikawa
Inhalt: *Ausgewählte Lieder*
Produzent: DENON
Jahr: 1989

Interpret: Josef Protschka (Tenor)
Komponist: Schumann
Inhalt: *Dichterliebe, Liederkreis op. 39*
Produzent: Capriccio
Jahr: 1988

Interpret: Yumiko Samejima (Sopran)
Komponisten: Verschiedene japanische Komponisten
Inhalt: *Ausgewählte Lieder*
Produzent: DENON
Jahr: 1988

Interpreten: Elaine Woods (Sopran), Carolyn Watkinson (Alt), Josef Protschka (Tenor), Richard Salter (Bariton), Christian Altenburger (Violine), Julius Berger (Cello)
Komponist: Beethoven
Inhalt: *Songs from the British Isles*
Produzent: SONY Classical
Jahr: 1987

Interpret: Hermann Prey (Bariton)
Komponist: Schubert
Inhalt: *Lieder und Balladen*
Produzent: Intercord Klassische Diskothek
Jahr: 1987

Interpret: Hermann Prey (Bariton)
Komponist: Loewe
Inhalt: *Balladen*
Produzent: Intercord Klassische Diskothek
Jahr: 1987

Interpret: Hermann Prey (Bariton)
Komponist: Schubert
Inhalt: *Winterreise*
Produzent: Schwetzinger SWR Festspiele
Jahr: 1987

Interpret: Yumiko Samejima (Sopran)
Komponisten: Schubert, Brahms
Inhalt: *Ausgewählte Lieder*
Produzent: DENON
Jahr: 1987

Interpret: Josef Protschka (Tenor)
Komponist: Schubert
Inhalt: *Die Schöne Müllerin*
Produzent: Capriccio
Jahr: 1986

Interpreten: Mitsuko Shirai (Sopran), Marjana Lipovsek (Alt), Josef Protschka (Tenor), Matthias Hölle (Bass)
Komponist: Schumann
Inhalt: *Spanisches Liederspiel op.74, Vier Duette op. 34, Spanische Liebeslieder op.138; auch auf CD: Norman Shetler (Piano)*
Produzent: Capriccio
Jahr: 1986

Interpreten: Ulf Rodenhäuser (Klarinette), Wolfgang Gaag (Horn), Hermann Voss (Bratsche)
Komponist: Reinecke
Inhalt: *Trio A-Dur für Klarinette, Viola und Klavier op. 264, Trio B-Dur für Klarinette, Horn und Klavier op. 274*
Produzent: audite
Jahr: 1986

Interpret: Yumiko Samejima (Sopran)
Komponisten: Verschiedene japanische Komponisten
Inhalt: *Your Favorite Japanese Songs II*
Produzent: DENON
Jahr: 1985

Interpret: Yumiko Samejima (Sopran)
Komponisten: Verschiedene japanische Komponisten
Inhalt: *Lieder*
Produzent: DENON
Jahr: 1985

Interpret: Hermann Prey (Bariton)
Komponist: Brahms
Inhalt: *Liebeslieder*
Produzent: Saphir
Jahr: 1983

Interpret: Christian Altenburger (Violine)
Komponisten: Schubert, Dvořák, Bartók, Ysaye
Inhalt: *Sonatine g-moll op. 137 Nr. 3, Sonatine G-Dur op. 100, Rhapsodie Nr. 1, Sonate d-moll op. 27 Nr. 3*
Produzent: Classic amadeo
Jahr: 1982

Interpret: Olivera Miljakovic (Sopran)
Komponisten: Fauré, de Falla, Wolf-Ferrari
Inhalt: *Ausgewählte Lieder*
Produzent: Radio Belgrad
Jahr: 1982

Interpreten: Helen Donath (Sopran), Hermann Prey (Bariton), Ernö Sebestyen (Violine), Robert Dohn (Flöte), Dieter Klöcker (Klarinette), Klaus Wallendorf (Horn), Karl Otto Hartmann (Fagott)
Komponisten: Verschiedene Komponisten
Inhalt: *Romantische Lieder für Klavier und obligates Instrument*
Produzent: Herbstliche Musiktage Bad Urach / Südwestfunk Landesstudio Tübingen
Jahr: 1981

Interpret: Sylvia Rhys-Thomas (Sopran)
Komponisten: Haydn, Schumann, Strauss
Inhalt: *Englische Lieder, Maria Stuart-Lieder op. 135, Ausgewählte Lieder*
Produzent: Edipan
Jahr: 1980

Interpret: Motoko Eguchi
Komponist: Nakada
Inhalt: *Ausgewählte Lieder*
Produzent: Happy Echo
Jahr: 1979

Interpreten: Wolfgang Schulz (Flöte), Milan Turkovic (Fagott)
Komponisten: Beethoven, Bozza, Prinz, Villa-Lobos
Inhalt: *Trio G-dur WoO 37, Sonatine für Flöte und Fagott, Dialog für Flöte und Fagott, Bachianas Brasileiras Nr. 6*
Produzent: TELEFUNKEN
Jahr: 1979

Interpreten: Wolfgang Schulz (Flöte), Milan Turkovič (Fagott)
Komponisten: Prinz, Rimsky-Korsakow, Ibert, Agricola Genin, Kreisler, Borne, Donizetti
Inhalt: *Moments musicaux I, Hummelflug, Carignane, Carnaval de Venise, Schön Rosmarin, Carmen-Fantasie, Trio F-dur*
Produzent: TELEFUNKEN
Jahr: 1979

Interpret: Wolfgang Schulz (Flöte)
Komponisten: Messiaen, Eder, Martin
Inhalt: *Die Schwarze Amsel, Sonatine für Flöte und Klavier, Ballade für Flöte und Klavier*
Produzent: TELEFUNKEN
Jahr: 1979

Interpret: Wolfgang Schulz (Flöte)
Komponist: Beethoven
Inhalt: *Sämtliche Werke für Flöte und Klavier, Sonate B-Dur, Serenade für Klavier und Flöte op. 41*
Produzent: TELEFUNKEN
Jahr: 1978

Interpreten: Wolfgang Schulz (Flöte), Heidi Litschauer (Violincello)
Komponist: Haydn
Inhalt: *Trios für Flöte, Violincello und Klavier No. 28 D-Dur, 29 G-Dur & 30 F-Dur*
Produzent: DECCA
Jahr: 1978

Interpreten: Wiener Sängerknaben
Komponisten: Schubert, Mendelssohn, Brahms u.a.
Inhalt: *Kein schöner Land*
Produzent: KOCH-RECORDS
Jahr: 1976

PERSONENREGISTER

BILDNACHWEIS

Cover: Shirley Suarez, © Helmut Deutsch

S. 190 li.: Programmheft Liederabend 2012/2013, © Opernhaus Zürich | S. 190 re.: © Der Pianist, Nr. 2/2018

Bildteil (in Reihenfolge der Seiten): 1, 2 (o./u.r.), 3, 4 (o.), 5 (o.), 6, 7 (u.), 10 (u.), 15 (o.): Urheber unbekannt | 2 (u li.): Foto: Helmut Schaffler | 4 (u.), 7 (o.): © Schubertiade GmbH/Nikolaus Walter | 5 (u.): Foto: Hans Skaarup | 8: © Schubertiade GmbH/Peter Mathis | 9 (o.): Foto: Wilfried Hösl | 9 (u.): © Hochschule für Musik und Theater München/Kathrin Zeitler | 10 (o.): Foto: Christian Felber, © Mauro Peter | 11: Foto: Barbara Aumüller, © Oper Frankfurt | 12 (o.): © Fryderyk Chopin Institute, Warschau | 12 (u.): © Teatr Wielki Opera Narodowa (Oper Warschau) | 13: Foto: Frank Schütten | 14 (o.): Foto: Wilson Tong, © Helmut Deutsch | 14 (u.), 15 (u.): Foto: Christiane Kaufmann | 16: Fotos: Hansjörg Rindsberg, © Helmut Deutsch

Trotz eingehender Recherche konnten nicht in allen Fällen die Urheber ermittelt werden. Berechtigte Ansprüche sind bitte dem Verlag mitzuteilen.

LITERATUR

Mozart. Briefe und Aufzeichnungen, Gesamtausgabe, Kassel 1962 (Zitat S. 32: Bd. II, S. 83) | Eduard Hanslick, Die moderne Oper, Berlin 1892 (Zitate S. 154 und 155), Alfred Brendel, Nachdenken über Musik, München 1977 (Zitat S. 159) | Gerald Moore, Bin ich zu laut?, Tübingen 1970, Originalpublikation: Am I too loud?, London 1962 (Zitat S. 189)

IMPRESSUM

Bibliografische Information der Deutschen Nationalbibliothek: Die Deutsche Nationalbibliothek verzeichnet diese Publikation in der Deutschen Nationalbibliografie; detaillierte bibliografische Daten sind im Internet über http://dnb.dnb.de abrufbar.

ISBN 978-3-89487-803-0
2. Auflage 2019

Umschlaggestaltung: Lena Haubner, Weimar
Titelbild: Helmut Deutsch, Foto: Shirley Suarez,
© Helmut Deutsch
Lektorat: Jürgen Arne Bach, Sabine Melchert
Korrektorat: Susanne Armbruster, Hamburg
Gestaltung und Satz: Lena Haubner, Weimar
Druck und Bindung: Neografia, Slowakei
Printed in the EU

www.henschel-verlag.de